一 个 国 际 历 史 学 者 的 书 斋 人 生

边缘人偶记

最新修订版

徐国琦 Xuguoqi 著

四川人民出版社

图书在版编目（CIP）数据

边缘人偶记/徐国琦著．—成都：四川人民出版社，2018.10

ISBN 978-7-220-10744-3

Ⅰ.①边… Ⅱ.①徐… Ⅲ.①徐国琦-自传 Ⅳ.①K837.125.81

中国版本图书馆 CIP 数据核字（2018）第 063805 号

BIANYUANRENOUJI

边缘人偶记

徐国琦 著

责任编辑	张春晓
装帧设计	张 妮
责任校对	韩 华
责任印制	祝 健
出版发行	四川人民出版社（成都槐树街 2 号）
网 址	http://www.scpph.com
E-mail	scrmcbs@sina.com
新浪微博	@四川人民出版社
微信公众号	四川人民出版社
发行部业务电话	（028）86259624 86259453
防盗版举报电话	（028）86259624
照 排	四川胜翔数码印务设计有限公司
印 刷	成都国图广告印务有限公司
成品尺寸	145mm×210mm
印 张	12.75
字 数	290 千
版 次	2018 年 10 月第 1 版
印 次	2018 年 10 月第 1 次印刷
书 号	ISBN 978-7-220-10744-3
定 价	58.00 元

目录

第二记　写书记

在西方要出版专著不容易，尤其是在大学出版社出书更难。因为著名的大学出版社，不管是他们约请的稿子，还是自己投稿的，首先要得到至少两位审查者的匿名推荐才能出版。两位匿名审查者是由出版社自己找人，作者并不知情。有时审查者也可能是与作者看法截然对立的人，不认同作者的学术观点或研究，其评价和书稿的下场自然可想而知。

第三记　教书记

美国的大学系统主要分三类，第一类是所谓的研究型私立大学，像哈佛或耶鲁，虽是私立学校，但名气响亮。第二类是公立大学，像柏克莱、密歇根、威斯康星这种公立大学，也以研究为主。第三类就是私立文理学院，这类学校通常只收本科生，讲求精英教育。

第四记　师友记

这里之所以一再用“入江昭先生”之称呼，实际上有两个用意，一是仿照鲁迅先生以“藤野先生”为题，记述他在日本留学时的老师藤野先生。……入江昭先生不就是另一位藤野先生吗？只是入江昭先生的贡献、影响、学术成就远远不是鲁迅的藤野先生所可比拟的。入江昭先生是学界的开拓者，是世界级的学术伟人。

第五记　人物记

费正清以顽强的精神开始了他中国学研究的漫长生涯。教鞭初执，他即提出新的学术主张，像意大利哲学家及历史学家克罗齐一样，认为一切真历史都应该是当代史。……费正清决心以哈佛为阵地，用自己的研究成果建立一个全新的中国学研究模式，来达到他所说的中国学和他个人学术生涯的“辉煌时刻”。

第六记　边缘记

小时候对被斥为边缘人感到无奈，年轻时对被贬为边缘人感到愤怒，现在我对自己主动当边缘人感到十分平静，甚至有些庆幸和骄傲。回首前尘，检点从边缘到边缘的点点滴滴，虽百感交集，但还是有些欣慰的。

第七记　雪泥鸿爪记

小子何幸，生在一个变幻莫测、多姿多彩的非凡时代，并长期在世界上两个最伟大的国度——中国和美国——生活及工作，同时研究它们的历史尤其是共有的历史，时间跨度和地理位置对个人来说可谓恰到好处，生逢其时，适得其所，享受天时地利。

附　录

王德威教授有一句非常有名的话——“没有晚清，何来五四？”借用王德威教授的表达方式，也许我们可以说：“没有一战，何来五四？”

序

初识徐国琦教授是在 2004 年夏复旦大学召开的一个会议上，他当时的发言和举措，令人印象深刻。在议程的开放讨论中，他一只脚蹬在椅子上，怒气冲冲指着国内掌握学术大权的一位发言人，严词驳斥其不懂学术规范。个头不高的他看来却是气势万丈，滔滔雄辩中带着一丝得理不饶人的豪气，但又略有几分农民的率真粗犷。这真是一位具有特殊气质的学者，我这样揣度着！可惜当时未有机会交谈。2008 年于长沙召开的中外关系史会议上再度遇到徐国琦，始知他来自极为贫困的安徽农村，联想起数年前他脚蹬椅子的情景，终于理解他何以有股“虽千万人吾往矣”的豪气。从 2005 年到 2017 年春，徐国琦已陆续在哈佛大学、剑桥大学、牛津大学三个世界顶尖大学出版社出版了五本英文学术专著，每本都获得好评，达到人文学者所谓著作等身的成熟丰饶期。

2009 年初，我休学术假赴哈佛大学担任富布莱特访问学者，当时徐国琦教授也在哈佛大学担任瑞德克丽芙高等研究院（Radcliffe Institute for Advanced Study）研究员，他正忙于《西线战场陌生客：一次大战的华工》（*Strangers on the Western Front*：*Chinese Workers in the Great War*，中文译本出版于 2014 年，书名为《一战中的华工》）英文专著的最后阶段，这已是他的第三本英文专著了。因为他的普通话发音不准，就请我来协助校正汉语拼音。与他渐渐熟识后，觉得他总是优哉游哉地一劲儿用功。低着头想着宇宙间的大学问，读书既广且多；抬起头来就是评头天下风云时事和中美关系动向，论理清晰而精准有味，令人眼界大开。他天真豁达而积极开朗，既不愤世也不偏激，看透人情世故，精明无比，却不屑使用机巧谋略。这样单纯追寻自我的快意读书人，在当今的人文学者中已属难得。

一次聊天中他提到很多童年的逸事，我乍听之下，感到惊愕，继之佩服。他因家境寒微，且父母兄弟不识字，从小被人欺侮。未上学时穿着破裤和一群乡野童伴拿着簸箕，争抢牲畜粪便。幼童时顶着蒙蒙的天光上学，在乡野小径被狼犬追赶。读小学时挨在母亲身边共用一盏小煤油灯，母亲织布，他写作业。读中学时睡在茅草铺就的床上，全身被蚊虫叮咬……这些点点滴滴成为他生命中的奇特锻炼。我深觉人到中年后的性格往往根源于他的乡愁经验，徐国琦怎经得起这么多的苦难，得以让他靠着自己的“苦”和“力”，打落牙齿和血吞，一路求生，以忍辱负重的精神勇闯世界呢？我打定主意帮他做口述录音。当我提出这样的请求时，徐国琦的第一个反应是错愕！“绝对不可以”，他觉得自己还称不上学术大师足以立传闻世。而我的初心很单纯，我说我不是押宝他可能成为国际顶尖学者，但他的故事绝对值得写！他开出了一个条件：这份口述史未经他的同意不得发表，而且不得告诉任何人。我欣然同意。

于是，这次口述历史计划如同谍影工作般展开了。徐国琦在哈佛大学瑞德克丽芙高等研究院有间气派高档的研究室，而我挂单的费正清研究中心因访问学者多如过江之鲫，不提供个别研究室。三月的麻省剑桥，天气宜人，树影婆娑，怒放的白色梨树让他的红砖瓦研究室愈显高雅，可是他的研究室内总是摆满了杂七杂八的各种书籍，一片紊乱。每次为了录音访问，我们都得先清出位置来，摆设好录音设备，并且腾出空间让我找到好位置来记录。一次访问进行中，他突然感到饥肠辘辘，脸色一沉，要我和他马上离开研究室直奔附近一家川菜馆，央请老板用最快的速度端上极辣的水煮鱼和水煮牛肉。他迫不及待地要进食，待菜饭一入口，脸上立即露出快乐似神仙的逗趣模样。他说从小就饿怕了，绝对不要再忍受肚子咕咕叫的空腹感；又点了二锅头，说这是农民喝的酒。大块吃肉，大碗喝酒，喝不完的酒作势要系在腰间（当然这在麻省是违法的，他最后没这么做），笑称自己是《水浒传》中性烈如火的鲁智深。在完成六次访问后，我自己因为忙碌，整理录音的工作也未有进展，直到 2012 年我忙完个人学术专著后，始将六万字的文稿整理完毕交给他，终于履践君子之诺。当时我觉得可能空忙一场，因为他这人既不好名，也不好利，除非水到渠成，实至名归，否则这份文稿就可能石沉大海。事隔多年，我都要快忘记这件事情了，突然听徐国琦说他考虑将录音稿以及他近年写过的师友杂记编撰成书，问我意见如何。我说你就算不是光芒四射的学术明星，这书仍是应该出版的。因为这样精彩绝伦的动人故事，应该被书写下来，成为下一代年轻人逆境求生的榜样。

徐国琦和我同于 1962 年生，属虎，他略长我数月。他出生于“大饥荒”之后的安徽农村，从小在饥饿中长大，而我出身于台湾的小康之家，正是台湾经济起飞，走向经济奇迹的一代。我和他的更大对照在于我们都成长于美苏对抗时代的敌对阵营，他虽经历十年“文革”，但并未耽搁高考的时间，和我一样都是18岁（1980年）上大学。1980年代的台湾，正逢解严前左右思想激越奔腾、年轻学子求知若渴、各种社会运动风起云涌之际。六七十年代人的“来来来，来台大；去去去，去美国”的风潮到80年代依旧兴盛。我虽读了台湾大学，因结婚太早，来不及留美放洋，最后在台湾取得博士学位。徐国琦上大学时，英文考了零分，靠着一本英文字典苦读文法，再攻读南开美国史硕士。最后放弃南开教职，取得奖学金，直上哈佛大学历史系攻读博士学位。我和他不仅同年生，同年上大学，同样属于从事中美关系史研究的学者，在学术的起跑点上他却像一颗飞速的白球，几年之内完成了这么多本掷地有声的书，如同打棒球漂亮出击，一下子就打了好几个全垒打。而我或同辈的学者都还在跑垒状态。在学术领域中的成就，他可说早已遥遥领先于我辈学者，真令人汗颜不已！

因为和徐国琦的研究领域相近，我先后在台湾《新史学》和《台大历史学报》评述过他的英文专著对国际史和中美关系史研究的贡献。我在评论《西线战场陌生客：一次大战的华工》一文中，主要介绍该书如何运用多国档案和国际史视角探索“一战”时期中国在国际史上的坐标，以及对“一战”华工研究的新论点，借以说明以中国为主体的国际史研究方法的特色。过去对“一战”华工的人数有32万、20万、17万等说法，莫衷一是。根据徐国琦教授的考证，认为14万人比较可信，后来国内外学者普遍引用了他的说法。从资料收集而言，《西线战场陌生客：一次大战的华工》可说是踩着一群远赴“欧洲的奥德赛”华工之足迹，遍访与华工相关的欧美各国官方和私人图书馆，甚至取得华工后裔主动提供的图片和信件，使得他所挖掘的资料之丰，堪称令人惊奇。特别是过去被加拿大政府刻意封锁的加拿大华工信息的首次批露，让这本书展现出细腻生动的华工生活史面貌。这本书在枝叶繁蔓的多元档案中爬梳出富有意义的故事，并予以新生命的诠释，显示出徐国琦综合史料的分析能力，而此正是国际史研究最难达到的境界之一。

徐国琦为何关注华工和下层农民？这可能与他贫困忧患的命运相连，他想要为广大的农民发声。在他走向城市念大学，走出国门来到哈佛，身处这座学术精英的研究殿堂时，乡下农民的善良朴实始终是他的一方挂念。“一战”华工大多是不识字的农民，仿如他的家乡父老，他在故纸堆中找寻有血有泪的故事。学者在找寻研究论题时，当然是实事求是，有几分材料说几分话，但我们的研究也往往投射出个人的情感喜好，以及如何将故事自圆其说的看家本领。我个人以为徐国琦在《西线战场陌生客：一次大战的华工》这本书中多少反映了他个人心中的情感。如同陈寅恪写《柳如是别传》的移情作用，将个人身世情感寄托于传主身上。徐国琦以中国下层社会阶层的农民或边缘人视觉来透视中国，以其作为东西方文明的信使，将华工个人或群体的生命导入更加广阔复杂的国家、族群和国际空间，赋予历史的深度和意义。或许有人会质疑 14 万华工怎能有这样大的作用？但徐国琦他就是有庖丁解牛、神乎其技的剖析能力。他可将材料如同串针般将一些散落的故事编织成动人的彩衣，而如果仅是说故事，是无法获得一流学术出版社的肯定的。学术研究需要高度的贯通能力，《西线战场陌生客：一次大战的华工》不仅是学术著作，且是可读性极高的著作。

徐国琦的逆反性格，在于不服输。他要向西方学者证明他以中国为主体的国际史系列著作之精意。2014 年他在哈佛大学出版《中国人与美国人：一个共有的历史》，其雄心昭彰若揭，他要挑战半个世纪以来美国史学界对中美关系史的研究方法。我在《台大历史学报》写了两万字的长文评介这本书。现今中美关系可能是世界上最重要的国家关系，更是牵动世界局势的最主要的两股力量。自费正清的《美国与中国》一书出版以后，半个世纪以来美国史学家迭有对中美关系史的研究反省，致力于扭转美国学界侧重某一研究取径的自我批判。中国崛起之后，中美两国隐然有种相互对抗和竞争的心态，徐国琦强调正向意义的共有历史，希望通过近代中美文化交流的个案经历，建构出中美两国人民“共有的历史”的心理认知和共同愿望。徐国琦的研究深受其在哈佛大学博士论文指导教授入江昭的影响，入江昭教授曾著有《全球视域下的中国与日本》一书。《中国人与美国人：一个共有的历史》一书显然步趋入江昭以国际史视域诠释中日关系的发想，但徐国琦提出以“共有的历史”诠释中美关系，则是另辟学术蹊径。从近代中外关系而言，日本可能是触动中国民族主义情感最深的帝国主义国家，而近代美国对华关系则被喻为“改良的帝国主义”或一种特殊友好的关系。近代中日和中美两国的关系，有若中国对外关系的光谱两端，如何从国际史视域提出一套诠释中美关系的架构和方法？在 21 世纪中美两国如何形成一个和谐共享的价值观和构建互信渠道，求同存异，走出一味竞争的政治误区，这是徐国琦一心想跨越中西方文明，求索世界和平主义的现实关怀。

欣闻徐国琦 2017 年初又在牛津大学出版最新英文力作《亚洲与大战》。他几乎每三年就出版一本学术专著（这些出版社都有严格的学术审查机制），速度之快，令人目不暇接。我和他开玩笑说，好似我们才刚磨好砚台，假以时日要来试笔开工时，他又悄悄出版了一本新书。熟悉他的学术工作和学术积累的人，始知这几本系列著作并非仓促完成，它的前期档案收集和构思，都早已跨越十余年之久。从哈佛读博士起，他就四处收集材料，沉潜了近十年才出版第一本书。2005 年《中国与大战》一书只是鸣枪起跑而已，接连的几本书才是冲锋陷阵的学术实力战，更为他赢得了不少学术荣冠。作为学术上的诤友不免劝他要踩刹车，休养生息，毕竟已年过半百。谁知他老兄又被哈佛主编三杯酒下肚后，签了下《何谓中国》一书，看来这只学术飞虎将继续长征世界！

这本《边缘人偶记》记录了一位从荒地里走出来的中国人，有着“舍我其谁”的雄心壮志，他将林语堂的话“两脚踩东西文化，一心写宇宙文章”奉为座右铭。人文学者大致都会碰触到身份认同的终极关怀，自我、群体、国家和文化的认同往往纠结着人文学者的心灵，徐国琦也不例外。这本书是他奋斗半生之后，在香港大学这样一个东西交会的人文荟萃之地，以“边缘人”自居的心路历程。我以为正是“边缘人”处境让他得以自由远观不同国家和族群文化。有时我们觉得远身观看物影是虚无缥缈，看不清楚，但往往在千里之外，更能发微见隐，重新认识它的壮丽与缺漏。很高兴终于看到这本传记的出版，并且击节祝贺。徐国琦以诚挚平和之心面对生活，感恩并珍惜来之不易的喜乐，这本书所述的学术人生不仅让我这样的台湾学者读起来感觉十分新奇和有感召力，相信对内地和海外学者也同样会产生强烈共鸣和启发，有引人入胜之妙。

吴翎君

2017 年 3 月于台湾东海岸

自序

民国学者年轻时就写个人回忆录的很多。安徽人胡适之刚到40岁就写《四十自述》即一个著名例子。当然，胡适有资格写，他不到30岁就暴得大名，况且还有个裹小脚的老婆，又给他平添了几分清誉。另一个安徽人唐德刚就说："胡适大名垂宇宙，小脚女人亦随之。"孟子曰："我四十不动心。"平庸如我者到40岁时事业上才刚刚起步。我岂敢动心写什么回忆录呀！目前虽已过古人所谓"知天命"之年，但我根本没有知天命的本钱和自信，有的是"人到中年百事哀"的感叹和对人生与世界仍是充满疑惑和无解。

有趣的是第一次对我个人生平感兴趣的是美国一位著名出版经纪人。2008至2009年我在哈佛大学瑞德克丽芙高等研究院任研究员时，该院安排两位出版经纪人跟当年的部分研究员座谈。其中一位对我的个人及学术经历似乎特别好奇，专门到我的研究室聊了聊。在聊天时他直接劝我用英文写一本回忆录，甚至帮我策划如何布局谋篇，并让我尽快交给他一份10页纸的写作提纲，他会帮我找一个有影响力的出版社。我后来把这一故事告诉瑞德克丽芙高等研究院负责出版项目，同时也是那次座谈会策划者的女士，她十分惊叹，称此位经纪人在业内十分出名，很少主动约请作者，而且任何书稿一经他手，成功几率很高。她的口气似乎是如果此位经纪人对我的书稿感兴趣，我无疑有一登龙门则身价百倍之可能。但愚钝如我者，当时并不觉得有写回忆录的资格，而且我当时与哈佛大学出版社签有出版合同，必须尽快完成一本学术著作，不敢丝毫分心。那10页纸的提纲很快就被我忘到九霄云外了。这位老兄一定纳闷，哪来的浑小子，如此不识抬举。

然而在2008年，当老朋友王希和姚平邀请我为他们主编的留美历史学人回忆录撰稿时，我就不敢推辞了，只好应命，稀里糊涂地交了一篇《浮生三记》。这本同人回忆录在2010年由北京大学出版社出版后，似乎受到较大关注。我的安徽老乡吴浩先生与我本素不相识，但他读了我的《浮生三记》后，告诉我当时由他任社长的外语教学与研究出版社人文分社非常有兴趣出版我在《浮生三记》基础上扩充的学术回忆录，并用中英文对照出版。对这一异乎寻常的垂青，我当然受宠若惊，但我当时刚到香港大学任职不久，各种责任很多，无暇他顾。吴先生极其有本领对付我这种惰性十足的人，他很快采取迂回战略，命我为他主编的《中华读书报》的国际文化版写不定期专栏，名为《浮生杂记》。对此我无法不从命了。但写了几篇后，又虎头蛇尾，因笔惰不了了之。现在已经有好长时间没有更新，看来此专栏有无疾而终的可能。

本来这一连串如同天上掉馅饼般的回忆录之议在我的拖字诀下好像

就此烟消云散了，但不久台湾的吴翎君教授对我的口述史感兴趣，承其抬举并花费宝贵时间对我进行采访，并不辞辛劳将我难懂的安徽口音的录音整理成五六万字的文字稿。但我劣习难改，收到文字稿后，觉得我还是扶不起的阿斗，应不发表为好，很快又将其置之脑后了。2016年秋香港大学让我休学术假，我立即躲到哈佛大学埋头读书和写作。可能长期用功过度，在2016年底连续几天头晕得厉害，天旋地转。我一向身体还好，从无头晕的毛病，加上那几天波士顿突然下大雪，寒气逼人，一时悲从中来，感觉自己也许要一命呜呼了（后来大夫告诉我，这没什么大不了，一点不用担心）。因无法写作，只好趁机整理我电脑里已经乱得无以复加的文档，这样发现了那篇长时间埋在电脑深处的口述史资料。一时兴起，就读了起来。可能因为当时的苍凉感，“别有一番滋味在心头”。觉得也许我应该交代自己人生中的雪泥鸿爪了，否则对不起这些对我一直厚爱并垂青的朋友。还有一个原因就是为我的孩子。三个孩子都在美国长大，对中国很陌生，偶尔也会问一些我过去的事情，但我总是语焉不详。如果我不把这一段故事尽早写出来，将来他们都不知道自己父亲的成长史及环境。之所以选择用中文写，一是偷懒，因为已经有中文的口述史资料以及一些现成文字；二是觉得英文读者即使对我的经历感兴趣，更多的成分还是猎奇而已，而中文读者的知音会多一些，容易产生共鸣。的确，在初稿完成后，我曾请一些华文圈老朋友批评指正，他们均提到强烈的共鸣感和新鲜感。例如，大学同学晏绍祥兄在读后，情不自禁地给我正式写了一封信。他说：“这篇自传仅有部分是自传，更多的是自己的学术经历和读书心得，读来很有收获，包括对费正清、霍布斯鲍姆、入江昭等人的介绍，以前只是偶尔听人提起，从无系统了解。

老兄跟他们大多有交集，提供了一些特别有趣的第一手材料，于认识这些学问大家，多了一条渠道。关于自己治学和教书的心得，也非常有启发。我过去只是知道美国的教授们教学认真，但认真到什么程度，到底有哪些具体做法，实际了解很少。这本回忆录可是提供了许多生动的第一手材料，有些做法，我觉得可以直接像你跟老马学习一样，剽窃过来应用。有关童年和大学的回忆，我非常有同感，应该说特有共鸣。我家估计也是几代没有出过进学堂的人，而且小时候根本没有读书机会。童年给我的感受，像你一样，一个是没书读，也不知道读书有什么用，另一个就是穷和饿，总是在到处找吃的，连上学途中遇狼，都有相似之处，只是我直接从狼的身前走了过去。估计那天它吃饱了，才没有对我这骨瘦如柴的小孩下手。可惜这段历史已经被很多人遗忘，反倒认为那时社会风气正，希望回到那个时代，所以老兄这段回忆，对于希望回到那个时代的人来说，是个很好的警醒。”“对于边缘人的概念，我也很是赞同。”这些评论对我无疑是很好的鼓励，让我觉得自己的这本小书即使涉及个人生活环境部分，可能也是我们许多同一代人的共同回忆，从而让我有信心将这部本来自娱自乐的拙稿拿出来出版。就这样，在众多朋友的鼓励之下，一时兴起和一发不可收，结果就成了您手中的这本小书——《边缘人偶记》。之所以用这个很俗气的书名，实际上我是想表达一种平平常常的“人生到处知何似，应似飞鸿踏雪泥”的意境罢了。

我之所以能够写作并完成本书，还有一个重要原因就是受前辈榜样的驱使。作为一个职业历史学人，特别是作为一个对中西方文化感触甚深的学者，我多年来一直以中英文写作，以教育中外读者为己任，一心追求林语堂当年的“两脚踩东西文化，一心写宇宙文章”之境界。我也一直对曹聚仁的《我与我的世界》，何兆武的《上学记》，何炳棣的《读史阅世六十年》，以及黄仁宇的《黄河青山》等回忆著作情有独钟，高山仰止，我虽不见得达到他们的水平和境界，但心向往之。这些书让我一读三叹，再读还是感叹不已，深为老一代学者的爱国情怀、高尚品德、坎坷人生及乐观好学精神所感动。何兆武先生一部《上学记》（北京三联书店 2006 年出版）谈自己，但更多的是谈别人，何先生娓娓道来，读者如坐春风。可惜何先生的“记”到 1949 年便戛然而止，更使人意犹未尽，唏嘘不已。本书当然不敢媲美上述先生们的回忆录，但自信我的人生偶记可以写出不同时代一个国际公民和永远的边缘人的另一种人生风景。钱锺书先生有一本我十分爱读的小书，叫《写在人生的边上》。我这本小书可谓写在前辈和时代的后边，读者诸君权当其为“见贤思齐”的东施效颦吧。

子曰：“不患无位，患所以立；不患莫己知，求为可知也。”写作这本小书的初衷还有“求为可知”。但真的动笔后，时时有“战战兢兢，如临深渊，如履薄冰”之感。胡适之先生自称他写“四十自述”的动机就是“我们赤裸裸的叙述我们少年时代的琐碎生活，为的是希望社会上做过一番事业的人也会赤裸裸地记载他们的生活，给史家做材料，给文学开生路”。何炳棣明言其写《读史阅世六十年》的宗旨就是要为未来学术史和教育史研究之用。李欧梵戏言其写回忆录的一个动机就是连哈佛学生的中国妈妈都能写关于哈佛的书，他这个“货真价实的哈佛教授，为什么不能?”就这样我们终于可以读到他的《我的哈佛岁月》了。和这些人相比，我没有他们的自信、光环和自负，更没有“读史阅世”的底气和“给史家做材料”的豪情，有的只是启功先生所说的“浮光掠影看平生”的心动罢了。另外小人物写回忆录，不免有把芝麻当西瓜之嫌，许多事自己敝帚自珍，别人也许嗤之以鼻。作为职业历史学者写回忆录，还有更多一层的挑战。职业训练要求我们文字不写半句空，要言必有据。但人的记忆是极其不可靠的，如何拿捏资料的准确性，在我写这本小书时，也经常让我左右为难和进退失据。所以我要一开始就正告读者，在这本书里，我是姑妄言之，您姑妄听之吧。孟子两千多年前就断言，“尽信书，则不如无书。吾于‘武成’，取二三策而已矣”。孟夫子的这一大棒绝对能打到这本书的。

好在本书不是真正意义上的个人回忆录，而是通过本人的个人经历来揭示中国近半个世纪以来的巨大变迁，并以我从出身贫寒的安徽农家子弟到哈佛大学博士、长达 20 余年的境外教书育人和成为国际史学者的轨迹，以及通过我的一双饿眼对世界和中国的观察，来展示中国复杂多变的国际化历程。换言之，这是一部个人化的中国史及国际史。本人意欲以个人的经历、阅历、人生感悟为经，揭示我周围世界之纬。经天纬地，用个性化的笔触，展示一位受中西方文化深层熏陶的国际学人的文化人生、炎凉世态，以及在浮华世界下“手挥五弦，目送归鸿”之心无旁骛的平静书斋生活，甘于寂寞的边缘人心态。尽量做到文字风格为平凡、感性，手写我心。不做作，不雕饰。如果此书能够提供一种与众不同的人文及人生风景线，如果读者通过这本小书，能激起奋发向上的意志，读出异样的中国与世界，并有所启迪，则吾愿足焉！

新版序

这本小书在2017年夏天问世后，出人意料地受到各年龄层次的读者关注。称其为励志书者有之，视其为学术成功地图、可以从中得到启迪有之，甚至成为一些读者的家庭读物，妻子推荐给丈夫读，父母建议子女读，老师介绍给学生读。复旦一位大二学生告诉我他买到此书后，一口气读完。在北京时，一位母亲特地把她9岁的儿子带到我的新书座谈会，称让他从我的经历中学点励志精神。北京大学历史系教授牛可先生甚至自掏腰包为学生购买多本拙著。读书界也鼓励有加，不少人撰文推荐，多加溢美。此书甚至被评为《中华读书报》“2017年度十大好书”之一。上海师范大学副校长陈恒教授也在上师大无论是硬件还是软件均属一流的光启国际学者中心组织该书读书会，邀请许多我多年未谋面的新老朋友济济一堂。在读书会上，陈恒、黄仁伟、李剑鸣、孟钟捷、马建标、焦兵、刘子奎、洪庆明、蔡萌、刘义勇、李文硕等对拙著的点评不仅让我如沐春风，同时更是对我莫大的鼓励和鞭策。凡此种种，都让我动容、感动不已。

不过该书的广受关注也让我不禁受宠若惊，不胜惶恐，怕误人子弟。因为这本书写得实在仓促和不加雕琢，心到手到。我手写我心而已。古语云，“古之学者为己，今之学者为人”。这本本来自娱自乐的“为己”小书，居然一石激起千层浪，引起无数人的共鸣，不仅有其误打误撞的运气，而且更可能还因为我在书中所描述的不少个人心路历程及生活的时代属于一代人共有的历史。承蒙四川人民出版社黄立新社长和张春晓主任的厚爱，计划尽快推出此书的精装版，让我可以借机对此书初版中的错字、别字加以改正和补充部分内容，并在读者的建议和启发下，新版增加了一记，即“雪泥鸿爪记”。此外，新版还补充了附录和图片。必须说明的是，“雪泥鸿爪记”部分文字偶尔有些重复，但为了保持其完整性和尽量维持原貌，我踌躇再三，觉得还是不做大范围修改为好。特请读者诸君和方家原谅。

鲁迅在《华盖集题记》里曾写道：“深得这夜将尽了，我的生命，至少是一部分的生命已经耗费在写这些无聊的东西中，而我所获得的，乃是我自己灵魂的荒凉和粗糙。”我没有鲁迅的深度、眼光和愤世嫉俗，这里只好以诸葛亮的名言搪塞和解脱，他曾写道：“至于成败利钝，非臣之明所能逆睹也。”但有一点是很清楚的，写这本小书，我所获极多。唯有感恩。此书问世后，让我有机会认识和结交不少朋友并以书会友，令我感到万分欣慰。例如，在英国一所大学任教的教育学老师许玲玲博士甚至在百忙之中，访问本人，对我就本书所涉及内容进行学术讨论。过去从未谋面的曾任香港科技大学图书馆馆长的周敏民老师，在第一次碰头时就一见如故，可能与她之前读过《边缘人偶记》有关。她对我的安徽乡音不仅不反感，反而觉得亲切，据说因为周老师的外祖父是桐城派大家姚永朴，所以和我有同乡之谊。北京外研书店的付帅先生，在为我举办的新书座谈会所发的广告中，称我“问学三十载，快意读书人”，此语可谓深得我心。

拙书出版后，吴翎君、王玉华、赵梅、牛可、张彦武、曹升生等分别指出本书一些笔误和表达不当的地方，并多加美言、广为推荐，特此感谢。这里要特别提到的是华东师范大学教育系的李林博士。李先生与我素不相识，但他利用假期仔细阅读了该书，并给我写了长达近 4 页的文字，对拙作详加点评和指出谬误，可谓知音。必须大力强调的是，此书的任何成功均归功于四川人民出版社黄立新社长、张春晓主任及其团队以及读者的厚爱，他们无疑是最大功臣。早在该书第一版甫一问世，四川人民出版社在 2017 年夏即决定携此书参加当年的香港书展。吴浩先生为该书香港书展的成功做出重要贡献。他不仅对此书的出版出力甚多，而且在该书问世后，更是一如既往不遗余力地推介和鞭策。《文心雕龙》中写道：“音实难知，知实难逢。逢其知音，千载其一乎?”吴先生实乃此书的难得知音。

徐国琦

2018 年春于香港

光启读书会

思南 · 光启 · 望道读书会

时间 2018 年 4 月 6 日 星期五 下午：14：30-17：30

地点 上海师范大学东部文科实验楼 11 楼

光启学术报告厅

第⑪场

《边缘人偶记》
读书会

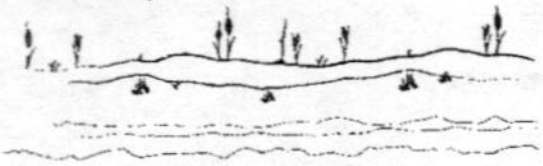

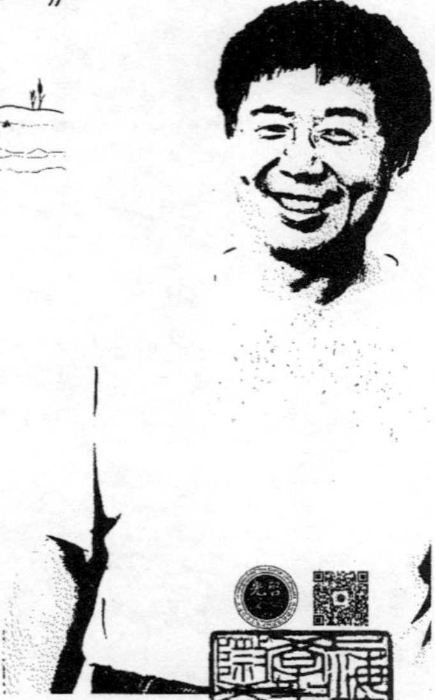

引言人

徐国琦

香港大学历史系

主持人

李文硕

上海师范大学人文与传播学院

与谈人

黄仁伟	上海社会科学院
李剑鸣	复旦大学历史学系
孟钟捷	华东师范大学历史学系
马建标	复旦大学历史学系
刘子奎	上海师范大学人文与传播学院
洪庆明	上海师范大学人文与传播学院
蔡 萌	上海师范大学人文与传播学院
刘义勇	上海师范大学人文与传播学院

第一记 读书记

不到长城非好汉

不读书

我出生在安徽省枞阳县一个极其贫穷落后的乡下，下桥村从明朝开始就是徐家世代聚居的地方，迄今已近三十代了，整个村庄都是姓徐的，没有一家外姓。我出生时村庄约有一百号人口，但每个人平均土地只有七分田，所以特别贫困。我记忆中我们村庄虽然没有饿死人，但我听说过很多在“大跃进”期间吃黄土、啃树皮的故事。枞阳过去属桐城东乡，桐城派的不少著名人物实际上都出生在东乡，如方苞、姚鼐、戴名世等人。历史上此地应该一度也算是人杰地灵、书香鼎盛的地方，当然也是被鲁迅贬为“桐城谬种”之地。但我出生时，这里已经变成穷山恶水，没有读书的种子和氛围了。不过可能受过去书香的影响，村庄仍有一个非常漂亮的名字：白云区白柳公社下桥村。白云、白柳、下桥头，多么诗情画意的名字啊。但现实很残酷，小时候唯一听老人谈的历史不是桐城派的辉煌，而是关于太平天国的恐怖故事。乡下人称太平军为长毛，太平天国起义一度在我的老家有很大影响。学历史的恐怕有不少人知道太平天国有个枞阳大会。

因出生农家，我很小就干农活，拾粪、挑水、放牛、上山砍柴、割稻，全都干过。我们在乡下，当时唯一私有的小菜园必须施肥，但买不起肥料，全靠人粪和猪、狗粪便。小时候几个孩子常为了捡狗屎和猪屎而打架，拿着捡粪铲砸对方的头。当时家里穷，没鞋穿，母亲为了省事找了一个旧轮胎来做鞋底。有一次我上山砍柴时，因为鞋底太滑，以致我从山上滚了下来，还好被一棵大树挡住而救回一条小命。另外，我还曾经和堂兄弟们走了 20 里地到深山里去买柴，只为第二天到市集去卖，可以赚几毛钱的差价。记得有一次放牛时，走在我前面的由我一位堂兄放的牛突然遭雷电劈死，吓得我们魂飞魄散。印象中经常吃不饱，本来人均七分田，连自给自足都做不到，何况那时属集体所有制，农业与工业之间存在剪刀差，即挤压农民来养城市，保工业。不管每年收成好坏，都要交公粮。在我出生前发生的所谓“大跃进”时代，饿死的都是种粮食的农民，原因即在于此。我们乡下那时分粮食按两个标准，即工分粮和人口粮。那时壮劳力劳动一天十分工，我小时下田干活时刚开始好像是二分工，等到我上高中时好像才熬到每天七分工。所谓工分粮，就是按年度根据全家工分多少分粮食。我家只我父亲一个壮劳力，所以能分到的工分粮食本来就不多，加上家里人口多，填饱肚子一直是大问题。我是家中长子，下面有两个弟弟和三个妹妹。那时为了充饥，最常吃的是发霉的山芋片。

我们这一代的乡下孩子大都没有幸福的童年，甚至没有童年。我对童年的印象基本上只有三个：第一是极其贫困；第二是永远吃不饱；第三就是感到没有任何童趣和出路。我们村当时没有电，没有自来水，也很少有任何所谓文娱活动。下桥头直到 1993 年才通电，那已是我离开村庄13年以后了。我对童年的整个记忆就是饥饿和贫困，因为家里经常一文不名，当然谈不上什么快乐的童年了。那时小孩对到亲戚家串门十分热衷，因为至少会吃得好一点同时还可以避免干农活。记得有一年夏天我奉命到大姑家，特别高兴，走前特地到门口池塘洗一把脸，没想到一下就掉下去了，差点淹死。幸好被正在附近的大爷救起，这一阴影造成我对水的恐怖，一直没有学游泳。2016年秋我到哈佛大学游学，为健康记，打算学会游泳。但当我的一位游泳教练让我跳入深水中练水下呼吸时，因一时紧张，连喝几口水，幼时差点被淹死的记忆似乎潜意识中又回来了，好几天对教练的训练要求产生消极怠工情绪，被教练斥为不可救药。

另外一件记忆犹新的事，是我的一位堂兄从小就有哮喘，因无钱医治，好几年都未好。后来他妈妈打听到一个偏方，就是剪开一只活的癞蛤蟆肚子，在里面塞入一个鸡蛋，然后用泥巴将整个癞蛤蟆封起来，放到火灰里烤熟吃下。我从小就天不怕地不怕，这抓癞蛤蟆的任务就交给了我。我好歹抓了一只，不知是疾病本来就要好了，还是那偏方管用，总之我的那位堂兄哮喘从此痊愈了。

还有一个记忆就是因为父亲常年在离家几十里的地方看管圩田或修水利，我作为长子经常要帮母亲处理一些邻里纠纷。有一次我刚放学回家，一位大爷好像跟我家有什么过节，正坐在我家里发脾气。我当时大概就十二三岁，看到家中桌子上正好有一瓶70度的劣质地瓜酒，我知道这位大爷贪杯，就拿了两个碗，把酒一分为二后，对他说："大爷，我不知道谁是谁非，但我作为晚辈，我先敬您这一碗。您喝完另一碗，然后不管什么纠纷就一笔了之。"这位大爷不知我能喝酒，就爽快答应道：

"如果你能喝下这碗酒，我就依了你。"须知我们当时是干喝酒，没有什么下酒菜的。我端起酒碗，二话没说喝干了。他跟着也喝了。他好像喝得有点多，而我却没什么事，不过所谓的纠纷就此了结。这位大爷后来一直对我比较佩服，说我知书识礼。其实他对我并不了解。我父母都不会喝酒，每当家里来了客人，必须应酬时，都由我这位长子代陪客人。所以我从小练就一些酒量，加上我天生两个酒窝，按乡下说法，就是有酒量的，这当然毫无根据。但我就是凭着小时候练就的酒量和天生两个酒窝，长大后打败过不少中外酒徒。

到了我本该读书的年龄时，"文革"尚未结束。前面提到我们下桥村是一个徐家世代居住的地方，有一个徐家宗祠，大概建于明朝。在我出生时，那个祠堂已变成一个小学，但村子里的人几乎都是文盲。按父亲的话，我们家至少往上推八代没有出过进过学堂门的人。我的父母就是乡下农民，都目不识丁。那时乡下出生的孩子都没有出生证，父母只记得我出生时的农历日期。直到上大学后，通过查阅我出生那年的报纸，我才知道我的公历出生日期。我记得小时候我们一帮野孩子有一天在村口小学教室门口大吵大闹，老师大概弄烦了，就说你们想念书就回去拿一本《毛主席语录》来上学吧。就这样，我们四个已到上学年龄的孩子就阴差阳错地进了学堂。刚读书时我们实际上没有课本，老师的水平也不高，那更不是一个读书的时代。记得到了小学五年级时我还根本没学到多少知识。那时也没有考试，是所谓知识越多越反动的的六七十年代。

前几年美国耶鲁大学一位老师蔡美儿写了一本轰动一时的《虎妈战歌》(*Battle Hymn of the Tiger Mother*)，讲她如何严格要求自己的孩子读书和如何不择手段、绞尽脑汁地让子女学习。今天中国的家长们可能都是像这位耶鲁女士一样的虎妈虎爸。我属虎，母亲就是虎妈了。但我这位不识字的虎妈可是与耶鲁的这位虎妈完全相反。我小时候，她根本不在意我是否读书，更在意的是煤油钱。当时家里小孩多，全靠母亲纺纱给小孩做衣服。所有的鞋和衣服都是母亲亲手做的，当然我们总是穿得破破烂烂的。晚上母亲纺纱时点的是煤油灯，一灯如豆，只有放在近处的小板凳上才能照点亮。记得偶尔晚上我要写作业，有时会不小心打翻煤油灯，心疼煤油钱的母亲十分生气，就不准我写作业。有一次她甚至气得把我的作业本撕掉。当然这也怪不了她，一是她本身不识字，二是家里一贫如洗，根本没有什么钱。小学时要买一个作业本，都要拿鸡蛋去商店换。三是大环境使然，读书看不到有任何前途。现在的中外虎妈是要鼓励孩子多读书，我们那时是没有任何读书环境和氛围的。

当时小学上初中靠推荐。我大概有点小聪明，便成为当时我们四个同时上学的同村孩子中唯一被推荐上初中的，另外三个过了一年后才上初中。我当时可选择的初中有三个，一是最好的白云区中学，离家 10 公里。其次白柳中学，最差的叫云岭林业中学，不仅离家比较远，约 20 里的山路，还是一个半工半读的学校。我就是被送到这个学校。尽管这样，我今天想起来还觉得当时真是幸运。跟我在一起的同龄野孩子玩伴，没有一个考上高中的。我有两个弟弟、三个妹妹，他们基本上是文盲。我的小弟弟读到小学四年级就再也不上学了，我的小妹妹充其量也是只读到小学五年级。大妹妹、大弟弟和二妹妹都没读过什么书。大妹妹是因家里贫穷，从小就放牛。那时在乡下不读书很平常，我想如果老师当年没有推荐我上初中，以我当时家里的贫困条件，我最大可能就是在老家种田了。

我小学毕业了

我在半工半读的林业中学念了初中和高中。当时条件很苦，我前面提到家里很穷，当然也没有闹钟、手表什么的，早晨都是听鸡鸣声起床。我因住校吃不饱，周末一般都是星期六下午回家，星期一早上再回校，这样周末可以在家里吃饭，最起码能勉强吃饱肚子。我记得有一个冰天雪地的早晨，鸡叫了，母亲就把我喊醒，吃过早饭后我就出门。当时天其实还没亮，但鸡叫了，我们的学校在山区，我走两个小时约 20 里地到学校时天才完全亮。一个下雪的冬天早晨，我从家里回学校，走着走着，感觉后面至少有两只狼在跟着我。按照乡下的风俗，如果狼跟着你，千万不能回头。因为一回头，我们乡下那种个头不大的小狼很精，会用前爪搭在你的肩上，一口咬住你的喉咙，你就呜呼哀哉了。当时还是凌晨，天未亮，荒郊野外，根本没有人，加上山区要走很远的路才到另一个村庄，我就硬着头皮一路往前走，绝不回头。我感觉到狼在我后头，一路跟着我走，我们都听得到彼此的脚步声，彼此在玩心理战。等我走到一个村庄了，乡下村庄都有狗，有无数只狗冲出来追狼，我才发现果然有两只狼朝山上跑了。

在云岭中学时，印象最深的当然还是穷和饿。我每周回家一次，然后再扛着米和咸菜回到学校，把米交给食堂，再加每斤米两分钱的柴火费，换成一斤饭票。虽然食堂也提供菜，但我没有钱买菜，每天只好就着从家里带来的咸菜吃饭，有时家里穷得连柴火费都没有。我记忆犹新的是有一个周末，我要扛米到学校，问母亲要柴火费，就是把一斤米变成一斤饭票的费用。我母亲说一分钱也没有，我也无话可说，背着米就走。快走到五里地的山坡时，听见我母亲在后头叫我，她说找到了五分钱，我就带了这五分钱到学校。我当时年纪小，营养不良，个头又小。但我和学校会计的关系不错，有时我没钱，他也允许我欠账，给我饭票，反正最终也稀里糊涂地撑过来了。

当时在学校里偷鸡摸狗的事也做过。我大概比较机灵，有一次几个大一点的同学打算去偷附近农家的狗，他们悄悄找我帮他们放哨。偷狗的方法很简单，就是把一粒毒药放在煮熟的山芋里，让狗吃了喉咙发肿发哑，叫不出声。我们就这样把狗偷走，然后当晚到附近一位同学家把狗宰了吃。大吃一顿之后，第二天我的任务是给我们班主任送一根煮熟的狗腿来堵他的嘴。

当时学校也没有什么娱乐，每当附近村庄放露天电影，同学甚至老师都会去看。尤记得有一年冬天，我看完电影一路小跑，因为天黑，一不小心掉进水沟，把衣服搞湿了。当时只有那一套衣服，害得我两天躺在被窝里，等衣服干了才去上课。

做住校生也有好处。那时大家都是周围方圆几十里地的乡下野孩子，初一的学生和高二的学生都住在同一间大屋，年龄从 12 岁到 20 多岁不等。住校时都住在一个大通铺，一大排木板床上面铺上稻草，再把自己所带棉被铺上，就是床了。我因为没有耽误升级，年纪在班级一直偏小。跟一些高年级的野孩子住校，尤其晚上天黑得早，又没有电灯，大家一早就躺在床上吹牛皮，说瞎话。我因为小，只有听的分。这种长达六年日积月累听学长们海阔天空的山中夜话，对我后来的待人接物、观察社会和增长人生阅历似乎不无裨益。我的许多人生知识，可能和这些农家子弟的半夜聊天都有关系。不过这些正值青春期的学长们经常说黄话，不免让我听得目瞪口呆。可惜的是这些人高中毕业后全都各自回到自己的乡下，他们的人生可能多半与贫苦为伍了。

1978 年以前我是一个野小子，很少读书，经常在山上到处乱跑。我们学校前面有一条公路，偶尔看到一男一女骑同一辆自行车大家都很惊奇，我们就指指点点，骂他们流氓，可见当时我们多封闭、保守和无知。我当时的最高理想就是讨好班级生活委员，让我可以去看管林场，不必上课。看农场的好处是很自由，每天在山上转来转去，不受老师的约束，有一种《大王叫我来巡山》那首歌中所表达的自由自在的感觉。还有一个最大的好处就是春天和秋天的时候，我可以“中饱私囊”，就是以看林场的名义，春天吃桃子，秋天吃板栗，如今我对桃子和板栗不感兴趣，就是因为当年吃得太多，吃腻了。看农场和偷吃板栗，对我那整日饥肠辘辘嗷嗷待哺的身体应是最好的选择。

除看管林场外，学校还要经常组织学生出去劳动，修水利，学农事，还有特别多的批林批孔和反击右倾翻案风等批判会，上课的机会不多。

记得当时每当学校组织学生外出劳动时，经常有动员和总结大会。我因为文笔相对较好，不时代表班级或学校发言并参加写批判稿，得以逃脱好多劳动。其实我从小对政治就不感兴趣，写批判稿纯粹因为我的文字不错，老师就命我作文。我的发言或批判稿没有任何新意或思想火花的内容，充其量只是把一些套话编织在一起而已。好在没有人当真，我也可以借此逃避劳动，还可以装成听话学生，一举两得。

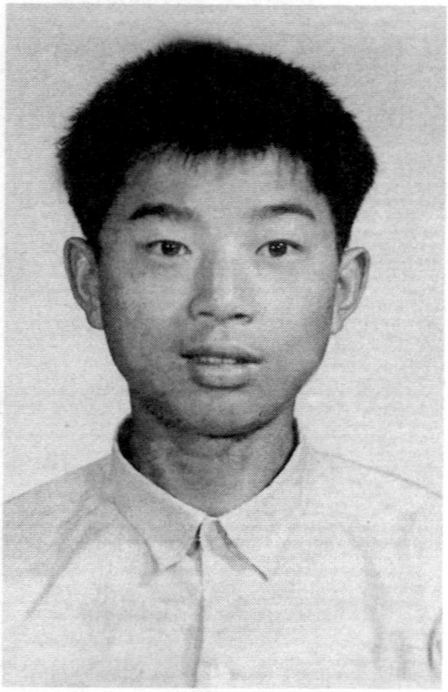

中学时代

我的乡下中学很落后，没有电，没有自来水。晚自习时，点一种气灯，靠打气。但山区各种飞虫很多，经常把气灯泡给撞破了，这样我们就不必自习了。好在当时是“文革”期间，反读书和反文化是潮流。当时北京有一个很有名的小学生日记叫“黄帅日记”，就是强调不读书的，被宣传成样板。后来还有一个在推荐工农兵上大学的文化课考试中几乎都交白卷的张铁生先生，被称为“白卷英雄”。当时学生中流行口号有“不学 ABC，依旧闹革命”，“知识越多越反动”等。我们就以毛主席提倡的“白卷英雄”和“脚上有狗屎的人最干净”为自己不学习和脏乱的外表做挡箭牌。回想起来，“文革”对我们这代人很有负面影响，我因为年纪小，又比较散漫，没做成红小兵或红卫兵，双手没有沾满鲜血去折磨人，没有成为加害人或被害人。但就整体而言，我显然也受到“文革”

影响，就是荒废了光阴。

我不读书的野蛮人生活到了 1978 年初彻底结束，因为 1977 年后大家逐渐获悉中国要改革开放了，要恢复高考。在此之前，我这个农家子弟能够离开农村的渠道无非是当兵，但我因长期营养不良，个头不高，家庭又没有政治关系，能当兵的可能性极小。当时当兵是一个肥缺，在乡下人人都想当兵，当兵是万里挑一的，哪轮得到我？当兵这条路对我不通，现在终于可以通过高考来改变命运了。前面说过，从小学到 1977 年我基本是不读书的。但 1978 年刚开始读高中后，我就暗下决心，要开始掌握自己的命运，要走出农村，走出贫困，我开始玩命读书。

中国的高考长期以来分文科和理科。我的语文一直很好，作文常被老师当作范文拿来宣读，可能那时候我喜欢胡思乱想，有点天马行空的文采，数理化成绩在班级也是名列前茅。当时文科老师希望我读文科，理科老师则希望我读理科。就如当时好多同学一样，我也是“学好数理化，走遍天下都不怕”的信徒。然而学理科对于我们这些从极其落后和师资缺乏的山村学校走出来的学子来说，难度太大。当时我们乡下的中学，不少老师基本上是不合格的，因为“文化大革命”之后，很多老师也是知识荒废，许多数学、物理、化学的题目，如果我解答不出来，去问老师，老师也是一问三不知，一头雾水，爱莫能助。此外，1980 年安徽高考时，英语纳入考试成绩，占总成绩 30 分。我所在的班级长期没有英文老师，后来好不容易来了一个年轻女老师教英文的，结果我们那一班的几个乡下野孩子，竟然几次以问发音为名，趁老师俯下身时，借机碰触女老师的胸部，很快就把老师给气跑了。没有英语老师，我学习英语的机会也没有了。所以我在各方面都处于劣势。

老话说，“华山自古一条路”。如果我要出人头地，就要走华山一条路，但要有一个制高点才能脱颖而出。数理化我的制高点不高，英文也只能放弃了。更惨的是，1980年，安徽高考竞争极其惨烈，千军万马过独木桥。但对我这种农民子弟来说，要走出贫寒，走向世界，高考是唯一出路。为保证成功，不得已打算牺牲一切可以割舍的东西，全力冲刺高考，其中包括不上体育课。但是在高考前三个月，我因为拒绝上体育课跟体育老师打架了。我的体育老师膀大腰圆，很强壮。我因是住校生和老师接触很多，这个体育老师平时对我很好，如果雨天不能在外面上体育课，他有时就在教室里给同学念我的日记，因为那时我们的日记实际上是写给老师看的。所谓打架，其实是在开始上体育课时，我告诉老师我不舒服，请批准我不参加那天的体育活动。老师说不参加可以，但应在一边观看。我的目的是借机读书，就跟老师要求让我到林中休息。可能我跟老师辩论了几句，老师觉得我不尊重他，便强行拉住我，不准我离开。他膀大腰圆，我是瘦小得弱不禁风，拉扯中我一下子摔倒了。结果同学起哄，说老师打学生，就闹到校长那儿。由于我们那个中学1980届几乎没有高考得中的可能，我是全校的希望，许多老师也站在我一边，让那位体育老师压力很大，好像没过多久就离开了。当时文理科的老师都支持我利用打架事件，让我借机所有课都不上，自己全力复习，一举考上大学，为学校争光。

老师们的殷切期望和额外开恩，让我突然清醒。我扪心自问，要考理科的话，成绩不会太理想。仔细权衡之后，觉得我改学文科，可能被高校录取的概率要大一些。因为要在数理化上取得好成绩，优秀老师的指导是非常重要的，但我缺乏这样的老师。但如改文科，凭自己的语文和数学成绩非常好，再加上当时记忆力极强和悟性也不错等特质，也许可以自学，并自信在较短的时间内在历史和地理方面取得好成绩，问题不是太大，于是毅然决定改报文科。可是这一决定，出乎所有人意料，连文科班主任都不敢表示支持，因为离高考毕竟只有短短的几个月了。

但我属于脾气极倔的人，一经决定，绝不回头。幸运的是，虽然我高考的英语成绩几乎为白卷，但其他各科包括史地都考得很好，成为1980年枞阳县文科高考状元。高考成绩理论上达到并超过了全国所有重点大学在安徽省的录取分数线，按当年中国高考在安徽的录取标准，我的总分是完全可以上北大、复旦等名校的。可是，因我缺乏英语成绩及填报大学志愿的技巧，结果阴差阳错地进入安徽师大历史系。原因说起来可笑，因我是县状元，县教育局官员特别开恩，亲自帮我填志愿，要我第一志愿填北大，第二志愿填安徽师范大学，第三志愿填复旦云云。理由是这种一个一流学校、一个二流学校、再一个一流学校的志愿搭配能保证我上大学万无一失。我喜欢读书，第一志愿便按这位教育局大人的建议填了北大图书馆学系（后来才知道图书馆学系跟读书没有什么关系），第二志愿是安徽师大中文系。这一建议今天看来当然很不科学，但当时对我这个见识不广的乡下学子来说，以为教育局的看法理所当然的高明，于是欣然接受。遗憾的是，虽然我的成绩总分完全有资格进北大，但到北大图书馆学系需要英文成绩，我显然就不够格了。更不巧的是，1980年安徽师大与全国重点大学同时录取考生，在北大图书馆学系对我不感兴趣时，安徽师大立即录取我为历史系学生。我就这样阴差阳错进了安徽师大历史系。

因我是枞阳县高考状元，发榜后，县里立即通知白柳人民公社派秘书通知我马上准备体检。我记得很清楚，当天我正在田里干农活。母亲得到消息后大声喊我回家。待我把脚上的污泥洗了，因家里特别穷，连一件像样的衣服都没有，还找堂兄临时借了件衬衫，随后立即坐公社安排的卡车到离家 30 里地的汤沟镇体检。入学所需要的手续办完，我便从此离开了农村，告别了土地，“挥手自兹去”了。当然既没有毛泽东当年的悲戚：“更那堪凄然相向，苦情重诉。眼角眉梢都似恨，热泪欲零还住”，也没有唐朝诗人李白那种“挥手自兹去，萧萧班马鸣”的豪迈，只是非常“小我”地感到庆幸。因“文革”发生时我毕竟年纪小，所以恢复高考时，我等于非常幸运地没有被耽误就上了大学。华山自古一条路也好，千军万马过独木桥也罢，我毕竟从这条路杀了出来。被大学录取后，我的户籍从此不再是农民，而是一个可以吃商品粮的人了。在当时这可是了不起的事。就这样我一步步地阴差阳错成为我们下桥村徐氏家族第一个大学生，后来还成为徐家第一个研究生、第一个走出国门的人。好像也是我们那个中学 1980 届唯一一个考上大学的人，而且是县高考状元。我所属的安徽师大历史系 80 级学生中有 16 岁、17 岁、18 岁，但也有 28 岁的。1980 年我正好 18 岁，作为中国一个平凡得不能再平凡的乡下野孩子，很幸运地因为恢复高考，因缘际会，把握住了机会，人生也就从此不一样了。

上大学

平凡如我者，生于乱世之中，当然不敢奢求闻达于诸侯，只希望苟全性命而已，能考上大学应该说是令人兴奋和高兴的事。可是上大学后，我实际上并不是特别开心。我本来愿意学理科，特别是数学。可是阴差阳错，读了文科。文科中我更不热衷历史，倒不是因为司马迁受过宫刑，或“文革”期间许多历史学者横遭惨祸，当时并不懂这些。而是迷信科学救国，而且学理科可能谋生更容易。后来阅世见长，深感陈寅恪先生的见解有道理，他说中国所缺的不是工程师和自然科学家，而是一流的人文学者。这些是我后来才明白的，当时并不懂。前面提到我在安徽师大填报的是中文系，但可能我的历史成绩也很好，就被什么人大笔一挥成了历史专业学生。那个年月换系是极其困难的，我尝试过，但失败了。还有一个纠结就是安徽师大的学生毕业后大部分分配回自己的原县教书，我不想再回到让我有无数痛苦记忆的故土。

我很快发现一个可以再次主宰自己命运的机会，那就是考研究生。所以刚上大学时我就决定第二次放手一搏，全力以赴报考研究生。我的英文基础差，但我的古文不错，所以最初想考中国古代史专业。故大一时我心无旁骛，猛读《史记》《汉书》《资治通鉴》等古书。当时安徽师大历史系有一批极有造诣和学术影响的大家，如国际关系史学者光仁洪、明史专家张海鹏、第二次世界大战史学家陈正飞等。但他们很少给我们上课，光仁洪、张海鹏两人都是枞阳人，大学后期我有幸认识他们后，他们对我都很亲切。安徽师大还有一位非常有名的史学家万绳楠，他是陈寅恪的弟子。我想如果我要读古代史，应要得到他的青眼相看才行。所以我读完《史记》后，写了一份自我感觉很好的读书心得，我认为我发现了一个前人没能发现的问题，花了几个星期写了有生以来第一篇正规文章，然后偷偷塞到万老师家的门缝里。当时的老师是没有个人办公室的，好像万老师第一年也未给我们上过课，学生要找老师都要到老师家里去。我偷偷摸摸把文章塞到万老师家后，苦等了三个星期，泥牛入海无消息。我想他大概看不上我的文章，心中特别沮丧，觉得一番心思付诸流水，对中国古代史的兴趣顿感索然。

但很快又有一次机遇替我开了另一道门。当时有一个在美国谋生的著名史学家唐德刚，祖籍也是安徽，好像他 1981 年曾莅临安徽师大演讲美国的农业、工业、国力和民主。现在回想起来都是关于美国一些极其普通的常识，但当时让我大有醍醐灌顶之感。闭塞无知如我者从来没有想到美帝国主义会是农业大国。听了之后茅塞顿开，暗下决心，再见了，中国古代史。我此生目标就是研究美国史和考美国史专业研究生了。然而从中国古代史转到美国史，我面临的首要挑战就是英文。我意识到要考美国史的研究生，第一关就是要攻英文，将 ABC 从头学起。

我是一门心思的人，一旦主意已定，必全力以赴。我用一个月的生活津贴中的相当一笔钱买了当时国内最有名的英文教材：许国璋编的《英语》。读安徽师大的好处是免学费，每月还有十七块五的津贴，但这仅足以温饱，不能做其他的事。我因家境贫穷，十七块五便是全部所有，包括生活费、书籍费。有趣的是，我大学第一年只读圣贤书和线装书，第二年则全是英文 ABC 了。我差不多花了一整年攻英文。1980 年代和现在的条件完全不一样，80 年代的中国，英文学习才刚起步，英文环境特别欠缺。当时要听英文，主要靠美国官方的“美国之音”。节目中英文故意说得很慢，好让外国人学习。但当时要听“美国之音”在中国的节目非常不容易，为了练听力，我常半夜起来收听，信号还常常被干扰，所以学习英文的条件很差。不像现在有电视、互联网等。我学的基本上是哑巴英文，主要是记单词和熟悉语法。大二时我报名参加了一个全校英语竞赛，大一时我的英文成绩等于是零分，谁也没想到才过了一年多，我的英文进步神速，在那次竞赛中居然获得了冠军！这让我们历史系班上一个英文很好的学生妒忌得不得了。

英文有了一定基础后，大三时就全力以赴学习美国史了。安徽师大图书馆里所有关于美国史的书我全读过，实际上全部加起来可能也就不到几十本的样子。国内当时有几个学校可以招美国史研究生，最好的是南开大学，最吃香的是南开大学杨生茂教授的美国外交史专业。正当我在为考哪所学校彷徨之际，在《世界史研究动态》上读到一篇采访杨先生的文章，他提到的几个观点让我非常佩服。特别是他提到高楼大厦平地起，做研究要有一个非常坚实的基础。他希望中国的世界史研究人才要有这样的扎实训练，要目光远大。读后我深为先生的学术文章感动。我当时一个乡下孩子，才疏志大，即决定报考南开大学著名美国史专家杨生茂教授的美国外交史专业硕士生。我给杨先生写了封信说明要报考他的研究生，杨先生回我信，鼓励我考试。杨先生的鼓励更是让我明知山有虎，偏向虎山行了。

所以我自上大学起，就决定要考研究生，未给自己留任何退路。方向一旦确定，我立即采取行动，直接后果就是我成为一个“坏学生”。我是历史系 80 级近 100 位同学中高考成绩最好的学生之一。但我一开始就不是一个好学生，可谓地地道道的坏学生。我绝不拍任何人的马屁，政治上不求上进，学习上属典型的逃课大王，以“六十分万岁”为座右铭。我行我素，独来独往，很少同他人打交道，对女同学更是敬而远之。大学四年我上课时都是身在曹营心在汉，永远坐在大教室的最后一排，要么梦游周公，要么就是读自己想读的书，基本上没有听老师在讲什么。我现在也为人师表，但如果看到我自己的学生不听课，我是不大在意的。这也许是推己及人的缘故吧。

大学时每周星期五要在学生宿舍参加政治学习，同组的女生到男生宿舍来。我大概比较内向，沉默寡言，平时很少参加发言。我记得当组长要记录每个人发言时，如果他要记我，我就把他的笔记本拿过来说我自己记，因为我平时总是一声不吭，偶尔还写几句歪诗。另外，在大学有一阵子要求全体学生集体上早操，班主任甚至到宿舍查房，看谁没起床做操。据说历史系有一个男学生喜欢裸睡，他的女班主任有天查房时发现他还在睡觉，怒火中烧，一下掀开他的被子，此事成为同学中笑谈。我当时尽管没有进步得想做三好学生（思想品德好、学习好、身体好），但我并非自暴自弃，愤世嫉俗。实际上我自律很严，别人还没起床的时候我就开始跑步，等他们要早锻炼的时候，我已跑完步出去自习了。但在其他同学看来，好像我从来不参加早锻炼。我们班主任叫蒋铁生，军人出身，为人正直，但也比较革命吧。刚开始他对我不熟时，我经常成为批判对象，因为我既不热心参加政治学习，更不追求上进和参加集体早锻炼。但后来发生的几件事改变了他对我的印象。首先，他看到我虽然不参加集体早锻炼，但我自己锻炼得更早。好几次他来叫学生起床，都看到我已跑步回来，才意识到我不是不锻炼，只是更早锻炼罢了。其次，他几次读到我们小组的政治学习记录，读到了我的好几首歪诗，他觉得我的歪诗挺有思想的，逐渐对我刮目相看，不再对我吹毛求疵并很少再对我点名批判了。

因为不合群，许多同学对我不熟悉。女同学更陌生，四年大学期间，我同女同学主动说过的话大概不超过十句。我考上研究生后又提早离校，所以当时许多人都对我不熟，可以说我对他们是个谜。当时考研究生另一个比较热门的专业是美学，这是因为安徽人朱光潜先生提倡的关系，结果许多人都谣传徐国琦考上了美学硕士生。我觉得最有趣的是我到南开读研究生时，我们大学同班有个女同学的弟弟要考南开，她写封信来希望我能帮他弟弟打探消息，这封信的信封上有两个地方写错了：一、南开大学美学史研究生。二、把我的名字写错了。还好这封信最后还是转到了我手上，由此可见当时我和同学关系之疏远。

我读大学的时代，社会风气保守。校方规定不准谈恋爱。一经发现，会受到严格处理，毕业分配时也会棒打鸳鸯，让情侣们天各一方。记得我们班上一对男女同学偷偷谈对象被发现，男同学在压力下甚至自杀，幸亏获救。记忆犹新的另外一件事就是当时电视剧《霍元甲》在我的同学中特别流行，开播时人人争看，人人会唱其主题曲。而我一集也未看过，今天想起来觉得自己无疑没有与时代共呼吸，但我当时就是这样，生活在自己的世界里，很少随波逐流。

大学四年生活是非常简单的，大学四年，生活上极其贫困潦倒，颇为落魄。尽管每月有十七块五的生活费，虽不用交学费，但还是吃不饱，穿不暖，因为这区区生活费便是我的全部收入。非常幸运的是在1980级安徽师大历史系除我之外还有一个枞阳人王庭树，他是从枞阳县最好的中学——浮山中学毕业的，浮山中学是安徽省的一个重点中学。因为是同乡的缘故，我们很快成为莫逆之交。王庭树有个姐姐在香港居住，他有这层海外关系，其物质条件比起我要好很多。因为他的姐姐经常寄外汇券给他，我大学四年基本上是靠他接济过来的。他这个人特别好，接济我时从来不以接济的口吻，譬如我和他一起学英文时，我当时是买不起字典的，他有本非常好的最新英汉字典。他就说他英文不学了，先把字典给我吧。这本字典对我无疑是雪中送炭。还有那时过年放假，有时没有回家路费，王庭树经常帮我买好小轮船票，和我一起回枞阳。他还时常用外汇券给我父亲买两包好烟，让我春节时孝敬他老人家，所以这四年王庭树对我的支持很大。即使大学毕业以后，因为王庭树回枞阳工作，对我父母及弟妹也是照顾有加。古人云，“苟富贵，勿相忘”。尽管直到今天我仍未富未贵，但对王庭树的接济和深厚友谊是一直铭记在心的。

1980年代的中国在思想上有点像春秋战国时代，国门初开，百花齐放，百家争鸣。当时虽然生活上很苦，但对于生于60年代的我们来说，觉得到处充满了希望，像当时风靡一时的歌曲所唱的，生活在“希望的田野上”。那时会觉得命运掌握在自己手中，尽管物质生活不好，但大家充满朝气，对前途充满期待。我的大学物质生活固然很苦，但当时我对生活是不讲究的。苦自然是苦，但充满豪情。

记得1983年秋，我们安徽师范大学历史系的部分同学到徽州实习，并结伴到附近的道教圣地齐云山一游。来自穷乡僻壤的我，可谓身无分文，一贫如洗。土气十足，傻气可能更是有余，但豪气冲天。在饱饮了一通山泉水后，可能被齐云山的壮阔雄伟所感染，竟一个人悄悄地在随处可见的石壁上用石块题歪诗一首。前两句早已忘却，后两句却莫名其妙地深印在脑海里，至今还记得。这两句是："他年若显凌云志，跨鹤寰宇当再还！"如今30多年已了然而过，人也从干瘦青年变成壮硕中年，虽足迹的确到达世界许多地方，并在海外求学工作20余年，但所成不多。"凌云志"如果还在，恐怕还是"志"而已，当然也再未回到齐云山。回首前尘，可谓浮生。浮生者，四海漂浮，雪泥鸿爪之谓也，但当时心比天高的豪迈心态可见一斑。

其实我们安徽师大历史系80级藏龙卧虎，人才辈出。在这100位同学中当年就有六个人成为应届研究生。例如，如今已成为中国社会科学院历史研究所所长的卜宪群，成为我一度心仪的安徽师大万绳楠教授的魏晋南北朝专业硕士研究生，沐涛成为华东师大非洲史专业研究生，目前国内首屈一指的世界古代史学者晏绍祥也是当年同时考上研究生的同班同学。同班同学中后来陆陆续续考上的应该更多。在今天，硕士研究生可能不算什么，但在1980年代的中国可是极其稀缺的，考上的人很有点像安徽人吴敬梓的小说《儒林外史》中所描述的"范进中举"后的感觉。

1984年攻读硕士学位

研究生准考证

编　　号　841915

姓　　名　徐国琦

工作单位　安徽师范大学

报考第一志愿单位　南开大学

报考学科、专业　历史学 世界史

研究方向　美国史

接受试题单位及其地点：芜湖市招生办公室

南开大学 研究生招生办公室

填写日期　1983年12月2日

复 试 通 知

徐国琦同志：

你好：

根据你的初试成绩，按照教育部录取研究生的工作程序，请你于五月二日持本通知和准考证来我校历史系（所）报到参加复试。

复试科目及方式：1 美国通史

2 口试

按教育部的规定，复试时的路费、食宿费一律自理。（住宿最好自行解决）

南开大学研究生招生办公室

一九八四年四月十日

再回到报考南开大学杨生茂先生研究生的事。南开当时的美国史师资阵容很强，其美国史研究室早在1964年就成立，南开的美国史研究成为国家特批的重点发展学科。杨先生是当时中国屈指可数的美国史大家，德高望重。他1917年出生于河北涿鹿的世家，燕京大学毕业后到加州大学柏克莱分校读历史，然后到斯坦福大学跟随美国著名的外交史家Thomas Bailey读研究生。不过由于个人在美国的生计和生存问题以及对美国支持国民党打内战非常不满等原因，杨先生在拿到硕士学位之后，即于1946年回到中国，后来成为南开的历史教授。

1984年我居然在报考杨先生研究生的众多考生中脱颖而出，成为唯一被杨先生恩准到南开复试的考生。1984年5月我坐火车到南开参加复试面试，南开的几位美国史大家杨生茂先生、冯承柏先生、张友伦先生三大主考人坐在我面前，我当时初生牛犊不怕虎，未知权威为何物，对三位主考的问题回答激情有加，但难免不够谦恭。记得当时就美国边疆及民族主义的问题甚至同冯承柏先生辩论起来。冯先生是绝顶聪明的一位老师，其父冯文潜留学海外多年，曾先后在西南联大和南开大学哲学系任教，并担任南开大学文学院院长及图书馆馆长等职务。冯承柏先生幼承家训，聪慧绝伦，南开中学毕业后即参加工作。可惜生不逢时，后来被打成右派。我在南开面试时，冯先生已经如鱼得水，回到了南开大学美国史研究室任教。当时的冯先生刚过知天命之年，又刚从美国访学两年归来，风流倜傥，才华横溢，口若悬河，知识渊博，给我留下极其深刻的印象。

幸运的是，三位先生对我的无礼似乎毫不为忤，反有“孺子可教”的赞许神色。张先生当时鼓励的目光我至今想起来仍然感觉十分亲切。

我来南开后，冯承柏先生一直对我十分关照，提携有加。后来杨先生的女儿杨令侠（目前也是国内有名的历史学者）告诉我，说杨先生在我面试那天回去后告诉她，有一个安徽来的野孩子说一口安徽土话，居然目空一切，眼中无人，但他很喜欢。就这样我成了杨先生 1984 年唯一录取的学生。

到南开

1984 年我有幸成为杨生茂先生美国外交史专业的研究生，这是我的造化和人生一个重要转折点。进入南开才是我真正读书的开始，我非常幸运有杨生茂先生做我的导师。杨先生是真正的学者，我进校之后，他就着意栽培我。杨先生虽是学术大家，留洋背景，但待人是老农民心态，极其纯朴。古语云：“君子有三变：望之俨然，即之也温，听其言也厉。”杨先生就是这样的君子。他还非常符合古人另一个关于君子的定义：“君子食无求饱，居无求安，敏于事而慎于言。”杨先生是个非常古朴的人，不是口若悬河的老师。因他的思维比口头表达快得多，所以经常让人感到不知所云甚至前言不搭后语。但他是绝对的好老师和学术大师。先生严于律己，治学严谨，敏于思考，文字优雅。我第一次见他时，他戴一个瓜皮小帽，一口河北口音。在我进南开读书后，他听说有人要帮我介绍对象，有天他就要我去见他，告诉我说：“徐国琦，我不管你谈不谈乱（恋）爱，但你要把书念好。”杨先生的河北口音把“恋”读成“乱”，十分有趣。

在先生的督促下，我开始系统阅读了中国古代名篇及美国史著作。杨先生为培养我，使用了几个非常好且行之有效的方法。先生指导我的一个独特方法是将自己每天想到的对学生有用的心得、书籍及注意事项写在旧信封或废纸上，在他一日多次的散步途中塞在我的宿舍门下或信箱里。有时一天收到好几封这样的信件。即使在我研究生毕业留校后，先生仍是耳提面命，继续不断提供杨氏手谕或启示录。在南开六年，我积累了大概上百封先生的手谕。他每天给我的手谕比我在课堂里学的东西还要有用，因为这是对症下药，所以立竿见影。可惜我在 1990 年底出国时将信件及其他物品寄存别处，后来竟不翼而飞了，十分可惜。

除了手谕及启示录外，先生指点我治学的另一有效方法是寓教于创作。在 20 世纪 80 年代中，杨先生承担了一项国家重大研究项目，即撰写一部完整的《美国外交政策史》，1985 年开始动手准备。我当时是研究生二年级，但杨先生要我承担的分量最重，我受命写作从美国内战到第一次世界大战的四个章节。从书稿主线、资料遴选到遣词造句、文字表达，时常受到先生多方鞭策，指点无数。耳濡目染，获益比起课堂上的满堂灌不知要强多少倍。为了督促我专心工作，先生费尽心血，并严加督促。让我每天诚惶诚恐，不敢懈怠。通过这次写作的历练，我学到研究要一丝不苟，不能走快捷通道。还有文章讲求用词要简要达意，所谓信达雅，且又不能说空话。我后来做学问的路径和努力，和杨先生这种寓教育于写作是非常有关系的。

1984 年与杨生茂教授

南 开 大 学
NANKAI UNIVERSITY

徐国琦同志为美国史研究室硕士毕业生，毕业后留我室任助教已两年，其间从事中美关系史和美国外交史研究工作，其中包括外交史重点项目的撰写任务。在撰写中特别注意中国史料的收集与整理工作。英文口语和写作能力均为优秀，适于担任中美文化交流以及讲授有关中美两方政治、经济与文化各项课程。兹以推荐，希能惠予考虑。

杨生茂
（美国史研究室、教授）
1988，11，28

杨先生自我进校后，就对我约法三章，要我多读古书，读《东莱博议》《资治通鉴》和《古文观止》等。因为杨先生认为文史不分家，写作是非常重要的训练。我过去的中文不错，受桐城派的影响，加上杨先生的鞭策，让我在修辞造句上更努力下功夫。此外，除了学术专业，我从杨先生身上学到一个学者的基本态度——要脚踏实地，不求闻达于诸侯，像范文澜说的“板凳要坐十年冷，文章不写半句空”，杨先生本人就是一个很好的范例。这六年之间忝列杨先生门墙实在让我一辈子受益无穷。

杨先生对我进行学术训练的另一个行之有效的措施就是送出去。1985至1986年，美国富布莱特基金会选派一位富布莱特教授到上海外国语学院的美国研究中心为中国教育部高校培训中国国际关系人才，为期一年，正式名称为高等学校助教进修班。学业完成后由上海外国语学院院长发结业证书。学员的身份必须是大学老师且是做国际问题研究的。1985年我刚进入研究生学习第二年，更不是南开教师，但杨先生利用其影响说服南开大学同意我参加遴选考试，幸运的是我通过了，因此得以参加这个为期一年的国际关系项目的培训。我是这批学员中唯一的研究生，其他人都是来自国内不同大学的英语教师。杨先生放任我在上海受美国老师的训练，当时教我当代国际关系的老师名叫威尔逊，全年共上六门课程，分别为《国际关系》《当代国际事务》《大国外交政策》《美国外交政策》《美国和世界》《亚洲国际关系》。威尔逊胖乎乎的，每天上课，他坐在讲桌前，滔滔不绝，而我是一个耳朵进，另一个耳朵出，听懂的极其有限。更要命的是我们要经常用英文写作，其他学员全是英文老师，而且比我年长，有多年教书经历，压力比我小，但对我来说可是压力山大，苦不堪言。但一年下来，还是获益不少。我刚找到30多年前威尔逊给我的英文结业评语，其中写道：徐国琦一年下来，有长足进步，终有一天会成为重要学者。

杨先生对我一方面很严格，另一方面又特别信任我。1986 年和 1988 年我受杨先生和张友伦先生委托，分别赴上海和青岛代表南开大学接受美国基金会的大量捐书。1988 年杨先生要主持编撰一部美国历史词典，命我和上海辞书出版社谈判出版事宜。杨先生对我非常信任也反映在对美国教授的接待上。凡美国老师来南开历史所的，多由我接待。我印象很深的是 1987 年春，美国教授 Thomas G. Paterson 到南开来上课，由我负责他的课程安排和陪他玩。有一次我骑着辆破旧的自行车带他到天津水上公园，他坐上时我差点摔倒。Paterson 和我熟悉之后，对我比较器重。他回国之后，主动帮我安排到 University of Connecticut 跟他做美国史博士生。

第一次参加学术会议

1985 年，全国中美关系史首届讨论会在复旦大学召开，在杨先生的推荐下，我成为正式代表与会，可能在当时所有与会学者中，我是资格最浅也最年轻的正式代表。我的最大收获是不仅能聆听大名鼎鼎的中国社科院美国研究所所长李慎之滔滔不绝且精彩绝伦的宏论，更有幸一睹其风采。参会对我增长见识的另一个方面就是洗耳恭听刚从加州柏克莱分校进修归来的袁明老师的报告和心得。不过这次会议对我一生极有影响的不是学问和学术，而是另外巨大的收获。当时复旦大学历史系一年级的研究生尤卫群担任会务接待工作，我因为年轻，加上是从上海外国语学院而不是直接从天津来复旦开会，她对我的接待似乎有点不当回事，以为我是本地旁听者。但是可能我的安徽口音太难懂，又让她不得不仔细听我说话，否则不知道我要说什么。就这样在尴尬中结缘后，她很快成为我的女朋友，并在1988年同我结婚，放弃上海户口和舒适环境，离开住在上海的父母和家人，来到我所在的天津工作。从此她成为我边缘人生的重要部分，同我一起，天南地北，仗剑走天涯。

结婚照

1986年中美之间有个中美外交史学者讨论会，许多著名的美国学者都来北京开会。这可能是中华人民共和国成立之后的首届中美历史学者学术合作，其中有康奈尔大学的 Walter LaFeber，芝加哥大学的入江昭以及著名冷战史学者 John Lewis Gaddis 等人。Walter LaFeber 当时是美国新左派的领军人物，他的代表作叫 *New Empire*，从经济角度研究美帝国主义的兴起。他的导师是威斯康新左派外交史学学派的创办人 William Appleman Williams，Williams 培养了一大批外交史学者，其中就有 Walter LaFeber、Lloyd Gardener 等人。杨生茂老师安排我参加会议并授命我要在这批美国学者中选几位邀请他们到南开演讲，特别是 Walter LaFeber 和 Nancy Tucker。LaFeber 因时间问题不能来南开，Nancy Tucker 当时是中美关系史的新秀，后来长期在 Georgetown University 任教。但她当时以历史学者身份在美国驻华大使馆工作，不便公开讲课，也无法接受我的邀请。

Walter LaFeber 虽无法来南开，但他特别邀请我到他下榻的高档饭店共进早餐。这是我有生以来吃过的第一顿最豪华和奢侈的早餐，那顿早餐我印象很深，两个人的账单一共是 130 块人民币，我当时一个月的工资还不够这顿饭钱。所以我告诉 Walter LaFeber 多谢他的破费，我要连一滴水都不浪费，要把它喝干。我当时的英语应不太灵光，他能否明白我的意思，我就不知道了。但 Walter LaFeber 和我交谈后，似乎对我很看重，回美之后就寄来一大批他自己的著作及当时美国学界有影响力的名著，并建议我去康奈尔大学跟随他读博士。可惜我因与杨先生有约在先，要完成杨先生的《美国外交政策史》书稿。如同 Paterson 建议我到 University of Connecticut 跟他做美国史博士生时我的反应一样，我对此同样不敢有非分之想。

虽然我没有请来 LaFeber 到南开，但我很快得到另一个机会。美国著名外交史家 Michael H. Hunt，中文名韩德，当时刚刚完成了一本新

书 *Ideology and U. S. Foreign Policy*，人也正在北京，我立即奉杨先生之命邀请他来南开演讲。他表示愿意，但必须演讲当天返回北京。那一天我可辛苦了，我一早由南开派车从天津直奔北京，接到韩德后马上回天津。傍晚他演讲完毕我再陪同他坐南开大学轿车回北京，然后我在当天夜里乘原车回津。累固然是累，好在那时年轻，而且这是向美国教授学习和练英语的极好机会。

杨先生属于"望之俨然，即之亦温"的长者。对学生一般不苟言笑，他的学生大多比较怕他。但我这个乡下野孩子一开始给他的印象就不一样，我和杨先生可以经常开玩笑。犹记在80年代后期，从先生爱女杨令侠处获悉先生生日将至，我一时玩心大发，特意让妻子尤卫群同其在天津电台工作的朋友联系，安排先生生日当天播放一首先生喜爱的乐曲《春江花月夜》，为其祝寿，并同节目主持敲定好解说词及播出时间。先生生日那天，我同《历史教学》编辑吴崇诰先生一起造访先生府上。先生有听收音机的习惯，所以到约好点播音乐节目快要开始的时候，我们故意让先生打开收音机，声称电台可能有重大消息播放。先生打开收音机后，电台立即传出点歌台主持小姐悦耳的声音，说今天是南开大学著名教授杨生茂先生的生日，他的仰慕者特意点歌一曲，祝贺杨先生生日快乐等一堆软绵绵的话。先生听完歌曲后，喜笑颜开，颇为得意。当我开玩笑说，这点歌人恐怕是先生的女性崇拜者时，先生似乎还有点不好意思，用地道的河北话斥责道："不要乱说。"孟子曰："大人者，不失其赤子之心者也。"杨先生这时的表情用"赤子之心"来描述应该是合适的。最近找到杨先生在事隔六年后的1996年初给我写的一封信，信中特别提到，他不久前回想这一趣事时，仍触情命笔，赋诗一首，诗曰："农家清贫生，睿智‘小精灵’。‘春江花月夜’，海外绕回音。”并对“小精灵”一词解释道：“无恶意。平时视其年幼聪慧。”对“海外绕回音”一句注解说，其“现就读于哈佛。倡议编辑八十寿辰纪念文集事为回音之一”。

杨先生是影响我学术人生的少数几个人之一。记得80年代时南开美国外交史专业研究生工作比较好找。在我尚未毕业仍在上海外国语学院

与杨生茂教授合影

进修时，位于南京板桥的中国人民解放军国际关系学院有几位老师和我一同在上外的国际关系专业进修，可能因为这层关系，有一天该国际关系学院主动同我联系，希望我南开毕业后到该院工作，一开始的待遇就是正团级。当时硕士研究生毕业后到部队的级别一般是正连或副营级，能以正团聘请的可谓天方夜谭。尽管我小时候梦想当兵，但彼一时，此一时，此时我的志向变了。我的志向实际上是毕业后到外交部工作。但

就在我对毕业去向尚未定夺之时，杨先生有一天一早命我到他家去，到后方知是毕业志愿之事。当时研究生可填报三个工作志愿。杨先生告诉我，我的第一志愿应填南开，我问第二志愿是否可填别处，先生说还是南开，这时我有点沉不住气了，告诉他我想到外交部工作，第三志愿可否填外交部。先生以不容商量的口气说我应该做学问，所以第三志愿还是南开。就这样中国失去了一个外交官，但从此世界上多了一个历史学者。

虽然我直接接受先生耳提面命的时间大概只有六年多，但回首前尘，先生影响我人生至巨。2005 年我在剑桥大学出版社出版的《中国与大战：寻求新的国家认同与国际化》一书中，称先生为我“一生的导师”，可谓发自心田。为感谢先生的培育之情，我特意把 2008 年由哈佛大学出版社出版的《奥林匹克之梦》一书题献给我在东西方的两位伟大老师：杨生茂与入江昭。近 20 多年来，我浪迹天涯，但先生对于我的每一步成长都予以关注。2005 年我的《中国与大战：寻求新的国家认同与国际化》一书的英文版由剑桥大学出版社出版。先生获悉后，居然亲自向中国《美国史研究会通讯》发布出版消息。2009 年秋，我受王希、姚平两位友人之命，写了一篇不足挂齿的回顾个人学术生平的《浮生三记》一文。初稿完成后，为博先生一笑，特意请先生爱女杨令侠教授将电子版发给先生一阅并提意见。令侠称，先生读得津津有味。后来先生还让令侠传给我他的一封信，信中写道：“国琦，诵读全文一遍，很受感动，自然也很高兴。对我赞语，十分感谢。你做档案工作的艰苦经历频频触动我的心坎，并取得我的敬佩。因病，不能多语。祝春节好。”2009 年秋，我在近两年的举棋不定后，决定接受香港大学历史系的聘书，离开美国，到香港工作。先生获悉后，于 2009 年底，寄给我一张贺年卡，上写：“国琦如晤：赴港执教，实属优选，甚值拍手称快。他日访问，更为便捷。”

新到香港，因万事纷扰，尚未来得及到先生处问候，先生即于 2010 年驾鹤西归，怎不令人悲伤!!! “昔人已乘黄鹤去，此地空余黄鹤楼”，放眼当代中国，自称大师的人很多。但先生从未自命不凡，多次在自己的著作中称自己为“人梯”。其实先生不仅仅是真正的大师，还是不折不扣的学术拓荒者和巨人。“桃李不言，下自成蹊”，先生伟大的人格风范，安贫乐道的高贵学术人生，必将激励中国一代代学人，书写中国人研究世界史特别是美国史的“宇宙文章”，我从先生处不仅学到学问，更是受益于先生的学问人生，学会如何自处、处世。先生一生淡泊名利，高风亮节，汲汲于救国、治学之道。后人的成功，大多源于其站立在前辈巨人的肩上。如果说我目前有任何所谓成就的话，在相当大的程度上要归功于杨生茂先生这样一位巨人。如今大师已去，先生植于我辈弟子中的学术人生的种子犹存。定当不遗余力发扬光大，以无愧于先生教育之恩。2017 年系杨生茂教授 100 周年诞辰的日子，杨门弟子和朋友会在金秋时节，汇聚津门，缅怀杨先生的学术人生和道德文章。

我在南开大学美国史研究室学习和工作的 1980 年代可谓研究室的黄金时代。除杨先生外，还有张友伦先生、冯承柏先生、周纪堃先生、易廷镇先生、陆镜生先生、李青先生等。他们都给过我极好的帮助和教诲。周纪堃先生是西南联大出身，英文和德文都很好，治学又极其严谨。他主持翻译的《美利坚合众国的成长》字字珠玑，堪属翻译经典，影响了一代对美国史感兴趣的中国学子。除翻译外，周先生的西学造诣也极为

1980 年代南开美国史研究室部分老师合影，左二起为李青、张友伦、易廷镇、杨生茂、陆镜生。

深厚，可惜他老人家惜字如金，很少著述，今天很少有人知道这位当年南开大学的大师了。周先生深居简出，很少应酬。但我在南开期间，他老人家不时请我吃饭，并多加点拨。我 1988 年申请中华美国学会首届出版基金时，周先生毅然主动出任第一推荐人（杨生茂先生为第二推荐人）。易廷镇先生也是翻译大家，来南开前曾在中共中央编译局工作，翻译了无数著作，在南开时主讲美国经济史。易先生与时俱进，开风气之先，在 1980 年代即在南开开办了一个公司，为学校和研究室同人带来一些实惠。易先生对我也经常予以资助。比如他偶尔以派我到北京的国家图书馆为他查阅资料为名，让我得以做一些自己的研究。他一度还让我将他几位研究生的硕士论文编辑整理一下，打算作为专著出版，由他个人提供出版经费。可惜因种种原因，我无法将此事落实。今天想起来，仍然觉得遗憾。陆镜生先生为人谦和，学识渊博，学养极好，对我经常也勉励有加。再说一下李青先生，他“文革”前毕业于北京师范大学英文系，在南开时的专业是美国黑人史。我到南开不久，李青先生刚从耶鲁大学访学一年回来。他属于不喜交游的人，但很愿意与我交往。记得当年我刚买了一件西服，李青让我给他试穿一下，因为他的块头比我大一些，一下就把西服给撑破了。我俩大笑半天，我好像借机敲诈了他一只烧鸡。可惜李青先我离开南开，到西湖杭州享福去了。

除杨先生外，张友伦先生是另一位对我影响极大的南开老师。张先生当时是美国史研究室主任和历史研究所所长。在张先生的领导下，南开美国史研究室成果丰硕，取得了令全国学界瞩目的地位，张先生对我更是大力提携。张先生的领导风格是“温良恭俭让”，“无为而治”，充分发挥每个人的研究特长及积极性。我在南开期间，张先生从未干涉我的研究及工作，对我从来都是鼓励有加，全力支持。约在 1988 年中华美国学会设立首届由福特基金会赞助的出版基金，以福特基金会出资，中华美国学会负责选拔在国内研究美国问题的学者中最值得资助的课题出版。美国研究课题包括历史、政治等。我报的题目是《美国外交政策研究——历史的考察》。当时我才 20 出头，和我竞争的大多是中老年学者，结果我是唯一一个拿到 7000 人民币资助的最高奖励的人。这个数目在当时出版一本书是绰绰有余的。当时国内教授的最高工资大概一个月是 300 块，一般老教授是 200，我当时在南开的工资甚至不到 120 元。7000 人民币是很大的数目，作为出版基金是任何出版社都愿意接受的。我当时同心仪的由著名学者来新夏担任社长的南开大学出版社签订了出版合同。写这本关于美国外交政策研究的书对我来说应是不难，但后来我很快就到了美国，学业繁重，还是专心好好读书为要。我因此向南开请示要放弃这笔基金。在这件事情上，深刻表现出了张先生的宽宏大量和对我的提携。张先生是当时南开大学历史所所长，同时也是中国美国历史研究会会长，他不仅鼓励我申请该出版基金，并在众多不乏中老年专家学者的申请者中，对我这样一个初出茅庐的年轻后生大力支持。我最终能在众多申请者中获得唯一的最高资助，肯定是和张先生、周先生、杨生茂先生等鼎力支持分不开的。现在我又不知好歹地要求放弃，张先生却并未因此对我加以指责或严词反对，正相反，他对我的决定表示理解。张先生对后辈的关爱、理解和博大的胸襟由此可见一斑。

张先生作为领导的另一个特点是求贤若渴，大力引进人才。我当时作为南开美国史研究室的年轻教师，受张先生委托亲自参与两次引进人才的具体操作。其一是调动王玮。王玮当时在河北某大学任教，我在杨生茂、张友伦先生的指导下，奉命到河北办理调动事宜。遗憾的是当时王玮所在学校领导坚决不同意放人，使我最终无功而返。其二是“收买”李剑鸣。李剑鸣当时系南开为外省所代培的硕士研究生，张先生慧眼识才，决定李剑鸣毕业后不放他回原地。我奉命跑腿，在南开各部门之间协调，办理“购买”李剑鸣事宜，结果十分成功。王玮、李剑鸣都是目前中国美国史学界的领军人物，由此可见当年张先生的伯乐眼光。除李剑鸣在 1989 年留校外，1988 年原祖杰也在硕士研究生毕业后留研究室工作。

在南开的日子是充实和快乐的。物质上与过去比不可同日而语，当时的研究生读书津贴好像有六十多块钱，加上我开始发表文章，在南开时拿到的稿费平均起来有时和津贴差不多。当时的《历史教学》杂志编辑吴崇诰先生对我尤其支持，经常自己提着酒和烧鸡到寒舍鼓励我做学

在南开

问。每次当我有些心得时，他立即多加敦促，逼我写出来。让我记忆犹新的是，吴先生在 1990 年第二期的《历史教学》同一期上以第一篇和第二篇的宝贵篇幅同时发表我的两篇文章（第一篇以笔名“费鸿”署名）。每次拿到稿费时，我便买只烧鸡，喝一瓶啤酒，作为庆祝。那时没有冰箱，啤酒在夏天实际是温的，但这对我来说已是很难得的享受了。

在读研究生三年期间，与其他同学实际上只在第一年有来往，后两年便很少交集。因为第二年我即到上海培训去了。第三年回南开后，因杨先生的博士生任东来师兄到南京学习一年，当时的博士生两人一间宿舍，我就搬到东来的博士楼层了。东来的同屋是后来成为杰出中国古代史和古籍学者的赵伯雄先生，他在天津有家室，来学校的时间不多，所以我在读研究生的最后一年得以在大多数时间享受独住的美事，让我可以静心读书和写硕士论文。

写到这里，我必须多说几句我的同门师兄任东来。1984 年我进入南开大学成为杨生茂先生的硕士研究生时，东来与何志功兄早在1982年即成为杨先生为中国社科院培养的美国史弟子。1985年东来到南开攻读美国史博士学位后，我们在南开共同相处的日子很多。我们同属杨生茂先生门下美国外交史专业，东来比我年纪稍长又是师兄，对我关照极多。1988年东来博士论文答辩时，我忝任答辩委员会秘书。东来为国内培养的首位美国史博士，答辩时尚无先例可循。但因东来的博士论文非常优秀，加上校内外专家对东来都十分看重和欣赏，东来的论文答辩因此圆满成功。当时我与东来又共同参与杨生茂先生主编的《美国外交政策史》一书，我承担美国内战到“一战”的部分章节，东来则负责“一战”后到“二战”期间的专章，在学问上我们经常切磋讨论。

东来风流倜傥，博学多才，又广交天下豪杰。我在南开最幸福的时光之一就是与东来青梅煮酒论英雄，听东来臧否人物，评论时事。有趣的是，东来虽然能言善辩，但也有怯于表达的时候。有一次东来郑重其事地请我喝酒。东来长在北方，但温文尔雅，举止斯文，不像我大口喝酒，不修边幅。在我大灌了几杯啤酒之后，东来严肃地告诉我他有事相求：他已经爱上当时在南开大学旅游系读书的一位美女，但无法向其公开表明心迹，想请我做他的爱情使者。我立即满口答应，非常尽责地代为转呈。东来精诚所至，金石为开。这位美女就是后来成为东来夫人的吴耘。

我与东来密切交往大概只有两年左右。随后东来离开南开到南京大学——约翰·霍普金斯大学中美文化研究中心进修，旋即在那里任教，我也在1990年负笈西渡，求学海外。从此失去同东来切磋学问、把酒言欢的机会。大约2008年我到南京做短期访问，同东来、吴耘夫妇短暂一聚。近20年未见，岁月似乎没有在东来身上留下什么痕迹。他还是那么年轻，虽然不再像过去那样豪情万丈，但有了更多的学有成就的睿智与成熟。他当时同时在中美关系史及美国宪政史两大领域纵横捭阖，恣意潇洒。我相信若上天假以时日，东来定会在他的多种研究领域成就一番更大事业。孰料2013年3月底，剑鸣兄告知东来病危，我不禁悲从中来。立即给吴耘打电话，表示关切，期盼东来能转危为安。不想天不假年，竟让东来这样一位优秀学者英年早逝。悲哉！

斯人已去，风范长存！东来在其短暂的岁月里，由中国人自己培养的第一个美国史博士到中国美国史研究的一位领军人物，著作丰富，教书有成，并有吴耘这样一位美丽贤惠的夫人及一个非常优秀的女儿。东来的一生是丰富的，成功的，我想其在天之灵应该也是幸福的。东来所熟知的美国学者Joseph Levenson、Perry Miller及美国总统肯尼迪等都是英年离世，为后人留下永久的充满朝气、英俊潇洒的音容笑貌。东来兄的突然去世，同样给我们留下了无数的思念，更给我们留下了他那永远年轻、充满智慧的学人形象。

在南开还有一些趣事。我们当时会定期组织舞会，要求大家都参加。我来自乡下农村，相当保守，对跳舞可以说是深恶痛绝。每次有舞会，我就逃，为此受到学生会领导特别是女同学的指责。有次我就向杨先生抱怨说，现在是世风日下，居然还跳舞，我不想跳。杨先生就说，以后要跳舞时，你就说你要到杨先生家念书，从此以后我就以此为挡箭牌。

前面提到Paterson在1987年春天来南开上课。当时北师大张宏毅和黄安年两位老师的几个研究生也参加了这一课程，其中有赵梅。因为我具体负责这一课程，和学员交集较多，大家都很熟。当时我正在写硕士论文，搞得焦头烂额。前面提到过李剑鸣，他是南开 1986 级的代培研究生，比我低两届，和我关系也很好。为解我燃眉之急，赵梅和剑鸣兄居然帮我誊写硕士论文。剑鸣兄今天已是国内美国史大家，赵梅现在是国内《美国研究》的主编，全国政协委员，中国社会科学院二级研究员。我不禁想，我这小子何德何能，当年能享此福分。今日想起二位当年的出手相助还是万般感激。因和赵梅有这段渊源，我自 1990 年底出国留学到 1994 年间，因赵梅是编辑，在她鼓励和鞭策之下，我每年都会为《美国研究》写一篇文章，直到 1994 年我必须全力以赴应付哈佛博士论文才不得不停止。

我硕士毕业后奉先生命留南开美国史研究室工作，但一心想到美国攻读博士学位，于是同先生达成一“君子协定”，一旦我的《美国外交政策史》章节定稿，先生应放我到美国去读书。前面提到的 Paterson、LaFeber、韩德等教授对我印象似乎都很好，都热情鼓励我申请到他们学校读博士。但当时于我而言，要出国的时间尚不成熟。所谓君子一诺，和杨先生的协议必须完成。另外，我觉得我应该在中国读完硕士学位再出国。1987 年我成为南开的正式教师。所谓谋事在人，成事在天，1989 年我承担的《美国外交政策史》一书的相关章节正式杀青。出国的事到此时可谓万事俱备，只欠东风，我到美国留学的时机很快就到了。

首先是杨先生一诺千金。杨先生是国内首批美国外交史专业博士生导师。中国自己培养的第一个美国史博士任东来先生就是受业于杨先生。但杨先生并未强迫我在国内进一步深造，他知道我的志向是要到美国直接攻读博士学位。杨先生虽在我留校问题上一言九鼎，但在我出国问题上不仅通融，还大力支持。后来当我被哈佛大学录取但出国受阻时，杨先生还主动给国家教委写信，为我陈情。在杨先生、张友伦先生、冯承柏先生的大力照顾下，南开大学对我特别厚爱，1988 年我被评为南开大学两个所谓最优秀的青年学者之一，奖品是一辆飞鸽牌自行车。当时的飞鸽牌自行车在国内是不得了的，有钱都买不着。1988 年春，南开大学又推荐我做富布莱特学者，但因当时我人不在南开，分管此事的副教务长冯承柏先生到处都找不到我，只好把名额转给别人。尽管此事责任在我，但南开大学很快又给了我另一次机会。

1989 年底，哈佛燕京学社要在中国五所大学（包括中国社科院）挑选学者到美国做一年访问学者或读博士学位。显然，申请做访问学者较易，申请读博士学位很难。还有一点不同就是访问学者自动到哈佛大学进修，而成功得到哈佛燕京学社博士生奖学金的不一定能被哈佛录取。但我既然立志要到美国读书，我就向南开申请推荐我读博士生。哈佛燕京学社社长 Patrick Hanan（韩南）教授亲自来华面试。韩南是哈佛大学著名的中国古典文学专家，也是非常忠厚的长者。韩南到南开来面试的时候，发生了一件意外的趣事，他大概把我的档案弄丢了，所以当我抵达面试会议室时他很吃惊地问：“你是谁？你为什么来？”我说我是被南开推荐来面试的人。他后来意识到可能把我的文档弄丢了，故对我的个案没有什么准备，似乎对我一无所知。但他很快意识到这是他的责任，随即开始对我面试，实际上是我们聊天。

南 开 大 学

国家教委：

兹就徐国琦同志申请去美国哈佛大学攻读美国外交政策史博士学位一事，略陈管见如下：

一、作为长期从事美国史研究的工作者，我认为，国家应从派出单位有计划地选派这方面研究条件较好的同志赴美学习。这种学习不应是消极被动的照搬，而是积极主动有意识地参与。学习时应鉴别吸收别国有价值的东西，分析去粗取精，同时注意坚持我们的观点，以我为主，洋为中用，借以弘扬中华文明，回答资本主义文明的挑战。据我了解，徐国琦同志富此素质，符合上述条件。

二、一国的外交政策与其本国利益密切相关。为了深入透彻研究美国外交政策，我们有必要派遣符合条件

1024：268

的问题，去认真地研究、了解、分析美国外交政策的症结，以期提高我国研究水平。采取派遣国内访问学者到哈佛大学，在美国学术界影响较大，将能满足上述目的。

三　研究美国外交政策史，需要翻阅美国外交档案和各项资料。目前国内所藏一时尚不可能满足这一学科的需要。哈佛大学藏书丰富，东亚藏书尤为其一大特色，而可供我们自由选择。其学术交流活动频繁，有利于提高研究水平。

四、在我国，美国外交政策史研究尚处于开创阶段。鉴于这门学科的重要性和特殊性，希望教委能考虑进一步发展其研究工作的后备力量。南开大学美国史学科为教委的高等院校首批重点重要学科之一，

南开大学

美国外交史是南开大学开设这一重点学科之重点方向。派遣徐国琦同志赴哈佛学习，也是为了进一步推动研究工作的需要。

以上意见，请予考虑，是为至盼！

杨生茂 上

（南开大学历史系教授

博士导师）

1990，7，15

1024：268

他当时问我的第一个问题是为什么要到美国读书。我就说很简单嘛，读美国外交史必须到美国深造。他又问第二个问题："你觉得美国谁做外交史比较好，你有怎样的想法。"我就把我以前跟 Paterson、LaFeber、Hunt 等交流时得到的最新知识拿来现买现卖，并明确告诉他我要到哈佛跟著名的美国史教授梅（Ernest R. May）教授读书。韩南教授显然对我印象极好，他不仅给了我为期四年的哈佛燕京学社博士生奖学金，等我到哈佛后，我听说还是韩南亲自游说哈佛大学历史系录取我的，后来还听说我是中华人民共和国在哈佛历史系第一个读美国史博士学位的学子。按照计划我应于 1990 年夏天到哈佛入学，先念英文暑期班，再正式上课。但因为种种原因，我直到 1990 年底才到哈佛报到。

我于 1990 年圣诞平安夜到达波士顿。哈佛燕京学社派了一个中国学生汪悦进到机场接我，现在他已是哈佛大学艺术史非常有名的教授。我到美国时，因国家实施外汇控制，每个人最多只能带 100 美金。所以，我到美国时身上只有 100 美金和三个大手提箱，里面备满各种日用品，还有几个硬币可以到机场时给汪先生打电话。汪先生和他的弟弟顺利接到我后，即领我去哈佛早帮我准备好的宿舍。宿舍非常大。打开宿舍的储藏室一看，汪先生的弟弟说这储藏室就能住我了。就这样，我在杨先生的祝福下，负笈美国，来到哈佛大学，成为杨先生推崇的美国史大家入江昭教授的博士生，从此浪迹天涯，开始在海外学习和工作。早在我计划考南开大学美国史研究生时，我就决心有一天出国去，所谓好男儿志在四方。古话说，"父母在，不远游，游必有方"。我想我在当时的环境下到美国留学，应该是属于"有方"之列吧。

与 Paterson 在哈佛校园合影

与入江昭教授合影

出国去

因为迟到了大半年才到哈佛，错过了第一学期，1991 年春天我终于开始上课，所以感到压力非常大。我到美国之前从未见过计算机，到美国才开始第一次接触计算机，也不太会打字。我在南开任教时，宿舍隔壁住着一位会计系的老师，每天穿西服戴白手套说要“去机房”，样子好像很神秘，这是计算机给我的最早印象。在哈佛读书伊始，有一个为期一年的必修课程是 Symposium in American History，是哈佛大学历史系的美国史老师轮流给我们上课，每个教授上两个星期。我因为迟到，第一学期未赶上，只好从中间上。春季开学第一周要写篇关于美国民权运动的读书报告。我当时还没买计算机，临时抱佛脚，跑到哈佛的 Science Center，有一个朋友给我一个含有 Microsoft word 软件的黑软盘，我可以在电脑上写东西，并存到软盘里。我在 Science Center 里整整折腾了一夜，完成了到美国后的第一篇作业。等第二天早上觉得大功告成，取出黑软盘时才意识到这篇文章根本没有存下来，所以全部努力白费。只好重起炉灶、从头再来，感觉非常狼狈，也很辛苦。因此我发誓要学会用电脑，做电脑的主人而不是奴隶。

因为意识到计算机的重要，我决心买一台计算机。那时苹果计算机很贵，我买了一个 classic 基本型的，也要不少美金。但我对新事物学习得比较快，很快成为同学和老师心目中的计算机专家。记得哈佛大学费正清东亚研究中心有位来自波士顿大学的女教授 Merle Goodman，只要她有任何计算机技术问题，都要我去处理。这是因为费正清中心图书馆馆长 Nancy Hearst 推荐的缘故，因为我常去这个图书馆，很多时候她的计算机出问题，我都能迅速帮她解决，所以她到处跟人说徐国琦的计算机知识极其丰富。当时我去帮 Merle Goodman 修计算机或装电子设备，她都会给我钱，以资鼓励，所以我也乐此不疲。当时我对计算机科技有点着迷，我是哈佛很早就申请 email 的人，所以我在哈佛的 email 地址是 xu@fas. harvard. edu。不像后来的人还得名字后面加上数字或其他字母。有一年暑假我突然想多学习计算机方面的应用知识，居然在哈佛校内找了一个 software tester 的工作，专门替开发公司找出游戏软件的破绽，很有成就感。但后来我发现不能再这样继续下去，怕玩游戏上瘾，所以做了一个月就辞工了，还是乖乖回到图书馆去读书。如果当初我改入电脑行当，说不准会做得风生水起，成为另一个马云。可惜当时我没有任何改行的想法。好在我目前在芝加哥大学读书的二女儿文歆学的正好是电脑专业，看来徐家还是有真正电脑专家的。

我刚到美国没多久，就发生了一个天上掉馅饼的事。哈佛大学国际学生学者事务处帮我安排的 Host Family 的家长 Dean Truog 是一个很有名的宗教人士，交游广泛。美国有个一年一度的 National Prayer Breakfast Program（全国祈祷早餐会），会邀请美国各界名流及世界精英和领袖到美国首都参加系列交流活动。早餐会由国会安排，总统、国会议员都会出席。我估计我这长袖善舞的 Host Family 将我包装成精英了，我居然有幸在 1991 年被正式邀请参加 1992 年初在美国首都举行的早餐会。当时给我发正式邀请信的是一个资深联邦参议员 Ted Stevens。既然名为早餐会，早餐当然非常重要了。1992 年是老布什做总统，我吃饭的桌子只和老布什一桌之隔。Breakfast Program 结束后，我们一行学术代表被安排待在美国首都一星期，由学术团体安排拜会国会议员和其他社团的活动。当时在拜会国会山时，还遇到了台湾地区代表。1992 年台湾地区第一次派代表团参加这个全国祈祷早餐会，这对台湾地区来说是一次外交突破。我记得有一次在电梯里碰到另外一个人进来，就是宋楚瑜，他还特别紧张地问我是什么人。我说我来自内地安徽，是博士生。我们还轻松地聊了几句。在美国首都一星期期间，感慨颇多，因为美国的学术团体不仅安排我们同政界交流，还让我们去参观首都贫民窟，看到美国这个国家多层次的面貌和贫富差别之大时，我百感交集和极度震撼。这是我刚到美国不久后从现实中学到的重要一课。

我初到哈佛时，原本是要跟梅教授学习。梅教授虽然对我影响很大，但他最终并未成为我的主要指导教授。我在哈佛历史系的主要导师是入江昭。梅教授只是我的第二导师。我对入江昭先生的大名及学术著作早有所闻。1984 年我进入南开大学杨生茂先生门下攻读美国外交史硕士学位时，杨先生就经常向我提到入江昭先生的巨大学术贡献以及他作为历史学家的杰出天赋，对其学问推崇备至。因此入江昭的名字对我来说可谓如雷贯耳。我在来美前也读过几本他的著作，所以对他并不陌生。1986 年入江昭教授到北京参加学术会议时，我曾有幸一睹其风采，可惜因时间关系未能当面请教。1990 年春我被哈佛大学历史系录取为博士研究生，虽然知道他是声名极其显赫的美国史专家，尤长国际史，系 1988 年度的美国历史学会主席，长期在芝加哥大学任教，但并不知道他 1989 年被哈佛大学礼聘，已成为哈佛的美国史教授。我申请的指导教师为美国杰出的外交史学家梅教授。等我 1990 年底因护照难批等多种原因，一波三折，历经磨难，迟到半年之后终于到哈佛报到并于 1991 年初开学上课时，系里问我是否愿意改投入江昭门下。因其新到，研究生不多，故历史系希望由入江昭做我的主要指导教授。我当然一万个愿意。不仅因为入江昭教授为美国史一代宗师，更重要的是，我的学术旨趣与入江昭先生更为接近。所以我在 1991 年初来哈佛后，立即欣然从命，追随入江昭教授读书。

刚到哈佛时，我找不到入江昭教授，就冒昧地给他家里打电话，愣头愣脑地告诉他说“我到了，我要见你”。当时也没想到正是学期休假期间，老师是不见学生的，但我不懂，问他能不能马上见我。入江昭老师人很好，第二天就安排我去见他。我们聊了聊，他告诉我该选什么课。

我在哈佛的专业是美国史，必须至少上好几门美国史讨论课(Seminar)，及一门 Symposium in American History，我们的讨论课非常重要。记得我上梅教授的讨论课时，只有四个学生，我们每星期都到他位于哈佛大学最大的研究图书馆的书房一起讨论。其中有 David Nickles，我们因做的题目接近，常一起去找梅教授讨论。David Nickles 现在美国国务院历史学家办公室工作。四位同学，每次都是先读书，然后海阔天空地讨论，讨论问题是没有标准答案的。梅教授总是会出其不意地问我们，如果从这角度或那角度您会如何看！所以他训练的是一种逻辑综合能力、思辨能力和掌握学问的基本信息。讨论课的第一部分是读书，读最专业或有争议的作品。第二部分才是选题，每个人必须选个题目做报告，提交一篇讨论班论文。我记得我在梅教授的课堂上提交的题目是“尼克松的中国政策”。梅教授当时好像挺欣赏的，建议我把这篇文章投到刚创办的*Journal of American－East Asian Relations*，可惜我当时没有发表的欲望，觉得文章还不够好，这篇论文就一直放在一边。

除美国史外，我还跟孔飞力（Philip A. Kuhn）读了一学期的独立研究课。孔飞力是美国杰出的中国历史学者，其《叫魂》一书被无数学者奉为经典和楷模。孔飞力在哈佛跟费正清读书时，就赢得费正清年轻漂亮的女秘书 Sally Cheng 的芳心，并喜结连理。长期住在北京的美国公共广播电台（NPR）记者 Anthony Kuhn 就是他们的长子。2008 年夏天我在北京，上海的 NPR 记者要采访我，借用的就是 Anthony 在北京的工作室。第一次见孔教授时，他叫我先自己准备一份想读且重要的书单给他，这看上去似乎孔教授在偷懒，但此举其实绝对高明，因为从书单中可以看出你对相关专业知识了解多少。可以肯定我当时提交的书单不高明。然后每星期到他的研究室汇报读书心得一次，期末交一篇文章。不过我当时对美国学术界的中国史研究现状不太熟悉，基础不是太好，念得很费劲。我估计孔教授也觉得我朽木不可雕，乃不堪造就之庸才。我似乎也有自知之明，后来一直不敢和他太接近。但 2012 年我在剑桥大学做短期客座时，他正好也在那里。后来我才了解到他刚在伦敦做了一个关于温州商人的演讲，我因埋首自己的研究，居然不知道也就没有参加，但他却专门参加了我在剑桥的一次讨论会，实在令我感动。那时他已患严重帕金森疾病，无法独立行走，但大脑依旧十分灵敏，可见他对我还是有不错印象的。十分痛心的是，2016年他已因病与世长辞了。

为了表示对孔教授栽培之恩的衷心感谢及敬意，请允许我走题，在这里多写几句有关他的故事。老朋友陈兼教授翻译了孔老师的两本著作并写过关于其学术贡献的文字，十分到位。我不敢掠美也无法超越陈兼的功力，这里只好说些别的故事。孔飞力教授在西方学术界口碑很好，学术影响也非常大，有“历史学家的历史学家”（a historian's historian）之称。自称喜欢好莱坞电影Casablanca，可能与其一生富有正义感、幽默感和浪漫情怀有关，因为电影里的主人公Rick Blaine就是这样一个人。学生和同事们都知道，孔教授一生也爱吃中餐。他虽是美国人，但因为其父在1930年代为《纽约时报》驻伦敦记者而出生在英国。1950年代开始师从费正清在哈佛读书，攻读博士学位。旋即于1963年至1978年在芝加哥大学任教。1978年接替退休的费正清回到哈佛，开始执掌哈佛大学中国历史研究的牛耳和大旗直至退休。他在芝加哥大学的位置则由其弟子杜赞奇继承。孔教授的独特地位在我的老师柯伟林为孔教授所写的纪念文字中可见一斑。柯伟林提到，尽管他本人后来成为孔教授的哈佛同事甚至他的老板，孔教授作为东亚语言与文明系的系主任似乎当然要向作为文理学院院长的柯伟林报告。哈佛的文理学院院长（Dean of Faculty of Arts and Sciences）一职非同小可，除几个职业学院如法学院、医学院、商学院等不在其直接领导之外，哈佛其他教学和研究部门包括教授工资等都在文理学院院长的掌控之中。可是柯伟林教授这样写道，“I was dean of the Faculty and Philip was chair of East Asian Languages and Civilizations. I think I still reported to him. His powerful mind, sharp wit, and unspeakable puns made him a faculty leader of the College and University he loved and served.” 其中所含的意思是说，“孔教授以其极其聪明的大脑、超常的智慧、不可名状的幽默语言，名正言顺地成为他效力和钟爱的哈佛大学的领袖人物。所以，我虽然贵为堂堂大权在握的院长，他名义上是小小的系主任，可是我还是经常要向他请示、讨教。”

言归正传，我专业课学分修满后，还要花一年时间通过专业外语考试。哈佛历史系的美国史专业要求的外语是德文和法文。只有在专业学分修满，外文考试通过后才能成为博士候选人和开始撰写博士论文。系里对法文和德文的要求主要在阅读能力，并不需要能听、能说，实际上是只要能读懂德文和法文的档案即可。考试时老师给出一份原始文件，学生在规定时间内将其翻译成英文。这种语言考试形式的好处是可以考无数次，直到最后通过为止。我算比较幸运，两门外语都一次通过。我有位美国同学，德文考了四次才通过，我感觉这小伙子都快要崩溃了。不过我做事比较讲求扎实，虽然德文考试系里只要求能读懂，并在规定考试时间内翻译成英文即可，但我觉得要学就要学得好一点。于是我通过哈佛申请到了德国政府的歌德学院奖学金，歌德奖学金主要提供给学德语的学生用于强化德文之需。1993 年我被指派到德国法兰克福上歌德学院的语言学校，因为这是德国政府的安排，因此它有几个附加条件，第一是必须住在德国中产阶级家中，要和他们进行交流；其次，学生通常被安排住在一个小城。我记得我住的小城离法兰克福不到半个小时火车路程，每天早上要坐火车到法兰克福上课。德国的火车很准点，每天不到半小时我即可到达学校。房东还给了我一辆自行车，让我可以在火车站及住所之间穿梭和周末闲逛用。房东也被要求必须和我说德文。房东家有两个小孩，年龄都不到十岁，两个小家伙经常送啤酒到我的房间。

开始时早饭和晚饭都在房东家吃，后来我晚饭就不太去吃了，因为房东经常煮通心面加火腿，天天吃就腻了。

在这个小城，我的德文突飞猛进，小城有很多人住在由政府提供的供低收入人士居住的公寓房。这些人可能比较孤独，喜欢去酒吧喝酒，而我又是小城极少见的外国人，所以我到酒吧去时，他们都喜欢和我聊天，我就借此勤练德文。另外，在歌德学院读书时有几个从内地来的学生，属于中德合作交流项目的成员。他们先到歌德学院修两个学期的课，等语言过关后，再到指定的德国学校学习或完成学位。我去的时候遇到几个来自中国科学院的学者，都比我早来德国，他们的德文都比我好。德国政府为促销旅游，周末五个人一个小组可以买一张优惠火车票，所以我们周末常结伴出去玩，一边游山玩水一边借机提高德语水平。我们每次出门问路都是我打头阵，因为他们怕出错不好意思开口，而我则是天不怕地不怕，脸皮厚。这样过了两三个月光景，我的德文口语竟大有进步。等我 1995 年拿到研究基金到德国外交部档案馆读了好几个月的档案资料时，我的德语口语已经可以应付一般需要了。遗憾的是后来长期不用德文，估计现在我的口语差不多忘光了。

我在法文上也下了额外功夫。我拿到一笔奖学金在巴黎住了半年，主要是看法文档案。由于法国人不喜欢和人说英文，所以我必须说法语。我在哈佛上过一年的法文口语表达课，到巴黎时已有些基本的口语基础，经过巴黎六个月的磨炼，法语口语也不错了。我当时一心想把自己训练成较好的历史学者，多一种语言就多一扇窗口，我到哈佛的目标是毕业后要在西方打天下，为此我必须要提高自己的谋生技能。

哈佛历史系的博士训练应该说是世界上最好的。首先，它有一套严格而又科学的训练制度。不管学生的程度多高，都必须上完规定的课程，取得规定的学分。而光上专业课至少要花一年以上的时间。其次，如前所述，它有严格的语言要求，必须通过两种外语的考试（英语不算）。我的专业外语规定是德语和法语。再次，博士资格考试。历史系的学生要准备四门学科的资格考试，四门科目必须跨国别和跨时空。即时间跨度要在古代史、中世纪史、近代史和现代史中选三个时段，然后在国别和地区跨度上再选三个。四门科目必须全部通过才行，如有一门不过，即资格考试失败，全盘皆输。博士资格考试每门科目的读书量都很大，每年都有学生考不过。考试失败后有两种可能，一是卷铺盖走人，二是再受苦一年，来年再考。有趣的是，有时考试失败的原因不可捉摸。据说也许会发生头天晚上主考教授因与太太吵了一架，第二天拿学生出气，让学生考不过的不幸事件。我在准备考试时听到的最好笑的考不过的例子，是一位考生与一位主考教授的女友有染，结果考试不过。如果说这是活该的话，那另一位同学考试未过可是天大的冤枉——他的落败据说是因一位主考官不喜欢他当天打的领带！

准备资格考试这段过程堪称人人自危，因为历史系每年都有考不过的人，所以大家都很紧张。1991 年费正清过世后，他的弟子出了本纪念集，其中就提到费正清在其学生博士资格考试时提出的问题。有个问题是问有个日本政客在中国被朝鲜人砍死，请问被砍成几块？这个学生从来没想过会出这样的题目，就说至少两块吧！等考完后，学生问费正清到底砍了几块，费正清说他也不知道。也就是说，博士资格考试中各种千奇百怪的题目都可能出现。我在听了各种关于考试的故事后，对自己的博士资格考试更是诚惶诚恐。

我读完专业课和考完外语后，还要花一年时间全力以赴准备博士资格考试。我在仔细考虑并征求入江昭教授同意后，选出了四位老师。我的博士资格考试老师有：古代史专业的宋史专家包弼德（Peter Bol），近现代史专业的中国史教授柯伟林（William Kirby），美国史专业的梅教授和美国外交史/国际关系史专业的入江昭教授。人选和专业敲定后，就是埋头读书了。四个教授一般每人都提供一份包括上百本书在内的书单，加起来就很多了，一年只有365天，我根本不可能每天读完三四本书。充其量能够做到的，就是对每本书的大致内容有所了解，然后再对重要的书籍加以精读。此外，除了读书，还得经常与教授讨论读书心得，汇报读书收获，并接受老师的提问。

令我最紧张的是为包弼德的考试科目做准备，因为中国古代史不是我的专业，加上他有过让学生考试失败的历史。但幸运的是，他对我的应试网开一面，没怎么刁难。他问的问题都是我预料中的题目，反而比较轻松。我认为我准备最充分的是梅教授的美国史，大家都知道他极其聪明和极其尖锐，我自认为功课做足，没有投机取巧。记得当时我的另一位同学，现在美国国务院工作的戴维·尼克斯也选择以梅教授做主考。戴维和我从梅教授那儿拿到一份近200本书的书单后，我俩便每周结伴到他的研究室汇报所读的书，并接受他的提问和诘难。一年下来，可以说自我感觉良好。但在资格考试那天，梅的第一个问题就把我问倒了。他让我回答在华盛顿总统任期内烟草税占联邦收入的比重是多少。在他所给我的书目中和我们无数次的讨论中，我们从未涉及此一问题。我支吾了半天，感觉糟透了。考试最怕的就是说你不知道，这是考你的思辨能力，就是分析问题的能力，这才是关键的。当梅教授问这问题时，我突觉如遭当头棒喝，大脑瞬间一片空白，但是还得硬着头皮回答。凭着自己掌握的美国史知识，我觉得美国政府烟草税的比重占联邦政府收入应该不小，所以我就以此回答，但比重究竟是多少，我说我想大概是10%或20%左右，但具体的数字不清楚。我就这样应付过去了。反正要回答问题，关键不在答案的正确与否，而是如何回答这个问题。其后入江昭和柯伟林两位教授所提问题都在我准备的范围之内，我的回答应该还可以。

历史系的博士资格考试答辩一般是两到三小时就结束。我的考试结束后，答辩主席也就是入江昭老师要我回避，等待口试委员们的讨论结果。这一刻真是令人非常紧张，如坐针毡。我记得过了十来分钟，入江昭老师来告诉我考试通过了，我顿时如释重负。可是第二天我感觉还是不好，我就跑去梅教授的办公室向他抱怨说，他关于烟草税的问题问得不公正，有关此问题的内容并未出现在他指定的书籍中，他也从来没有在讨论中涉及此一问题，因此我根本就不知道确切答案。面对我的质问，梅呵呵一笑，答道："If I know you know the answer，why do I bother to ask it?"（如果我知道你对答案已了然于心，我干吗还要自找麻烦问你?）他的回答一时让我哭笑不得。但事后想想，这确实是非常聪明的回答，是非常高明的考学生的方法，考你的思辨能力，而不是考你的知识。我感觉在哈佛读书，主要训练的是一种思辨能力，是一种领袖群伦的视野。得益于梅教授，等我后来为人师后，也会问学生一些刁钻古怪的问题。

这里再说说梅教授吧。欧内斯特·梅（Ernest May），1928年生，长得一张娃娃脸，从不显老。50年代曾在美国海军工作过，被称为最聪明的人。后来梅教授到哈佛历史系教书，20世纪70年代（1969－1971），他在担任哈佛学院院长一职时，恰逢全美学生反对越南战争学潮。哈佛学生当然都积极参与，学生们甚至一度威胁要烧毁学校最大的图书馆，迫使哈佛一批德高望重的老教授们站出来保卫图书馆，声明要与图书馆共存亡。在哈佛学潮中的一次教授会议上，经济史教授 Alexander Gerschenkron 指责这些学生的举止，认为对付他们只有一个办法，就是好好揍他们。学生们虽没有烧毁图书馆，但在 1969 年实实在在地占领了梅教授的院长办公室，强迫他让步。可能因为学生运动的原因，梅教授担任院长不到两年即辞职。在当院长期间，梅教授曾率哈佛教授代表团到白宫，向其昔日哈佛同事基辛格施压，希望美国政府在越南问题上改弦易辙，基辛格看来并未买账。梅教授似乎因此同基辛格闹崩，两人关系一直未能修复。

1994 年基辛格出了一本书叫《大外交》（*Diplomacy*）。梅教授写了一篇书评大肆批评，指责基辛格此书不仅内容荒唐，连书名都是抄别人的。梅的发难，可能与他仍对 70 年代和基辛格之间的那场过节耿耿于怀有关，梅教授大概太急于向哈佛的旧同事报当年在白宫受其冷遇的旧仇，没看到基辛格在该书封面的第二页说明这个书名别人用过，他这里只是借用而已。所以当基辛格看到梅教授不客气的书评后，立即反戈一击，说梅教授看走眼了。两人因此大打了一番笔战。其实梅教授与基辛格有很多相同之处。除历史系外，他还长期在哈佛大学肯尼迪政府学院任教，他的研究室长期都在哈佛的肯尼迪学院，而不在历史系，他同时参与两个学院的教学和科研，是位很有影响力的学者。梅教授与美国政界也保持密切关系，可惜仕途似乎并不顺。尽管如此，梅教授长期关心如何利用历史知识为政策服务，我在南开时就拜读过他一些著作，对他非常佩服，这就是当初我为什么告诉韩南教授我想跟他读书的缘由。

2008 年秋，在离开哈佛近 10 年后，我重回母校深造。只不过这次是以哈佛一个高级研究院（Radcliffe Institute for Advanced Study）研究员的身份。我很快又同梅教授见面。10 年未见，梅教授已 80 岁了，仍未退休，还跟 10 年前一样精力充沛，连新添的皱纹都洋溢着智慧。他似乎很高兴见到我，对我新的研究计划“中国人与美国人：一个文化与国际史的诠释”更是很感兴趣，给了我许多建议，并表示愿意在该书出版时为之作序。我们约定等我将手头的“一战华工项目”告一段落时，再一起吃午饭，进一步讨论我拟做的中美关系这一题目。遗憾的是在 2009 年 6 月 1 日，身体一向很好的梅教授竟突然因病离世了，思之令人不胜怅然！

从入学到拿到博士资格，一路走来非常辛苦。但就整体而言，我还是很快就进入状态。因我来美之前，专业就是美国史，对美国和美国文化有一定的了解。另外，我适应能力很强，对美国的食品及社会状况很能适应。我一到美国就能吃比萨，不像有些中国朋友到美国后不能吃奶酪制品。我的个性也非常随和，容易与人相处，因此经常有许多朋友给我提供帮助。哈佛的文化特色是非常多元的，因为有来自世界各地的学生和学者。我去哈佛之前，哈佛就先帮我在研究生宿舍楼 Perkins Hall 保留了一个房间。Perkins Hall 是栋非常古色古香的建筑，在这里住的有男生也有女生。

我在中国时，社会风气还非常保守，念大学时谈恋爱基本上是不被允许的。大学期间我和女同学没说上几句话，在南开读研究生时学校在两性关系方面也是极其保守的。在南开男女同学要谈恋爱必须躲到小公园里。当时学校保卫科的人特别坏，经常在夜晚拿手电筒去照，一照这些男女都作鸟兽散，好像谈对象是极不光彩的事。来到哈佛时，我对这里男女学生混住在同一层楼或同一栋楼感到很新鲜。但刚到哈佛学习压力很大，也没有特别的感觉，这里记录几个比较好玩的插曲。

记忆犹新的一件事是日本的外务省当时每年会选派几个优秀的年轻外交官到哈佛进修，当时和我住同一宿舍的，就有这么一位外交官。我们常一起聊天。有一次他告诉我他喜欢上了一位与我们住同一栋宿舍的日本女学生，但不敢向她开口，他就让我去向这位日本女同学打探一下。于是我就牵起了这条红线。幸运的是这条红线牵成了，他们二人后来结婚生子，婚姻幸福美满。可能是我这个人个性比较豪爽，这位外交官对我很是感激。苏联 1991 年解体时，他本来应在哈佛为时两年的学习突然中断，必须马上回莫斯科工作。这给他的日本女朋友出了一大难题，她必须立即决定是否嫁给他。当时她已是哈佛的博士候选人，而一旦结婚，按照日本人的习惯，就要嫁鸡随鸡，和先生在一起，那就得中止哈佛学业了。这对她是很重要的决定。因她对我比较信赖，所以在决定前特地找我聊了三四个小时，询问我的意见，尤其是对这位外交官是不是她可以托付终身的人的看法。最后她决定马上嫁给这位外交官，和他一起离开哈佛。这位外交官在离开哈佛之前还特地带他从日本来的家人到宿舍看我，他的老父亲还虔诚地向我鞠了三个躬。我觉得很过意不去，但他父亲说我是他儿子的恩人，担当得起。就这件事看我好像对他的儿子确实有恩，当然这只是一段趣话。

我因为与人相处较好，同宿舍的同学与我关系都不错。有一天我们四个同学一起出去喝酒，其中一位是来自墨西哥的哈佛经济系博士生，叫奥斯卡。另外一位美国人是读美国经济史的，此兄是电脑天才，后来辍学到捷克开公司了。还有位读德国史的非裔美国同学，我在哈佛历史系读书时，此君当时是历史系唯一的黑人学生。他的出身非常高贵，妈妈是来自德国上流社会的白种人，爸爸是美国高级外交官，是黑人。他的本科是在耶鲁读的，我们都觉得他前途无量。因为当时极少有非裔美国人读德国史，他在德国妈妈的教育下德文极好，学问也不错。况且他为人特别友善，对我帮助甚多。我们同时从哈佛毕业，遗憾的是他毕业后找工作并不太顺利，长期担任助理教授，真是出乎我的意料。

再回到喝酒。一天那位墨西哥同学推荐我们喝墨西哥的龙舌兰酒。那是我第一次喝这种烈酒。他们教我先要在杯口上涂点盐，喝酒时，先舔一下盐，再喝一口酒。我觉得怪怪的，看到他们都这么做时，我就说如果我不舔盐，一口喝一杯如何？奥斯卡说如果我不舔盐喝三个 shots（一口喝一杯叫一个 shot），他就帮我做一个月饭。我们读研究生时在食堂订饭，我的订餐是每天到研究生食堂吃一顿饭，我一般是去吃午餐，晚餐回来自己做。大多数同学也都是这样。如果奥斯卡帮我做一个月的饭，等于是做一个月的晚饭。我就和他一言为定，说我连喝三个 shots，一口盐都不舔。我真的做到了，把他们看得目瞪口呆。大概他们从未想到还有这款中国人！尽管经济学者都精于计算，但奥斯卡这次输惨了。他哪里知道，龙舌兰酒再厉害，也比不上我们国内劣质 70 度地瓜酒啊！殊不知我当年在国内喝地瓜酒，龙舌兰酒对我完全不在话下。奥斯卡只好服输，心甘情愿地答应帮我煮饭。然而他帮我做饭做到第二个星期，我就不让他做了。因为他每天都给我吃通心粉，我觉得很腻，只好与他中止约定。我们从此关系一直很好。奥斯卡总是叫我教授，遇到个人问题也总要我帮他出主意。我觉得最好玩的一件事是有一次深夜，他被同居的女朋友从房间踢出来，半夜三更跑到我的房间打地铺并和我诉说他的辛酸情史。如今奥斯卡已是加拿大一家大银行的高级经济师。每当遇到重大国际问题时，他还会向我讨教。我们一直保持着友谊。

哈佛有很多学生社团。哈佛非常著名的学生报纸叫 *Harvard Crimson*，小罗斯福（Franklin Delano Roosevelt）当年在哈佛时和这个报纸关系密切（好像曾任主编）。*Harvard Crimson* 是哈佛学生训练写作能力和政治灵敏度的非常重要的园地。历史类的学生团体中有个亨利·亚当斯俱乐部（Henry Adams Club），但其成员不限于历史系，俱乐部向全校开放。亨利·亚当斯是美国著名作家、历史学家，也是哈佛校友，其代表作是他的回忆录 *Education of Henry Adams*。历史系这个老资格的学生俱乐部有自己的经费，一度还有自己的杂志，后来杂志被取消了，但每年仍有不少出版社继续给我们寄书。1996 年我被选为 Henry Adams Club 的主席，对会务比较了解。做主席有两个任务，一是组织社交活动。我们每年约有 5000 美金的经费，每个星期五我的任务就是买来啤酒和零食小吃，感兴趣的人就到历史系的办公楼 Robinson Hall 喝酒聊天，每次约有一二十个人参加，或多或少。我们没有固定会员，也不需要注册登记为会员。波士顿有种啤酒叫塞缪尔·亚当斯（Samuel Adams），我会买这类好酒和点心，感兴趣的人或为喝酒而来，或为和朋友聊天而来，大家放松一下。做俱乐部主席的第二个任务是组织学术活动，我当时做了跨两件应该说是蛮有意义的事。

一是安排演讲。哈佛历史系有个教授 John H. Coatsworth，是拉美史专家，当年正好担任美国历史学会会长。那年因美国联邦政府筹划的历史科课程标准问题引起历史学者的广泛讨论，我就邀请他来俱乐部针对这件事做个演讲。令我印象深刻的是，他先介绍美国设立国家历史标准的背景，然后谈了些他的看法。历史系当时有位极其保守的研究生同学，对Coatsworth大加挞伐，指着他的鼻子和他唇枪舌剑地大辩一场，让我至今记忆犹新。Coatsworth后来离开了哈佛，现为哥伦比亚大学的教务长。第二件事是邀请哈佛政治学教授亨廷顿（Samuel Huntington）演讲，当时他刚刚出版了《文明的冲突与世界秩序的重整》（*The Clash of Civilizations and the Remaking of World Order*，1996）。他原本已经答应了，但后来因突然另有要事而取消了这场演讲。我估计如果他真来的话，可能免不了又会有一场大辩论的。

在哈佛受教育有好多种渠道，一是来源于老师的耳提面命和在课堂上的学习，另外就是有好多自学的机会。哈佛是个学习和深造的金库，学到多少完全看个人。譬如当时在哈佛遇到赵元任的女儿赵如兰，她先生姓卞，我刚到哈佛读书时，他们夫妻每个星期五都在家中举办剑桥新语聚会，主要是谈中国哲学、中国艺术和所有涉及中国的问题。在这个聚会上大家可以有思想上和友谊上的交流。他们夫妻做东，往往都会煮一锅稀饭和提供一些精美小吃。当时还有一位在哈佛燕京图书馆工作的女士叫张凤，非常活跃，经常张罗大家去。我第一次去剑桥新语就是因为张凤号召的缘故。傍晚六点钟大家会在哈佛燕京学社前集合结伴前去，我去了好几次，有一次是听杜维明讲新儒学。参加剑桥新语的人大多是老师，例如东亚系的陆慧风、杜维明和亚洲来的访问学者，特别是台湾地区和内地来的访问学者，像我这样的博士生较少。当时杜维明对这个活动相当热衷，常常看到他的身影。我后来因学业紧张，没有时间，只好中途退出，实在可惜。

当时哈佛科学史系有一位学长叫朱约林，好像出国之前就是北大教师，是绝顶聪明的人，会做菜、会弹琴。我刚到哈佛时就认识他，他总是急公好义，当我需要用车时他经常二话不说就载着我到处跑。朱先生特别热心公共事务，经常在家组织沙龙。朱家的沙龙有几个特色。第一，每次沙龙前，朱约林都会烤一个大猪腿。提前几天将猪腿在调料汁里浸泡好，然后烤熟，味道极好。第二，朱约林每次都会弹钢琴，并组织一班人唱歌。他后来还组织了一个剑桥合唱团，他任团长。每年他在麻省理工学院举办的春节晚会上指挥的“黄河大合唱”给我的印象极深，非常有感染力，特有气势。第三，每次沙龙，大家都会专门围绕一个话题来进行讨论。朱的沙龙主要参加者是内地来的访问学者，大家利用他家客厅与留美学人做学术交流。我先后去过他的沙龙五六次。后来因学业实在太忙，分身乏术，就没再去了。当时在哈佛和麻省理工学院所在的新英格兰地区，这种交流活动特别多。我刚开始时兴趣极广，有好几年都热衷参加各种讲座和学术活动，但也因此导致我博士论文的写作进展非常缓慢。

博士论文

通过博士资格考试后，我可以进入下一阶段，即写博士论文了。对美国高校系统熟悉的人都知道，博士论文对一个人的学术前途影响极大。优秀的博士论文是顺利找到第一份教职的敲门砖，也是第一部专著的基础。而在博士论文基础上修改的第一部学术专著则是拿到终身教职的重要保证。因而，写博士论文最关键的是找到一个好的论文题目。哈佛美国史大家 Bernard Bailyn 一再向我们强调一个好的论文题目是成功的一半。我的一些哈佛同学在选题时就有来回折腾好几年的经历，论文题目不是被导师否决，就是自己逐渐意识到不好或无法做，不得已重起炉灶。许多人因此为博士论文题目绞尽脑汁，几年下来都难以定夺。没料到的是，我的博士论文题目则是得来全不费工夫。记得刚到哈佛时，按规定，我必须上入江昭教授为研究生所开的国际史讨论班课程，大概有不到 10 人修这门课。该课的要求之一是每个学生应在入江昭教授指定的书单中挑一本书作为精读对象，并带领全班同学讨论其主题。由于我第一节课因故迟到，有趣和好读的书都被别人捷足先登了，留给我的只剩下

James Joll 所写的《第一次世界大战的起源》*The Origins of the First World War*。所以我就被入江昭教授指定为此书的引评人，我因此被迫成为班上的“一战专家”。

引评人的责任是详细介绍该书的观点及研究的得失。我只好硬着头皮，把此书好好读了一遍。轮到我做引评人的那节课时，我一本正经地向同学介绍了此书的观点及写作方法，然后郑重其事地强调，这本书当然很好，还是很有影响的，但这本英国人写的书有个致命伤，就是西方中心论，因为它对包括日本和中国在内的亚洲鲜少提及，遑论分析了。然后我非常郑重地进一步指出，西方“一战”研究，缺乏国际史的视野，对中国因素的考察尤其欠缺。入江昭老师听了我的一番议论后点评道：“很好，既然如此，你的讨论班论文应该以此为题，研究‘一战’的中国因素。”因为这是老师主动提出的论文题目，后来我提交的讨论班论文便是《中国与第一次大战》。显然老师对我的论文很满意。日后当我搜肠刮肚、苦思冥想我的博士论文题目时，入江昭教授说：“你为什么不再接再厉，继续选中国与第一次大战做博士论文题目呢？”

要知道我刚到美国时，因打算做美国史，满脑子想的题目都是有关美国外交史的文化和意识形态因素之类，在此之前，我从来没想过我的博士论文会与中国及“一战”有任何关系。可见世间许多事情是没有什么定数的。起初由于我在“一战”方面下了一些功夫，有一些心得，入江昭教授建议我的讨论班论文可以侧重写中国与第一次大战。而这一讨论班论文后来又在入江昭教授的进一步指导下，最终成为我的博士论文。这就是我说的从未想到过自己后来的博士论文竟是关于第一次世界大战！时隔30年，可以说我直到今天仍未摆脱“一战”的“魔咒”，不时被约请撰写有关“一战”的文章或著作，并成为所谓“国际著名一战专家”。时乎，命乎？

博士论文题目定下后，下一步就是档案研究了。历史研究的首要条件是对资料的掌握，尤其是对原始档案和多国档案的利用。近 20 年来，因为我的课题多属国际史范畴，多国多地读档成为我学术研究的一个重要部分。个中甘苦，可谓多矣！第一次正式读档是 1993 年夏，“台湾中央研究院”近代史研究所的档案馆自然成为我读档的第一站。记得我访问该馆期间，大部分时间都仅有两位学人在馆内伏案，即我和我的哈佛同学理查德·霍洛维茨。但该馆同人并不因查档人少而降低服务质量，工作依旧十分热情，服务尤其专业。更难得的是，他们处处为读者着想。读档是件苦差事，但在这里优良的服务环境下，让人如沐春风、事半功倍。“中研院”之行因此成为我多年读档生活的良好开端。

1994 年我到国内的一家历史档案馆查阅资料。该馆的服务同“中研院”档案馆相比，可谓天壤之别，根本就是衙门而不是服务机构。它的宗旨似乎是能不让读者看，尽量不让读者看；能刁难，尽量刁难。读者的宝贵时间消耗在许多无谓的官僚纠缠之中，让人如坐针毡，事倍功半。2008 年我重返该馆，发现服务质量不仅丝毫没有改善，甚至还倒退了。仅举一例为证。1994 年时，该馆对读者的复印要求用宋丹丹的小品语言说，“那是相当热情”，可能其中有些经济实惠，并且其对国内外读者实施不同的收费标准。而到 2008 年时，该馆已改公务员制，提供复印大概对公务员们已没有什么物质刺激的吸引力了，因此能限制则限制。该馆又不准拍照，读者唯有手抄，徒唤奈何。

1995 至 1996 年我开始到欧洲继续为我的“中国与一战”课题读档。

第一站是当时的西德首都波恩，我的目标主要是德国外交部档案馆。该馆位于外交部本部内，当时每天只接纳大约 10 位学者，需提前获准后方能每天进馆。该馆当时还有一条规定，所有外国学者都必须在到馆一周内出示本国在德大使馆文化处的介绍信，否则即失去继续使用该馆的资格。此类介绍信实属形式，我的美国同学奥利夫·格里芬当时也在该档案馆看档，他告诉我说美国大使馆有现成介绍信，任何美国人都可随时任意索取。可是这种似乎是易如反掌的事，轮到我却成为无法逾越的障碍。不管我怎么解释，中国驻德国大使馆就是不肯出这份介绍信。连续三次碰壁之后，我不得不得出结论，我根本就拿不到本来是举手之劳的介绍信。

但德国人办事认真是有名的。每天我进馆时，心里都忐忑不安，总觉得那位漂亮的德国管理员小姐随时会把我赶出去。本来德国档案里的德文花体字已经弄得我头昏脑涨，拿不出一纸介绍信的紧张更让我根本无法专心阅读这些德文文件。忘了是进馆的第几天了，我干脆向那位几天来让我如坐针毡的管理员坦白，对她说我根本不可能出示中国大使馆的介绍信。她狠狠地盯了我一眼后，就把我领到馆长室。该馆长大概也是一个级别不低的外交官，看了看我的资料后说，既然你是哈佛大学斯坦利·霍夫曼教授介绍来的，我们就网开一面，让你继续在这读档，但我们会向中国大使馆提出抗议。谢天谢地，抗议是他们的事，我只要能读档就行了。

在德国几个档案馆盘桓了几个月后，即转战法国巴黎的外交部档案馆。巴黎六个月，是我读档比较得心应手、心情愉快的日子，没有恼人的大使馆介绍信的纠纷。当时的驻巴黎中国大使馆比较人性化，周末甚至向中国留学生提供便宜饭菜、开放活动场所、开放图书馆。在巴黎外交部读档的一个挑战是必须早起，在档案馆开门前把护照或其他证件交到两位法国小姐处排队。因为每天座位牌发光后即不能入内。我当时在巴黎拉丁区租了一间屋，与巴黎著名的索邦大学（巴黎第五大学）及先贤祠仅一墙之隔，并与巴黎圣母院相距不远。屋虽小，但厨房洗澡间齐全，近地铁。每天起床后，我即在到地铁站的路上买一大加长面包夹火腿肠。我将其一分为二，一半为早餐，在路上即解决（颇像当年本杰明·富兰克林在费城当学徒工时的情景），另一半为午餐。这样中午我可以不出档案馆门。虽辛苦，但每天看档的位子得到了保证。

在巴黎读档有三件有趣的事，至今仍记忆犹新。第一件事，因为档案馆座位有限，研究者必须每天一早将证件交给法国外交部的两位法国小姐，等档案馆开门时按顺序取座位牌。两位可怜的法国小姐在叫其他人时十分顺畅，但每天在叫我的名字时备受折磨。她们不知道怎么发 Xu Guoqi 这个音。对西方人来说，中国人名字里的 x 及 q 可谓天书。所以每天早晨在嘈杂的接待厅里，我必须注意力集中，因为每到两位小姐在叫名字时如有大概 10 秒的沉默，可能就是叫我了，我即挤到窗口说，“是我”（C'est moi）。十有八九准能拿到我的座位牌。第二件事是有关法国人的法语文化自豪感——法国人只愿意跟外国人说法文。我在哈佛虽然受过法语训练，但我的口语比阅读要差得远（前面提到，在我所在的美国史专业，在成为博士候选人之前只要通过德语及法语阅读考试即可）。所以每天进馆后我都得在填好索档单后，结结巴巴地解释我所要的文件，每天的折磨可想而知。这样被折腾了几个月后，我的法语口语虽有所长进，但仍未达到得心应手的地步。更有趣的是，因为天天在一起，这些档案馆工作人员跟我们几个常客开始熟悉起来。有一天其中一人竟在闭馆后跟我们几个读档人一起出去喝酒。这位老兄过去不管我在交涉档案时怎么为几个想不起来的法文单词憋得脸红脖子粗，他总是怡然自得地纹丝不动，假装听不懂英文。现在一杯酒下肚，居然说出一口漂亮英文。我当时差点一脚把他踢翻，恨恨地骂道："You son of bitch! Why haven't you spoken English with me when I have trouble with French in last several months?"（你这混蛋！为何在过去几个月当我说法语遇到麻烦时不说英文?）这位老兄脾气倒不错，居然一点不生气。但此后，在工作时他偶尔也跟我说英文了。哈哈!

第三件有趣的事发生在巴黎郊区的法国陆军部档案馆。应了中国的一句古话："塞翁失马，焉知非福。"有一天，我调阅有关"一战"期间法招华工资料。等拿到档案时，才发现法国工作人员搞错了，送来的这一箱子档案属意大利工人为法做工资料。我只好请他们再去提调我所要的档案，但下一批档案至少要两个小时后才能到。为消磨时间，我便随手翻阅该箱意大利工人的资料。令我喜出望外的是，就是在此箱似乎风马牛不相及的档案里，我找到了一直苦苦追寻的一卷"一战"华工方面的重要文件。这份资料莫名其妙地被错放在意大利工人资料箱里！老天有眼，居然因法方档案处理方面的多重失误，让我鬼使神差地发现了我要找的东西，"众里寻他千百度，蓦然回首，那人却在，灯火阑珊处"。哈哈！那一晚回住处后，一个人喝了两瓶法国葡萄酒！好不得意。

巴黎之后，下一站是伦敦。主要目标是英国国家档案馆（当时叫 Public Records Office），1996 年我到此的主要目的是继续为我的博士论文找资料。记得 1996 年时，我总觉得他们给我的档案中间有空档，但目录上就是找不到。迫不得已，我向该馆资深馆员咨询。过了几个星期，这位老先生答复说，我的感觉是对的，确有五卷“一战”华工档案缺失。原因是英国在“二战”时将许多档案转移到了香港，但战后并非所有档案都被安全送返。他估计这缺失的五卷资料如还在人间则有可能在香港。他这一“估计”害得我两度到香港专门寻找这批失踪资料，但渺无行迹。好在除此之外，我1996年的英国两个月的研究之行基本大功告成。2009年1月，我在写“一战”华工一书时，重返英国，又找到了许多当年没有看到的文件。我的体会是尽管现在是高科技时代，但档案研究容不得半点投机取巧，要有恒心和耐心，更不能一味依赖电脑，要学会顺藤摸瓜。我的许多珍贵资料就是在电脑目录上没有、档案馆的咨询专家都找不到的情况下，我用笨功夫旁敲侧击，用铁杵磨成针的工夫，慢慢淘出来的。急于求成和想走捷径是档案研究的大忌。

应该指出，读档需要钱和时间。幸运的是，在哈佛写博士论文阶段，历史系及哈佛三大研究中心分别给我提供研究基金。这三大中心是美国史研究中心、欧洲研究中心和国际问题研究中心。前面提到霍夫曼之所以为我到德国外交部档案馆做研究写介绍信，实因我当时拿到了由哈佛欧洲研究中心提供的一个较有影响且名头不小的奖学金（Krupp Foundation fellowship），他作为该中心的负责人，自然有责任给我出介绍信。

我在哈佛读书时，历史系拿到博士学位的平均时间是10年。记得我到哈佛第一次参加历史系晚会，坐在我旁边的一位老兄满头白发，似乎年过半百的样子，我想当然地以为他是教授，对他毕恭毕敬。后来同他熟悉后，才知道他是“G25”，即读研已经25年了。知道读研可以读好长时间后，我也就没有什么紧迫感，并一直想穷尽档案资料，尽量在档案上花工夫。我当时求知欲极强，整天听各种讲座，听各种我不是非听不可的课。加上从 1994 年秋季起，我的哈佛燕京学社的奖学金到期，我也开始在哈佛作为助教教书了。所以，到 1997 年，尽管我的档案研究已大功告成，但论文写作仍然进展极慢。然而，当我听到当时才 6 岁的大女儿美茵有一次告诉同学说，她担心爸爸可能有点傻，因为爸爸也许要到下个世纪才能从哈佛毕业，我开始有点着急了。

有一天，我在费正清研究中心所在的大楼餐厅吃饭，坐在我对面的是加拿大约克大学的保罗·埃文斯。我们自然聊起天来，聊着聊着我开始诉苦，说博士论文写作太慢，我希望找个不受干扰的地方躲起来，全

博士服合影

1999 年春，抱着儿子文虎（1 岁），领着两个女儿文歆（3 岁）和美茵（8 岁）（在我身后，看不见），在哈佛接受博士学位。

力以赴完成论文，并问他有何良策。埃文斯十分热心，他说如果我不要经济资助的话，他可以立即安排我到多伦多大学和约克大学的联合中国研究中心，并为我提供一间个人研究室和让我利用两个大学的所有图书资料。这正合吾愿，承蒙他的好意，很快我就躲到多伦多一年，果然进展不错，一年内论文初稿完成。埃文斯现任教于加拿大的英属哥伦比亚大学，前几年曾在香港大学客座，我们在香港喝酒聊天时，我一再对他当年的出手相助表示感谢。1998 年秋我打道回哈佛，一面重操助教旧业，以填补囊中羞涩，一面同导师们讨论如何进一步修改博士论文。我的论文委员会成员共有三人：入江昭教授、梅教授和柯伟林教授。三人对我的论文似乎都很满意，于 1999 年春一致画押签字，我的论文就算通过了，无须答辩。就这样，我于 1999 年 6 月哈佛红袍博士服加身，成为所谓历史学博士了。更重要的是，大女儿以后不用再担心如何向朋友解释她老爸怎么这么蠢，在哈佛竟然做了跨两个世纪的学生。

第二记 — 写书记

VE BEGUN TO APPRECIATE HIM MORE AS I'VE GONE TO COLLEGE, AND SEE THAT STOICISM AND EVEN GEO-GRAPHICAL DISTANCE CAN'T TAKE AWAY LOVE
BIGGEST SHOW OF AFFECTION
...AND CARING.
CHRISTMAS '14
EYEBROWS ALMOST AT 180°
ALMOST SMILE
CHAPTER 1
STRANGERS ON THE HOME FRONT
XU
XU
XU

第一本英文专著

博士论文和学术专著之间有一条很大的鸿沟。博士论文实际上是写给论文委员会几个专家看的，越深奥越好。但学术书籍则尽量要面向更多的读者，至少要说服出版社编辑和外审专家。在美国大学教书的人都知道，“不出版，即淘汰”，除了学术升等的要求之外，另一方面是对出版的慎重。在大学教书一定要有出版成果，尤其是要出第一本书，否则就可能被解雇。我的数位任教于大学的朋友就是因为到了第六年仍然没有出版专著，最后要么卷起铺盖走人，要么为了延长评铁饭碗的期限而疲于奔命。我的第一本书基本上是以博士论文为基础写出来的。博士论文本来就是数年磨一剑，学术基础应该说已相当扎实了，修改后即可出版。在研究型大学任职，通常都是以第一本书取得终身教职，变成副教授。当然也有例外，像哈佛大学的终身教职是正教授，所以有些直接从哈佛拿到终身教职的人，身为正教授，也就只有一本书。大概成为哈佛教授后，一是要求高了，高不成，低不就，难以写新书；二是承担的责任多，也就分身乏术了。还有可能是因享受哈佛教授的太多光环，无法收心了。但在绝大多数的美国研究型大学里，靠第一本书拿终身教职可以，但要想成为正教授，就必须至少要再出版第二本书。

第一本书最好在大学出版社出版，出版社声誉越高越好。这样对拿铁饭碗才有保证。所以一般情况下，在博士论文完成后要花三到五年的工夫才能把博士论文修改成专著出版。

前面提到，我在出国前有些小成绩，发表了一些文章，并承担了杨生茂先生主编的《美国外交政策史》一书中相当重要的一部分章节，该书于1991年由人民出版社出版。孟子曰："孔子登东山而小鲁，登泰山而小天下，故观于海者难为水，游于圣人之门者难为言。"我到美国后，对比世界一流学者，意识到自己学识的浅薄，立志要打好学术根基，不再轻易发表文章。"人有不为也，而后可以有为"，毕竟"文章千古事，得失寸心知"。1991年冷战史专家陈兼兄到哈佛看书，住在拙处。我当时就向他坦露心迹，告诉他我要沉寂10年，好好打基础。后来发现我沉寂了不只10年，而是差不多15年之久，我的第一本英文专著到2005年才正式出版。我觉得这一段积淀非常重要，基础打牢后，后面出成果相应就有根基了。所谓厚积薄发，就是这个道理。

万事开头难。第一本书出版总是很难的，因为此时还没有建立起任何学术信誉。所以在博士论文完成后，我并没有急于投出，而是打算精雕细刻，把书稿修改到自己满意为止。三年后的2002年，我把在博士论文基础上修改成专著的全书再通读一遍后，感觉可以投石问路了。于是我将书稿寄给了西方"一战"史权威学者、耶鲁大学的杰·温特教授。温特为剑桥大学出版社著名的《一战期间的文化与社会》丛书的主编，他对书稿似乎很满意，立即安排匿名审稿。幸运的是，出版社安排的两位匿名审稿人是耶鲁大学的史景迁教授及牛津大学的米特教授。两人对书稿都是鼓励有加，均推荐出版。因为两位的评语都是褒奖之词，所以他们后来也就直接或间接地告诉我他们是我这本书的评议人。我的第一本专著就这样于 2005 年初得以出版（Xu Guoqi，*China and the Great War：China's Pursuit of a New National Identity and Internationalization*，Cambridge，UK and New York：Cambridge University Press，2005）。

古人说“十年磨一剑”。我这本书是不是剑不敢说，但磨了却不止 10 年。从 1990 年代初起步于讨论班的论文，到我花费无数时间和金钱到世界各地阅读档案，历经数十载寒暑的艰苦努力及思考，在博士论文的基础上再加精雕细刻，才最终写成这本专著。这是一个从水滴石穿到茅塞顿开的漫长的艰苦过程。虽不敢说字字珠玑，也饱含了一把辛酸泪呀。令人欣慰的是，此书出版后，学术界评价很好，除在西方主要学术刊物刊登了数十篇书评外，前面提到的英国牛津的米特教授、澳大利亚的李木兰教授、中国社科院的叶隽研究员、复旦的马建标博士都先后发表长篇文章，介绍此书。承蒙当时任澳门大学历史系主任的老友魏楚雄介绍，上海三联书店在 2008 年将此书纳入其“人文经典文库”系列，由马建标先生翻译成中文出版。最近我还发现一些国内的年轻人也开始重视此书，有些学子甚至专门写论文分析本书的价值和学术贡献。对于一个作者来说，这实在是令人高兴的。该书的英文平装本在 2011 年出版，四川人民出版社拟于 2018 年出版此书的中文修订版。

拙著《中国与大战：寻求新的国家认同与国际化》通过对多种国内外档案解读和国际史方法，得出以下与现行观点截然相反的结论：本书认为，中国与“一战”的互动，标志着中国人真正意义上寻求国际化及新的国家认同的开始；通过国际史视野，我们可以很清楚地看到“一战”的双重意义：一是因为古老的中国的积极参战，让所谓的“大战”成为真正意义上的世界大战；二是因为“大战”的爆发及影响，让“大战”成为中国历史中一个极其重要的部分。因为中国的参战，中国得以参加巴黎和会，第一次向世界提出中国的平等诉求，表达中国作为平等一员加入国际社会的愿望，国际联盟的宪章里有许多中国人的观念。“一战”因此成为中国人寻求新的国家认同及国际化的一个里程碑。直言之，我们可以得出中外史学界迄今无人提出的革命性结论：中国与“一战”关系意义非凡！中国与“一战”的互动标志着中国人真正意义上寻求国际化及新的国家认同的开始。“一战”让中国人大踏步走向世界，同时也把世界带向中国。

令人高兴的是，尽管此书出版于十多年前，但在自 2014 年起世界各地为纪念第一次世界大战 100 周年祭举办的诸多纪念活动中，并且一直到今天，这本书还经常被人提及。这本书的主题在今天也的确更有学术和现实价值。2014 年好几家中国媒体对我的“一战”研究做过采访或长篇报道。但是，在目前全世界正大张旗鼓地反思这场战争的意义之际，这一纪念热潮在中国似乎并没有出现，国人似乎觉得其与中国无关。实际上，早在 1914 年秋，英国和日本即在青岛与德国军队激战。1915 年日本更利用列强集中“一战”，无法分心之际，向中国提出“二十一条”要求，意欲浑水摸鱼，置中国于日本控制之下。2016 年是“一战”华工抵达法国的 100 周年。在“一战”期间，大约 14 万华工来到欧洲，在“一战”西线战场为英法两国效力，出生入死。1919 年的巴黎和会上，列强把山东割让给日本，从而导致在中国和世界局势中一系列影响深远的连锁反应。五四运动就是其中的一个重要遗产。我在 2009 年接受《西湖》

杂志长篇采访时，甚至大声疾呼，“没有‘一战’，何来五四?”所以，依个人浅见，“一战”和“一战”华工对中国和中国人有极其重要的意义。中国的“一战”及“一战”中的华工同时也是世界文明史中的重要篇章。我们甚至可以从第一次世界大战角度来透视中国人如何寻求国际化及新的国家认同之漫长历程，并分析国际社会如何对中国参战有更清醒的客观认识，深入理解“一战”对中国及世界的重要意义。

中国参加“一战”，从小处着眼是为了应付日本，为了在战后和会上占一席之地，但从长远看，则是为了加入国际社会，为了国际化，为了在新的世界秩序中有发言权。在巴黎和会上，正因为中国代表团的据理力争，并大义凛然地拒绝在对中国不利的《凡尔赛和约》上签字，才把所谓“中国问题”带到了世界最高论坛，并为山东问题在巴黎和会结束后的迅速解决提供了契机。因此，中国在巴黎和会上外交不但没有完全失败，在某种程度上甚至可以说是大获成功。如果当时没有参战及拒绝签订巴黎和会对德和约的经历，中国不可能在1921年很快同德国签订平等条约，并在1922年迫使日本归还山东。中德于1921年所签订的条约系近代中国与一个欧洲大国签订的第一个界定双边关系的平等条约。更为重要的是，中国人在巴黎和会上积极参与战后新秩序的建立。例如顾维钧系起草《国际联盟宪章》的15人委员会委员之一，对宪章的撰稿贡献颇多。中国人甚至从大局着眼，支持日本代表团在和会提出的“种族平等”条款。凡此种种，不仅让国际社会听见了中国的声音，并向全世界展示了中国成熟外交的风范。在“一战”百年后的今天，个人认为“一战”的历史对中国和世界仍有重要意义。我非常高兴这本阴差阳错情况下写成的书继续在国际学术界受到重视和发挥影响。

奥林匹克之梦

我的第一本英文书的出版似乎一帆风顺，未遇到多大挫折，可谓幸运之至。而且第一本书直接推动了我的第二本书的写作。2001 年我在撰写《中国与大战：寻求新的国家认同与国际化》一书的前言时，关注到 2001 年中国赢得 2008 年奥运会主办权，并意识到中国人对奥运会的情感同“一战”以来中国寻求国际化与新的国家认同似乎是一脉相承的。因此在“一战”与中国一书完稿后，我开始对体育与中国的国际化问题越来越有兴趣。在经过一年多的研究后，思路开始清晰起来，觉得可以写一本较有新意的书。我的出版界朋友张建德曾经在芝加哥大学出版社工作过，我们经常喝酒聊天。他鼓励我尽快同他在芝加哥大学出版社工作的朋友联系。在张建德的一再催促下，我在 2005 年底用电子邮件给该编辑写了一简短函件，询问芝加哥大学出版社是否有兴趣。当时入江昭教授建议我不妨向哈佛大学出版社问一问。所以在给芝加哥那位编辑去信的同时，我将同一内容的邮件也寄给了哈佛大学出版社的高级编辑林赛水。林赛水在当天立即回信，表示很感兴趣，建议我马上电邮给他写作计划。芝加哥大学出版社的那位编辑过了两个星期才答复，虽同样表示兴趣，但为时已晚，因为哈佛大学出版社已捷足先登，并很快给我寄来正式合同。

林赛水当时之所以敢对我这位名不见经传的人如此信任，估计有下列因素。第一是选题好，因为2008年将在北京举办奥运会，举世瞩目，选题应该有吸引力。同时感觉我的角度极富挑战性、学术性，与哈佛出版社的学术地位相称。第二是我的第一本书在西方学术界反响不错，口碑很好，所以我有所谓的学术信誉，并非一穷二白。第三可能是入江昭教授的影响。入江昭系哈佛大学出版社的董事会成员，他推荐的学生著作应该有一定的分量。

同写第一本书一样，目标一定，我立即开始做地毯式的档案研究，为此，我的足迹再次遍布世界各地。写奥运的书，当然得去瑞士的国际奥林匹克委员会的档案馆看档。我在那里盘桓了近一个月之久。然后，我又到基督教青年会在明尼苏达大学的档案馆，毕竟是基督教青年会把奥运和现代体育引进中国的。时值寒冬，我的航班因大雪耽搁了两天，但归程日期不能改。该馆人员竟然特地为我延长闭馆时间，让我有时间看完该看的档案。我对他们至今心存万分感激。

我要写的这本书涉及加拿大蒙特利尔1976年奥运会，但当时加拿大档案馆的这批资料尚未解密，我立即通过自由信息法要求该馆提前同意我接触这批档案。半年后我的申请获准，加拿大档案馆给我寄来了上千份档案，而我只支付了复印费和邮递费而已。此外，我还到台湾地区、美国国家档案馆、卡特总统图书馆、福特总统图书馆、洛杉矶体育图书馆以及其他特藏图书馆阅读资料。所到之处，无不受到很好接待，获益良多。

但我在国内做研究则经常受气。2006年暑假我到国内某级别极高的图书馆看书，发现该馆竟把读者分等级，分成所谓教授级、博导级读者等，甚至还按行政级别设限，如有些读物只对局级以上领导开放。由于本人在国外执教，证件不显示级别，更不是什么局长，因此在该图书馆读书时常受歧视。当我在该图书馆准备阅读20世纪30年代的体育杂志时，一打听，在特藏室。但我的读者证该室不认，需高级读者证方可。而按当时该图书馆规定，我不配有此证。我被告知我想看的这些体育读物只有局级以上领导才有资格看，我不配看。我凭着张艺谋电影《秋菊打官司》里秋菊的那种不依不饶的劲头同大概属办公室主任一级的领导展开了一场“读书保卫战”。可能这位女干部在两个多小时的拉锯战中被我搞烦了，最后她同意给特藏室打一个电话，让我看一看只有局级领导才能看的20世纪20、30年代的体育杂志，没有将我当作一个不明真相的群众闹事分子处理。

在2006至2007年间，我向任教的学校请了一年学术假，集中精力躲在安娜堡的密歇根大学撰写此书。2007年5月到8月，香港中文大学的大学服务中心又为我提供优厚的资助让我可以利用中心的收藏进一步完善书稿。中心负责人熊景明女士怕我这书呆子把身体累坏了，还经常拉我去参加郊游和爬山活动，对我关怀备至。在中文大学期间，我还有机会经常向当时在中大任职的金观涛、刘青峰伉俪请教，并多次在他们府上喝酒聊天。对他们的深情厚谊和精心照顾，实在是万分感激。可惜我后来到香港大学任教后，他们两位已从中大退休，很少在香港居住，我不免失去了经常向他们请教和请安的机会，很是遗憾。

前排左一为刘青峰，左二为金观涛。

《奥林匹克之梦》一书的书名可能有点误导。不少人误以为这是一本关于体育的著作，大多数人关注的可能是此书的体育部分，很少学者注意到本书实际上是通过体育来揭示中国一个世纪以来的国际化历程。其实本书的主旨着重在从体育特别是国际奥林匹克运动这一视角来研究中国人近百年来力图作为平等一员进入国际社会所做的不懈追求及艰苦努力。也有学者特别指出了这本书在研究诸如乒乓外交及加拿大蒙特利尔奥运会等方面的筚路蓝缕之功。书中还从新视角详细分析了诸如“两个中国”“乒乓外交”“谁代表中国”之类的大问题。在中国学者中，翟强和梁文道等先生似乎都读懂了，他们在其书评或电视节目中提到我是以体育为线索来分析中国外交和国际化的过程，可谓知音。

如果说《中国与大战：寻求新的国家认同与国际化》一书的坐标是国际秩序及国际体系，《奥林匹克之梦》一书的着眼点为大众文化特别是国际体育的话，那么，从国际史角度，从人类竞技体育角度特别是奥林匹克运动的视野，我们就可以分析出中国寻求国际化及新的国家认同的另一个全新的历史轨迹。体育属于大众文化范围，国际竞技体育也是人类文明相互交流及展示彼此“和而不同”的重要平台。现代体育特别是现代奥林匹克运动因此成为近代中国走向世界、积极参与国际社会的一个重要途径。通过近代体育，我们可以研究几代中国人如何利用西方体育来改善中国的命运，重塑国家认同，提高中国在国际上的地位。中国近代体育的“奥林匹克之梦”，同几代中国人利用西方体育来改善中国的命运、重塑国家认同、提高中国国际地位的努力密不可分。现代奥林匹克运动的兴起与近代中国寻找新的国家认同及国际化的开端几乎同时，中国的奥运情结从一开始就与其国际化进程相关。

换句话说，中国参与现代奥林匹克运动归根到底是其寻求国际化的产物。中国最早的关于奥林匹克运动会的系统介绍书籍，即用“我能比呀”一词来翻译“Olympiad”，真可谓既传神又得体，充分反映出中国人希望被外人承认及走向世界的迫切心态。1932 年中国第一次参加奥林匹克运动会更是与国际政治有关。中国最初本无计划派运动员参赛，但有关日本可能借满洲国的名义派人参赛，以此来变相使满洲国在国际社会合法化的消息传出后，许多中国人义愤填膺，并最终促成刘长春 1932 年单刀赴会参加洛杉矶奥运会的壮举。1979 年北京重返奥林匹克运动及加入国际体育大家庭后，国人力图用奥林匹克金牌数来证明中国是强国，不是东亚病夫，值得世界的尊重，并向国际社会展示一个开放的新的中国形象。

利用国际史的视野和竞技体育这一角度，我们可以透视中国近百年来尝试回答“什么是中国，何谓中国人”这一命题的独特历程。《奥林匹克之梦》一书着眼于研究几代中国人如何利用西方体育来改善中国的命运，重塑国家认同及提高中国在国际上的地位。2008 年在北京举行的第 29 届夏季奥林匹克运动会可谓中国人百年奥运梦的圆梦年，也是百年中国人追求国际化的巅峰之时。

2007 年我的《奥林匹克之梦》一书在送到哈佛大学出版社之后，哈佛依例送给两位专家匿名审查。一位是包苏珊，她是研究中国体育问题的知名学者，对书稿称颂备至，大力推荐。后来直接告诉我她是该书审稿人。但另一位审稿人的意见则莫名其妙，不知所云。声称该书有成为畅销书之潜能，建议删掉许多我踏破铁鞋和上穷碧落下黄泉方寻觅得来的宝贵档案资料，以及绞尽脑汁才写就的自认为很有创意的学术观点。换句话说，此公建议我重起炉灶。按规定，我必须对审查报告做书面回答。我当时血气方刚，读后十分恼火，答辩的意思换成中文大概是说：此人大脑进水，所提建议纯属无理取闹、无稽之谈，我无法接受。林赛水收到此答复后，劝我不要火气太大，应该心平气和点。否则董事会在讨论我的答复时会觉得我太中年气盛，心不平，气不和，恐怕有麻烦。因为，出版社一般要在两位审稿人都推荐出版的情况下才同意正式出版。但我属得理不饶人的主，终究没有做多大的妥协。幸运的是，此书结果被理事会接受直接出版，无须再找第三位外审。事后我想入江昭教授可能起了决定性作用。因为他是理事会成员，也许就是他在理事会上告知同人，徐某之志不在写畅销书，而专以研究学术为己任，加上哈佛出版社并不在意出什么畅销书，而以出版一流学术专著为天职。出版社同僚们鉴于入江昭教授的巨大学术声誉及高尚人格，因而放我一马。2008 年 3 月，哈佛大学出版社出版了《奥林匹克之梦：中国与体育，1895—

2008》(*Olympic Dreams*: *China and Sports*, 1895—2008)。

记得2006年同林赛水讨论出书合同时，我幼稚地认为，该书既然是关于中国与奥运会，我应该等2008年北京奥运会结束后交稿才对，这样我至少可以知道该运动会发生了什么。所以我原来的打算是书稿在北京2008年奥运会后完成，我认为写中国与奥运的书当然应有涉及北京奥运会的章节。但姜毕竟还是老的辣，林赛水在谈判合同时，对我的所有条件都答应，唯独就是对交稿日期不妥协，坚持要我在不晚于2007年夏交稿。由于他的英明，该书在2008年春赶在北京奥运会之前顺利出版。因为时机好，本书出版后，引起学术界及媒体的相当关注。《华盛顿邮报》《纽约书评杂志》《南华早报》等世界众多媒体都纷纷发表长篇书评，这倒是我始料不及的。当年香港凤凰卫视有一档梁文道先生主持的读书节目，叫《开卷8分钟》，也破天荒的连续用两集节目对拙著详加介绍。

早在2006年，我的老朋友、也是名闻遐迩的《大英百科全书》的主编Dale Hoiberg先生就邀我专门为《大英百科全书》写一篇关于北京和奥林匹克运动会的文章。哈佛专著出版后，我一时成为炙手可热的奥林匹克运动专家，各大媒体竞相采访。8月8日开幕式当天，我被半岛电视台早早请到媒体中心，以便在奥运会正式开幕时接受该台实况专访。在奥运会期间，BBC、CBC、NPR等都对我进行采访。在美国声誉极佳的PBS NEWSHOUR当时也希望连线对我做长时段专访。但我不想太出风头，婉言谢绝了。这段时间报刊媒体的采访就更多了。

作为学者，我并不在意媒体的关注，更看重的是该书的学术影响和地位。好在《奥林匹克之梦》出版后声誉鹊起，好评不少，不仅无数媒体竞相引用本书观点，本书还在2008年出版的无数有关奥运会的书籍中崭露头角，被国际奥林匹克历史学家协会评为本年度唯一最佳学术著作。中国留美历史学者学会也将此书评为2008年最佳著作，并为我颁发最佳研究奖。尤其幸运的是，我的老师、哈佛大学费正清东亚研究中心主任及前哈佛大学文理学院院长柯伟林教授不仅拨冗为本书写序，还在费正清东亚研究中心2008年秋季号的中心通讯上以头版推荐此书。据复旦大学历史系金光耀兄后来告诉我，柯伟林教授在2008年夏天接受复旦大学客座教授聘书时，送给复旦多位领导的礼物就是鄙人的这本新书。我真的受宠若惊了。

柯伟林教授对我的影响和帮助极大。我进哈佛念书不久，柯伟林教授刚从University of Washington in St Louis转来，所以我们在哈佛的时间差不多正好是互相交叉的。柯伟林是我博士资格考试的四位导师之一。我还特别荣幸地成为他当时正在撰写的一本有关资源委员会一书的研究助理。可惜的是这本书后来因为柯伟林行政工作极忙之故，受到耽搁，一直没有发表。的确，我的老师中，柯伟林的行政能力超强，他任过哈佛文理学院院长和费正清东亚研究中心主任等许多职务，行政工作很多。我作为其研究助理的经历让我获益良多，从他身上学到了不少如何做研究、如何利用档案、如何布局谋篇，等等。

柯伟林对我一直照顾有加。1994年柯伟林任哈佛历史系主任时，我出国后第一次要回中国，想要申请历史系的研究经费，柯伟林教授帮了很大的忙。他大笔一挥让我拿到这笔研究经费，使我得以顺利回到中国做档案研究。他还给位于南京的中国第二历史档案馆的万仁元副馆长写推荐信，请他关照我。1997年6月，柯伟林在著名的《中国季刊》上发表了影响极其深远的文章，研究中国的国际化问题。就在这篇有洛阳纸贵声誉的著名文章里，柯伟林特别郑重提到我正在写作的“中国与大战”的博士论文，并予以高度评价。柯伟林这么做其实是很冒险的。因为1996至1997年我的博士论文仍处于开始阶段，写作进展不大，况且在论文写作中间重起炉灶的例子也有，由此可见柯伟林对我的信任和厚爱。柯伟林对我的大力抬举还体现在下面一个例子中。2012年英国的《经济学人》杂志邀请他撰写一篇北京奥林匹克运动会经济价值的重头文章，柯伟林却推荐我写。结果我的文章在2012年伦敦运动会开幕之前出现在这份世界一流的杂志上。以柯伟林的声望和影响，如果没有他的推荐，我想《经济学人》的编辑是不会想到徐某人的。

柯伟林教授是典型的美国教授，我从哈佛毕业后，他就告诉我以后叫他比尔，不必再叫他柯教授，对我就像同事和朋友一样。古人云，人生得一知己足矣！小子何德何能，竟然有杨生茂、入江昭、柯伟林等大师的竭诚关照和垂青，他们不仅是知己，更是知音！这几年我因研究需要经常回哈佛，每次都承蒙比尔在百忙之中安排见面，并破费招待。2014年夏，比尔特地请我到哈佛广场一家高级酒吧喝酒聊天和吃晚饭。那天比尔可能花费不菲，因为我俩喝了不少酒。2016年我在哈佛休学术假时，比尔因为极忙，经常在国外，一时无法同我见面。但他特地给我写了一封信，并用大写字母写道“We MUST meet before you leave”。(在你走之前我们一定要见一见)。果然，在2016年底，比尔请秘书安排，我们在距离我住所不远的一家高级意大利餐厅见面吃饭。我和比尔就餐时恰逢大提琴家马友友与家人也在那里聚会，他与比尔是老朋友，还特地跑到我们餐桌打招呼。

再回到《奥林匹克之梦》一书。前面提到，此书出版后，我被当作所谓的奥林匹克运动和体育专家，国际媒体经常对我进行采访。2008年北京奥运会之前，《华盛顿邮报》约请我写了一篇关于中国足球的长篇文章。2010年世界杯足球赛期间，《纽约时报》也特地安排我写一篇关于中国与世界杯的短文。2009年入江昭教授与法国学者 Pierre Yves Saunier 联合主编鸿篇巨制的 *Palgrave Dictionary of Transnational History* 时，该书所有条目的撰稿人都是所在领域公认专家，但两位主编及主题主编特请我撰写“体育”长文，我终于觉得我的体育学者的帽子是戴稳了。2016年德国著名历史学者 Jürgen Osterhammel 和位于伦敦的德国历史研究所的 Valeska Huber 博士在其为牛津大学出版社主编的有关国际公众一书时，也盛情邀请我写一篇关于中国体育与全球公众的论文。《奥林匹克之梦》一书仍是世界上目前唯一全面研究体育与中国国际化的专著。相信当韩国2018冬季奥运会，东京2020夏季奥运会和北京2022冬季奥运会召开时，此书也许会继续引起关注。

记得2007年在香港中文大学的大学服务中心客座访问时，该中心要求我做一次学术演讲。我的题目就是“中国和奥林匹克运动”。恰巧同在中心客座的是人民出版社的编辑王亚男博士。她听完我的演讲后，对此题目极有兴趣，在其精心安排下，人民出版社很快同哈佛大学出版社签订出版合同，打算在2008年北京奥运会期间出版我的《奥林匹克之梦》中文版。亚男为此书可谓费尽心血，可惜因一言难尽的种种原因，该书中文版尽管已进入印刷流程，但最终未能如愿出版。无论如何，我对亚男的知遇之恩及其为此书出版和翻译付出的巨大努力，一直是念念不忘和万分感激的。我在广东人民出版社任主编的朋友倪腊松先生目前正在安排重新翻译和出版此书。据说该书的翻译和中文版权一切事宜，均已就绪，万事俱备，只欠东风了。

尽管该书中文版的问世一波三折，迄今尚未出版，但江苏省体育科学研究所主办的《体育与科学》杂志的主编程志理教授在2017年夏请齐静博士到香港对我作长篇专访，就本书的内容深入对谈。齐博士2009年—2012年在香港中文大学教育学院体育运动科学系攻读哲学博士学位，系体育社会学专家。目前在位于银川的北方民族大学任教。访谈的第一篇、第二篇和第三篇已分别发表在该杂志的2017年第六期和2018年第一期及第二期的《学术对话录》的栏目发表。有兴趣的中文读者可以参考。

“苦”与“力”

2005 年底，就在哈佛大学出版社表示对我的体育课题感兴趣时，我收到当时中国国务院新闻办下属的五洲传播出版社高磊编辑的邀请信，嘱我做一篇命题作文，写一本关于“一战”华工的小书。我在 2000 年曾在香港中文大学的《二十一世纪》杂志上承蒙刘青峰主编垂青，发表过一篇类似题目的长文。大概因为这篇文章的缘故，高磊编辑找到了我，声称此书只有我才能写。但当时我不能写，因为我必须全力完成哈佛的《奥林匹克之梦》一书书稿，所以就推辞了。但第二年高磊说社里又为该书重新立项，再次请我撰写此书，并同意我推迟交稿。盛情难却，只好勉为其难。2007 年初在哈佛的体育书稿杀青后，我开始着手“一战”华工书稿的工作。在高磊先生的大力帮助下，写作进展较快，该书在 2007 年底即出版中文、法文两个版本。中文题目是《文明的交融：第一次世界大战期间的在法华工》。

高磊是一位十分敬业的编辑，在本书写作过程中，他亲自陪我到山东威海、青岛等地查阅相关资料，受到威海档案局张建国局长的热情接待。在交谈中，我们一致认为在2008年“一战”结束90周年之际，在当年最大的“一战”华工招募基地——山东威海举办一次“国际首次‘一战’华工讨论会”和“一战”华工图片展览是一个很好的想法。张先生雷厉风行，很快落实相关事宜，所以在2008年秋天我又回到威海，帮助威海档案局主办学术会议和图片展。在山东威海档案局的精心策划组织下，在一百年前许多华工跨出国门远赴法兰西的出发地威海，多国学者济济一堂，探讨“一战”华工的历史。也是在威海档案局的安排下，2009年中国中央电视台拍摄的6集纪录片《华工军团》第一次把“一战”华工的生活及事迹推到国人面前。该纪录片不仅大量使用了我的采访镜头，而且全盘接受我《文明的交融：第一次世界大战期间的在法华工》一书的观点。为配合首届“一战”华工国际学术会议在威海的召开，威海档案局还同时举办了“一战”华工图片展览。我后来为画册出版写了下述序言：“我们希望借此画册，立此存照，再现被遗忘的‘一战’华工的集体记忆，缅怀由他们为主角和创造的一段人类共享的历史。我们也希望借此画册，表达对‘一战’华工姗姗来迟的感谢。中国应该感谢他们，世界应该感谢他们。同时，我们希望读者阅读此书时，不忘新一代威海人及威海档案局的筚路蓝缕之功，并感谢威海档案局同人志在寻找失去的历史记忆，志在保存历史，志在向世人展示历史诸方面做出的杰出贡献。此一画册即为他们辛苦劳动的一个很好见证。”威海档案局的张建国局长和张军勇先生后来一直是我的好朋友，我们几次在北京或香港喝酒聚会。

由于准备威海会议，加上我在20世纪90年代在做《中国与一战》题目时，对“一战”华工的档案收集很多，因此我在写完五洲传播出版社委托的小书后，觉得意犹未尽，随即准备写一本详尽的学术专著。经过近一年的思考及研究后，觉得可以正式启动该项目了。于是在2008年春我询问哈佛大学出版社是否愿意出版，哈佛大学出版社给了我肯定的答复，并很快与我签订合同，建议我2009年6月底交稿。

还是我的一贯风格，笔头未动，档案先行。前面提到我在做中国与"一战"课题时，英国国家档案馆至少有五卷关于华工的档案无法找到。在开始写"一战"华工一书时，我决定用大海捞针的办法，再试一次。回到英国档案馆后，我通过一卷卷翻阅相关档案，终于找到了这一度踏破铁鞋无觅处的五卷档案，这批档案对我来说极其重要，所有英招华工的名单都在这里。接着，我又在伦敦的战争博物馆找到许多图片、口述史及珍贵档案资料。后来我又发现英国的Leeds University图书馆的特藏部刚收到一批珍贵的"一战"士兵的资料，他们中许多人跟华工有交集。我立即跟特藏部联络，要求容许我查阅此批资料。专门飞去后，果然不虚此行，我在Leeds University发现了不少有用的资料。此外，大英图书馆的阅读也让我大有斩获。英国一坦克博物馆（Bovington Tank Museum）的工作人员更是大发仁慈之心，主动提供给我许多与"一战"华工有关的珍贵资料，此外，英国的East Surrey Museum，比利时的Flanders Musuem，耶鲁大学神学院档案馆，哥伦比亚大学特藏图书馆，法国外交部档案馆和陆海军档案馆等都为我的研究提供了十分宝贵的协助。

在美国档案馆的研究帮我还原了美国大兵与"一战"华工在欧洲的交集。哥伦比亚大学特藏部的晏阳初个人档案则让我更好地理解了精英与"一战"华工的互动。哈佛大学图书馆的林希文博士特为我在欧洲购买了四套极其珍贵的“一战”期间与华工有关的杂志。台湾“中央研究院近代史所”的老朋友张力帮我找到并复印了全套《华工周报》。

不过我最意外的收获发生在加拿大。为了了解“一战”华工过境加拿大的详情和寻找“一战”期间担任华工营军官的人的资料，特别是明义士的资料，我来到了渥太华和多伦多。功夫不负有心人，在加拿大国家档案馆我找到许多珍贵资料。明义士长期在中国做传教士，并成为著名的甲骨文专家。他收集的上万件甲骨文残片极其珍贵，后来成为齐鲁大学教授，出版了不少甲骨文著作。“一战”期间，他应招成为“一战”华工军官。

我原以为明义士的档案在加拿大国家档案馆，但被告知尚未落实。我立即跟其家人联系，其子 Arthur Menzies 当时已 90 高龄，是一位独居老人，他热情地邀请我到他家查阅有关资料。Arthur Menzies 是加拿大杰出外交官，1976 至 1980 年曾任驻华大使。老先生跟我开玩笑说，我做完他老爸的研究后，也应该做做他本人的研究，他比他老爸更有名，他还可以告诉我邓小平的故事，等等。在他家期间，他不仅让我随意查阅他父亲的资料，并亲自开车带我到附近中餐馆吃饭，当附近中餐馆的女服务员们对他热情问候时，老先生还跟我开玩笑说，他还是有女人缘的。非常遗憾的是，在我的专著出版之前，老先生于 2010 年 93 岁高龄突发心脏病去世，但我对他的感激之情会一直珍藏在心里。

写作这本书还用了其他不少私人档案，如加拿大人 David Livingston 的父亲当年就是“一战”一个华工团队负责人，留有相关日记和图片，极其珍贵，David Livingston 将其无偿供我使用。其他如加拿大人 John Sebert、法国华工后代 Christian Tchang 和 Gerald Tchang 等人都慷慨提

与加拿大前驻华大使 Arthur Menzies 合影

供图片和私人档案，供我研究之用。

同从前的经历一样，我在国内的研究就不太顺利。2007 年我需要到一家著名图书馆阅读有关“一战”华工的文献资料，但到该图书馆目录室及图书网一查，一无所获。然而根据我的调查，该馆绝对有一些相关资料。不得已，到图书馆咨询部打听。答曰，交 500 元人民币，可代为查找。的确，交钱后，很快被告知有不少资料，可由他们代为复印。于是再交高额复印费，方得收货，一如营利单位。后来一看，许多复印的资料文不对题，缺字不少。请允许我在这里发几句牢骚话。近来国内大学纷纷以建立国际一流大学为己任，的确，从硬件看，许多大学已经相当好了。但从软件看，则距世界一流大学甚远。一流的大学必须是开放的大学，许多美国大学图书馆为了吸引校外学者利用其珍藏，甚至提供旅费。我移居密歇根后，附近的密歇根大学及芝加哥大学很快为我办好长期使用其学校图书馆的有关证件，没有任何刁难。但中国的所谓一流大学，很少有这种开放的胸怀。校外学者如想看其珍藏，可谓难上加难。每次我如需阅读国内大学藏书，经常不敢自己登门，怕门卫就把我挡住了，只好请在该校工作的朋友帮忙。北京大学的王立新教授、复旦大学的金光耀教授等都屈尊帮过我。一个心胸狭窄封闭且自高自大的大学，无论其硬件多好，是无法成为一流大学的。

就在我为“一战”华工研究紧锣密鼓做准备时，幸运再次降临，2008年春哈佛大学瑞德克丽芙高等研究院宣布我为2008至2009年度研究员，让我得以利用哈佛及研究院举世无匹的研究条件，在哈佛闭关一年，顺利按时完成书稿《西线战场陌生客——一战中的华工》。到2009年9月中旬，两位评审人的匿名审查报告也均寄到出版社，双双推荐出版。

《西线战场陌生客——一战中的华工》一书为我的中国国际史及国际化系列的第三部，也是最后一部。第二部是《奥林匹克之梦》。第一部即前面提到的《中国与大战：寻求新的国家认同与国际化》，该书旨在从第一次世界大战角度来透视中国人如何寻求国际化及新的国家认同之漫长历程，并分析国际社会如何对中国主动参与国际程序的重建及中华民族自我更新做出反应。《西线战场陌生客——一战中的华工》则力图另辟蹊径，通过“一战”华工的经历及故事来探讨中国国际史及中国国际化历程中的平民参与及其贡献，分析中国人在国际社会中的地位，并试图回答“何为中国，何为中国人”这一百年来中国人及世界其他人民共同探讨的世纪之问。

《西线战场陌生客——一战中的华工》讲述的是中西方交流史上一段

意义深远但鲜为人知的故事。第一次世界大战时期中西方文明正处于重要的历史转折关头。中国人力争顺势而起，利用这个机会一展宏图，重整国运。而“一战”期间背井离乡来到西方文明中心法国的 14 万华工，因缘际会地成为拯救中西方文明的弄潮儿，并成为中国派往世界的“使者”。本书讲述了他们如何成为中国国际化进程中最重要的一部分经历，并为中国参战和加入战后巴黎和会做出了不可磨灭的贡献；他们如何成为晏阳初等一代精英的老师；更重要的是，讲述了他们的“苦”与“力”之悲壮人生，以及与他们密切相关的中国及西方文明的命运。“一战”华工被西方人称为“苦力”。的确，他们“苦”，但他们也有“力”。本书详细记述他们的“苦”，他们的“力”，还有他们在血染的西线战场戴瑞士表、太阳镜、绅士帽，身着各国军衣的浪漫，交法国女朋友的风流，以及为保卫自己的权益把欺负他们的美国大兵打得头破血流的中国男儿的威风。“一战”华工甚至是邓小平等共产党领袖当年走出国门到欧洲勤工俭学的先驱。这本书讲述的就是这些华工的故事，这是文明交流的故事，同时也是 1895 至 1919 年期间包括华工在内的一代中国人为中国的国际化，为中国成为国际社会平等一员，为中华民族真正复兴以及同西方人民一起共创人类和平而奋斗的故事。“一战”期间中国“以工代兵”的策略是中国有史以来第一次有胆识、有目的、有远见地加入国际社会的开端，是东方大国参与拯救西方文明的中外合作大事件。更为重要的是，14 万华工不仅仅是 14 万士兵，无疑也是中国的 14 万使者。除中国外，书中各有专章涉及美国、英国、法国、加拿大等国，多属闻所未闻的故事。

高兴的是，该书出版后，学术界反响很好。例如，哈佛大学的 Erez

Manela 教授在《美国历史评论》上发表非常正面的书评，复旦的马建标先生也以《小人物，大历史》加以介绍。台湾的吴翎君教授更是发表长篇研究与评论文章，予以很高评价。鄙人任职的香港大学在 2012 年还为我就此书颁发最佳著作奖。美国的华人图书馆馆长学会选此书为 2011 年最佳图书。更令人欣慰的是，上海人民出版社在 2014 年夏天将此书作为年度重点书籍，出版该书的中文版。2018 年初，上海人民出版社通知我，该社打算今年再版此书。中文版《一战中的华工》问世后，引起国内媒体及学术界相当大的重视。作为本书的作者，我对上海人民出版社的编辑们和本书的译者及校对者充满诚挚的谢意。

学术研究常有良性循环、互为因果的事。因为写作《文明的交融：第一次世界大战期间的在法华工》，在某种程度上导致我写作《一战与华工》。后来因为《一战与华工》的出版，又促成我在 2014 年决定接受五洲传播出版社为纪念“一战”爆发 100 周年，再版《文明的交融：第一次世界大战期间的在法华工》一书的建议。前面提到，我为写作《一战与华工》一书时，挖掘了不少新资料和档案。更有趣的是，我的“一战”华工专著在哈佛出版后，不少与“一战”华工有关联的家人，主动同我联系，并提供资料。如 1926 年出生在山东济南的加拿大老人 Mary Mckim 多次为我寄赠予“一战”华工相关的宝贵资料——老人的父亲曾为“一战”华工服务。所以我打算对《文明的交融：第一次世界大战期间的在法华工》做全面增补和修订，不少章节是重起炉灶重新撰写的。本书还引用和参考了我在其他著作中没有使用过的新资料。在这里我要特别感谢台湾“中央研究院近代史研究所”前所长陈三井先生。陈先生早在 1986 年就出版过有关“一战”华工的著作，后来又主持“一战”华工资料出版工作，可谓功德无量。几年前我在“中央研究院近代史研究所”做过一次学术演讲，有机会同陈先生深谈。他告诉我台湾的“国史馆”有很多“一战”华工在1920年代和1930年代的档案资料，并费心帮我找到档案号码。得此线索后，我专门来到“国史馆”，果然找到了陈先生提到的7卷档案。《为文明出征：一战西线战场华工的故事》一书的其中一章就是根据这批档案写成的。我还要借此机会对德国学者Jan Schmidts无私提供他在日本发现的相关资料给我使用表示感谢。毕业于日本东京大学的两位台湾学者陈萱博士和李启彰博士不辞劳苦帮我翻译整理这批资料。当时还在台湾东华大学任教的吴翎君教授审阅了书稿全文，并提出许多宝贵意见。齐德智先生整理的华工孙干所著《华工记》出版后第一时间赠阅。2017年初，《为文明出征：一战西线战场华工的故事》中文版在高磊先生的精心编辑下，出版问世，五洲传播出版社还打算尽快推出英文和法文版。法文版已于2018年5月出版，英文版大概在2018年秋也会同读者见面。

中国人与美国人

从2001年以来，因为多种书稿压力，我一直处于紧张状态，本打算在哈佛华工书稿交差后，好好轻松一下，不再总是疲于奔命，毕竟已进入不惑之年了。但人算不如天算。我2008年到哈佛后，有机会同林赛水喝酒聊天。一次在哈佛附近的中国饭店，我俩在冰天雪地的天气下痛快地大吃一顿火锅。在酒酣耳热的情况下，林赛水问我未来的研究计划。我借助酒劲，告诉他有机会的话我要写一本“惊天地，泣鬼神”的中美关系史杰作，彻底颠覆目前学术现状。原以为这只是酒后吹吹牛而已，当不得真的。

未想到林赛水是有心人，对我的这一设想很感兴趣，鼓励有加。并在2009年2月，竟送给我一纸合同，不久并附美元支票一张，权作预支稿费，条件是我必须在2011年底交稿。面对林赛水的“糖衣炮弹”，我在犹豫再三后，竟欣然同意，签字画押了。结果此后三年又长期泡在档案馆做研究和伏案写作，“衣带渐宽终不悔，为伊消得人憔悴”了。像林赛水这样的天才编辑，是可遇不可求的。他能激发作者的潜能，有化腐朽为神奇、化平庸为杰作的本领。任何作者有他做编辑，可谓“三生有幸”。善哉，林赛水！古人曰：“人生得一知己足矣。”小子不才，竟有机会同林赛水几度合作，此生无憾！

我跟林赛水说要写一本“惊天地，泣鬼神”的中美关系史杰作，当然是酒后胡话，但我一直觉得我们需要一部全新的视野和方法下的中美关系史。我写完华工与欧战后，一直在思考新的研究方法和如何在跨国史/国际史之后找到一个新的突破口。写一本新的中美关系史，正好给我提供一个尝试的机会。的确，一部中美关系史，真可谓“剪不断，理还乱”。中国人当然有自己的看法，不少人认为美国对华一直包藏祸心，不怀好意。美国人同样有他们的见解，认为美国人对华基本友好，长期致力于中国发展。两国也有不少人相信中美本质上水火不容，有天壤之别。历史是客观存在，任何人无法也无权改变历史。但为什么在中美关系史认知方面会出现这样的大分歧？看法如此迥异？

我想问题出在视野及研究方法上。我们目前的研究似乎过分强调中美两国文化的差异，历史背景的不同，侧重中美之间的冲突、对抗以及分歧。这些差别和分歧无疑是历史事实，但不可能是中美关系的全部。只不过我们通常对其他不属于冲突和对抗范畴的历史视而不见而已。还有可能就是由于中国对档案的限制利用或保存不善，造成中外学术界在中美关系研究中，通常以美国和美国人为着眼点，只把中国人简单地作为对西方所进行的各项活动及行为的被动反应者和陪衬来描述，很少有人对中国人率先做出的乃至改变中美间关系的主动行为给予同等程度的重视。可能最致命的原因还在于这些研究通常出于一种自上而下的方法，过分强调政府部门、政治家和经济方面的作用，而轻视和忽略个人因素，特别是那些中国人和美国人合作发起、共同积极参与其中的活动和经历。传统中美关系研究还有一个巨大缺陷，就是缺乏对双方共同经历的历史的文化关怀。我所说的文化主要指中美两国人民在从19世纪直到现今的漫长旅程中，两国人民和社会所共有或共同经历的梦想、希望、失望、激动以及挫折。在中国人和美国人的共有历史经历中，文化国际主义早已作为一个重要的主题长期存在于中美关系之中，只是没有受到学者的重视而已。

要走出中美关系中存在的巨大误区，关键是要有一个行之有效的新视野和新方法，使我们能够在新叙事框架下对中国和美国这两个伟大而又极不相同的社会和国家做一全新解读。所以我打算在新书中提出一个新的视野或方法：共有的历史。我认为只有从“共有历史”视角，方可发掘那些我们通常忽视的人和事件，并理解其历史贡献和意义。

但用“共有的历史”这种新视野写一本新中美关系史，无疑是一个挑战。哪些该写，哪些该被排除在外，怎么写？都是煞费苦心和招骂的事。在绞尽脑汁之后，我决定几个不写：前人写过我无法写出新意的题目不写；外交、经济、政治人物尽量不写；没有档案资料的不写。我要写的一定是属中美两国共有的历史，尤其是文化层面共有的历史。另外，历史书最忌散漫和缺乏主线。本书要写的应有一根明显和一脉相承的主线。第三是本书的内容一定要有可读性和故事性。“三要三不要”原则确定之后，我便开始了漫长的研究工作。

经过相当长的读书和思考后，我发现蒲安臣是最佳起点。蒲安臣时代属中美两国多方面历史交会和重叠的时代。1861年大清王朝设立总理各国事务衙门，洋人可以到北京设立领事馆。蒲安臣成为首任美国驻京公使，中美之间的官方直接来往正式开始。蒲安臣之重要还在于他驻华任期届满后，摇身一变，成为近代中国首次出使世界的使臣。因为蒲安臣，因为他的双重身份，使蒲安臣无疑成为研究中美共有历史的极好开篇。中国近代外交的第一次重大活动是 1868 年出使的所谓蒲安臣使团。蒲氏是美国人，先是出任 1861 至 1867 年美国驻华公使。在任公使期间他不仅为美国国家利益尽力，同时也为中国外交走向世界提供了许多力所能及的帮助。美国人惠顿的《万国公法》（*Elements of International Law*）被引入中国就是蒲安臣一手促成在中国翻译出版的，这是中国官方出版的第一部重要外交著作。1868 年初的蒲安臣尽管对来自中国皇帝的任命书连一个字都不认识，但他却成为中国近代第一个真正意义上的外交使团的实际负责人，开启了近代中国走向世界的不凡之旅。在为中国出使期间，蒲安臣通过《蒲安臣条约》为中国争取到近代中国第一个平等条约。此一条约在相当大程度上将美国排华法案的通过推迟了十几年。

《蒲安臣条约》又是 1870 年代中国由中央政府出资派遣留美幼童的重要历史背景，留美幼童的经历无疑更是中国人和美国人共有历史的重要部分。该约以法律形式保障中国学子到美国学习的权利，在开启中国近代向西方学习的浪潮中起了重要作用。19 世纪的美国并非先进大国，论国力不如英国，论高等教育更远远落后欧洲及英国的大学，但中国的第一个官方留学生团却是派往美国的，这一悖论只能从“共有历史”出发才能解释。留美幼童人数不到区区 120 人，但几乎人人成为栋梁之材。中国著名铁路工程师和京张铁路的设计者詹天佑、民国第一位总理唐绍仪，即为当年的留美幼童出身。留美幼童中后来有两位担任外交部部长，多位成为中国驻外资深外交官。曾任清华大学校长的唐国安、任北洋大学校长的蔡绍基、香港的华人领袖周寿臣、担任海军上将后来更在民国时期中呼风唤雨和发挥很大影响的蔡廷干，以及成为驻美公使并在其任期内成功说服美国退还部分庚子赔款的梁诚，都是留美幼童出身。自1872年到1875年间，共有120位中国幼童来到美国开启了中国人从那时起迄今仍方兴未艾的留学之旅。到1881年幼童被提前召回国时，尽管有些人甚至尚未从美国高中毕业，但他们的人生从此奠定。更有甚者，他们的人生历程从此与中国的命运密切相连。换言之，他们的留学史，就是一部中美两国共同经历的历史。美国人用他们的教育、文明理念影响了他们，他们则用自己学到的知识及各种观念影响了中国。

《中国人与美国人：一个共有的历史》的第三章是关于第一个在美国教书的中国人戈鲲化，而他本不在我的写作计划之列。前面提到哈佛图书馆的林希文博士帮我购买四种华工杂志之事，林博士因此和我成为朋友。2009年我还在瑞德克丽芙高等研究院时，有一次我与他喝酒聊天，并谈到我正在撰写的中国人与美国人一书。林博士突然提到在他的图书馆办公室有许多未整理也未被人使用的戈鲲化资料。如我感兴趣，欢迎我使用。我立即让我的研究助手去帮我看一下，写一个报告。我看了助手的报告后，意识到资料的确有意思，加上后来我在哈佛大学和耶鲁大学档案馆又发现了不少相关资料，于是1879年成为美国哈佛大学中文教师的中国人戈鲲化在美国的传奇人生，成为我这本书中意外但极有意思的共有历史的第三章。这里顺便说一句，我一直强调，历史学者应与档案馆及图书馆馆长们交朋友。我能成为哈佛大学图书馆的资深馆员林博士的朋友，实属三生有幸，并且我还一再得到他的关照和帮助。2014年我重返哈佛深造时，林博士正好在哈佛图书馆工作40余年后荣休。我和林博士在哈佛广场的Charles Hotel酒吧喝酒聊天，林博士当时精神抖擞，斗志昂扬，和我谈到他退休后的好多安排。令人悲痛的是，林博士在2015年因病去世了，我从此痛失一个能为我提供宝贵建议和忠告的朋友。

有些历史人物在传统中美关系史研究中经常被忽视，因为他们名不见经传。但如果我们通过共有历史的新视野来回顾，这些人就会崭露头角，重要性也会显而易见，戈鲲化可能就是这样一个人。戈鲲化自称是安徽省徽州人氏，而徽州在历史上素以文人和商人辈出著称。他生活在中国史和美国史上都是多事之秋的年代：1838年生于中国，1882年死于美国。他成为在西方大学正式执掌汉语教席的第一位中国人。他于《蒲安臣条约》已签订11年之后的1879年，也就是在清代留美幼童被迫全部撤回国的两年之前，横跨太平洋来到美国，开始在哈佛大学教授汉语。当时中国士人很少对出洋感兴趣，但戈鲲化却在美国的排华浪潮日渐高涨且国会即将批准排华法案的时候，冒着风险来到美国。他来了，并且赢得了赞誉。今天任何人走进哈佛大学的燕京图书馆，都能在正门入口处看到戈鲲化身着清代官服的照片。

《中国人与美国人：一个共有的历史》的第四章是计划之中的古德诺。1913年，由于哈佛大学前校长埃利奥特的努力，美国卡内基国际和平基金会的推荐，哥伦比亚大学的支持，以及前留美幼童的大力促成，导致美国人古德诺来到刚刚走向共和的中国，并在近代中国立宪史上留下呼风唤雨的独特经历。留美幼童、民国首任总理唐绍仪和留美幼童、后在民国时期中大权在握的蔡廷干，都在邀请美国哥伦比亚大学教授古德诺来中国担任宪法顾问过程中扮演了举足轻重的角色。古德诺因之得以成为为中国政府制定一部现代宪法的顾问。

第五章研究美国哲学家杜威在中国的故事。杜威从1919年5月初到1921年7月，在中国逗留了两年多，亲身经历和直接参与并影响了近代中国的发展历程，成为五四时期在中国的“科学”和“民主”两大“先生”的具体化身，成为中美两国之间的文化使者。杜威通过其在华期间所做的大量演讲，向中国人介绍美国的政治、教育及文化；又通过为美国主流媒体及报刊不断撰写文章，向美国读者介绍中国人的声音及诉求。个人认为唯有共有的历史方法，才能够说明并更好地解读杜威在中美两国人民交往中之“共同的旅程”的重要意义。

这本书的最后一章关注的是体育作为中国人和美国人的共有历史。这一章之所以能完成主要受惠于存在卡特总统图书馆的相关资料，特别是关于中美联合抵制1980年莫斯科奥运会的档案刚刚解密。前面提到我的哈佛同学David Nickles，他在美国国务院历史学家办公室工作，主要负责解密总统档案馆档案。他在第一时间告诉我感兴趣的档案公开之后，我立即奔赴亚特兰大，一求先睹为快。这批档案正好为我完整解读体育作为中国人和美国人的共有历史画上句号。

为了此书的研究，我曾到柏林查看蒲安臣在欧洲的资料，到美国国会图书馆的特藏部，到哥伦比亚大学、密歇根大学、约翰·霍普金斯大学、耶鲁大学、哈佛大学等许多学术机构的档案馆或特藏部收集资料。使我感到非常幸运的是，2013和2014年哈佛大学的瑞德克丽芙高等研究院邀请我做夏季研究员，让我得以利用哈佛大学得天独厚的学术资源，为本书的写作做最后冲刺。

这本书之所以能完成，同我的一些师友和众多研究机构的帮助和影响分不开。我第一次正式系统整理中国人和美国人共有的历史是在2006至2007年我休学术假的时候，在密歇根大学一个为优秀学生提供的公寓里，我作为学生们的指导老师住在那里，并有为他们做些系列讲座的义务。我当时所讲的大题目就是中国人与美国人共有的历史。此外，前面提到的《美国研究》那位了不起的主编、我的老朋友赵梅，在90年代初期我有可能与中美关系研究分道扬镳时，曾不时劝我为她的杂志撰写相关文章，从而促使我保持住了那炷学术火苗不致熄灭。我的南开老师杨生茂先生在80年代时给我打下的美国外交史和中美关系史的坚实基础对写成此书更是功不可没。哈佛的入江昭和梅两位教授的大力支持也是重要因素。梅教授对这个题目特别有兴趣，曾询问我这本书该如何写，怎么写，他还给了我许多建议。入江昭先生一如既往不遗余力地相助，与我以大力支持，并且在百忙之中，欣然为此书撰写长篇序言，以资鼓励，并为弟子摇旗呐喊。

《中国人与美国人：一个共有的历史》于2014年由哈佛大学出版社出版（Xu Guoqi，*Chinese and Americans*：*A Shared History*）。出版后，美国的主流学术杂志如《美国历史评论》等相继发表正面评价。为美国图书馆所倚重的《抉择》杂志更是称此书非常及时和重要。北京大学的王立新教授在《美国研究》撰写长篇文章，推介此书。台湾知名学者吴翎君也在台湾大学历史学报（《台大历史学报》）上发表近两万字长文，分析此书的学术贡献和观点。国家图书馆的刘波先生还特地安排我到国家图书馆就此书做主题演讲。《中国青年报》的燕舞（张彦武）先生屈尊前来听我的演讲。承蒙他的欣赏和引介，上海的《文汇报》还长篇发表了我的演讲内容。

该书中文版《中国人与美国人：一个共有的历史》的问世更是一个学术佳话。2014年7月初受维也纳大学教授朱嘉明先生邀请，我参加由他主办在维也纳大学召开的“第一次世界大战对中国当代历史进程的影响”国际研讨会并做主题发言。一批国内极有影响的人士也借机来到维也纳，其中包括理想国的刘瑞琳总编。她表示希望由理想国系列出版该书的中文版，在刘总的关照下和马希哲先生的精心编辑和安排之下，如一切顺利，该书中文版应该在2018年或2019年由四川人民出版社出版。

写到这里，2017年刚至，混世魔王模样的特朗普很快会成为美国的新总统。国人好像对特朗普治下的中美关系十分担心。窃以为，中国人对中美关系中的“关系”认知似乎一直有一种误区：太强调领导人的作用，所以我们容易对特朗普的当选和他的一系列涉华言论做过分解读。熟悉美国历史和政治的人都知道，美国三权分立，无论何人当政，都无法一意孤行或无法无天。差不多一百年前，在第一次世界大战时，美国总统威尔逊信誓旦旦要为万世开太平，让不少中国人把他当救星，结果是他大话说过头了，不仅中国人对其失望，美国人也完全抛弃了他孜孜以求的国际新秩序。第二次世界大战期间，小罗斯福并未对中国人过分表示什么热情，但他不声不响地让中国成为战后世界四强，中国因此在1945年成为联合国的安理会常任理事国。里根刚上台时，口口声声要不忘台湾老朋友，但很快就在1982年大幅度后退，并和中国签订了中美第三个联合公报。作为总统候选人的比尔·克林顿经常大骂中国政府，但上台后不仅年年给中国最惠国待遇，并支持中国加入世贸组织。小布什刚入白宫时，于2001年在电视上甚至公开声称要不惜一切代价支持台湾，但在他的8年任期中，中美关系非常友好，他还亲自参加2008年北京奥运会的开幕典礼，这是美国在任总统第一次出席美国之外的奥运会典礼。

之所以如此，就是因为在中美关系中“关系”还有其他方面，而我在《中国人与美国人：一个共有的历史》一书中大力强调的“共有的历史”关系就是其一。“共有的历史”注重文化层面和非政府之间的关系。在这方面，两国交往只会越来越密切。此外，今天的中美关系实际上是斗则两伤和非零和游戏的关系。我们尤其要切记：中美关系的主动权实际上在中国。如果中国国泰民安、国力不断增强，经济持续发展，在中美关系上美国人是无法动摇中国的。对于崇拜实力的特朗普来说，他入主白宫后，更会三思而后行。所以，我告诉美国朋友，就中美关系而言，天塌不了，太阳照旧升起。同时告诉国内的朋友们，值此新年之际，我们与其过分担心美国或特朗普会怎样，还不如祝愿中国日新月异，政通人和，不断向前发展。

一本完全意外的书

《亚洲与大战：一个共有的历史》是我从未计划要写的一本书。本来在写完“华工与大战”后，我就想不再做“一战”史了，想尽早转移到我一直魂牵梦绕的“何为中国和中国人”课题上。但在2010年，耶鲁大学的杰·温特教授受剑桥大学出版社邀请，拟主编代表国际最高研究水平的第一次世界大战专著，并计划在“一战”爆发100周年之际出版法文和英文版。他力邀我承担亚洲与第一次世界大战一章，我本想拒绝，毕竟我对亚洲其他国家不熟，写此文对我挑战很大。但杰很快将了我一军，他让我告诉他世界上有谁有资格并能胜任亚洲与“一战”的写作。的确，那时尚无人做过类似研究。杰然后使出撒手锏：“Guoqi，you might not be interested in the war，but the war is interested in you!”（“国琦，或许你对大战不感兴趣，但是大战对你感兴趣!”）他的意思是说我没有理由不写。大家也许还记得，我的第一本英文著作就是杰推荐出版的，他对我有知遇之恩。我没有别的办法，只好一咬牙答应了。好在杰要我写的只是短短的一章而已。

然后，自然是临时抱佛脚，恶补关于亚洲国家与“一战”关系的知识。我终于在2012年春完成初稿，舒了一口长气，并向香港大学申请在2012年下半年休半年学术假。Univeristy College Dublin 的 Robert Gerwarth 教授当时正同我接洽，想聘请我做该校战争研究中心（Centre of War Studies）国际顾问成员，Robert 那时兼任该中心主任。他获悉我的学术假计划后，盛情邀请我到其战争研究中心访问研究6个月，并愿意提供极其优厚的待遇，我唯一的义务是做一次公开演讲。我从未去过爱尔兰，但对其历史和啤酒非常感兴趣，所以很快答应了。我还有个私心就是想趁机躲在都柏林，借美食和啤酒来激发我写作中美关系一书的灵感。确实，我在都柏林十分惬意，工作效率也不错。但不久，Robert 告诉我他将为牛津大学出版社主编多卷本“第一次世界大战研究丛书”，希望我承担“亚洲与第一次世界大战卷”。我立即故技重演，用我当时回答杰的言辞来推辞。但没想到 Robert 十分厉害，他仅用了两句话就让我投降了。第一，我是他心目中最有资格写这本书的人，如果我不写，以后就不要说他的丛书没有亚洲的声音和研究。还记得我当年就是这么批评 James Joll 一书从而一步步陷入“一战”研究的，他的话显然打到了我的软肋。他的第二句话似乎也很有说服力。他说既然你已经为杰写了亚洲与“一战”一章，实际上基础工作已经做得差不多了。俗话说，拿了人家的手短，吃了人家的嘴软。我既然享受了 Robert 的盛情接待，他的两句话又极具有说服力，2013年初我便在收到牛津大学出版社的合同后不久就签字画押了。

好在我的中美关系史书稿在2013年即将杀青，我可以专心投入《亚洲与大战：一个共有的历史》一书。而且《中国人与美国人：一个共有的历史》一书的共有的历史框架和视野正好可以让我用来写作亚洲与大战专著。《亚洲与大战：一个共有的历史》一书的最大贡献不是资料和档案，而是我关于第一次世界大战何以成为亚洲国家共有历史的观点。我在书中强调，尽管从未有人研究过，但第一次世界大战对中国、日本、印度、越南、朝鲜等地区都有深远影响。中国、日本、印度、越南等地对“一战”的爆发可能对本国命运带来正面结果都抱有很大期望。在战后和平会议之前，上述地区都是对战后新秩序和本国前途充满期待，但很快就彻底失望。

这本书让我欠了不少人情。我在哈佛大学的瑞德克丽芙高等研究院做夏季研究员时，该院慷慨地为我聘请了好几个哈佛学生做我的助手，他们分别帮我收集朝鲜、越南、日本等地区的资料。东京大学的博士徐行、李启彰、陈萱等也帮我查阅或翻译日文档案。许多图书馆都为我的研究工作提供了方便，包括哈佛大学、都柏林的三一学院、都柏林大学、澳大利亚墨尔本大学，当然还包括我任教的香港大学图书馆在内的机构，都为本书的研究提供了极其重要的帮助，功不可没。

在书稿完成后，我请耶鲁大学的杰·温特教授，宾夕法尼亚大学的日本与“一战”关系专家 Fred Dickinson，剑桥大学著名的印度史学者 Gordon Johnson，以及老朋友何复德（Chuck Hayford）为我把关和提意见。杰·温特教授慷慨为本书赐序。十分幸运的是，本书于 2016 年春交稿后，牛津大学出版社以最快速度组织外审并出版。2016 年底该书的英国版已经问世（Xu Guoqi，*Asia and the Great War：A Shared History*，Oxford University Press）。2017 年初美国版也露面了。北京理想国时代文化有限公司学术馆主编马西哲先生最近通知我，该社已经在第一时间买下该书的中文简体字版权。理想国是我十分尊敬的出版品牌，我的“共有历史系列”两本书的中文版能在此出版，我是万分自豪和欣慰的。

《亚洲与大战：一个共有的历史》是我“共有历史系列”的第二卷。2016 年秋我又与哈佛大学出版社签订合同，写作暂定书名为 *The Idea of China* 的专著由其出版，这将成为我“共有历史系列”的第三卷。早在 2011 年哈佛大学出版社的一位编辑 Kathleen McDermott 就建议我写一本类似的书。Kathleen 也是我的《华工与欧战》一书的编辑。*The Idea of China* 这本书的种子就是这样种下的。2016 年我在哈佛休学术假时，曾有机会与 Kathleen 几次碰头。她告诉我她还是对其 2011 年的提议感兴趣，并愿意同我马上签订合同。看来我后面几年又要为写作此书拼命工作了。

走笔至此，“写书记”就要结束了。请允许我就做学问和写书掉掉书袋吧。王国维的《人间词话》多次提到诗词意境“隔”与“不隔”的问题，我觉得治“国际史”和“共有历史”的一个重大挑战也是隔与狭窄的问题。目前的学术分野造成隔行如隔山的局面，须知“博而返约”是治学亘古不变的真谛。王国维的学术三境界之首的“独上高楼，望尽天涯路”仍是我辈做大学问的不二法门。只有具备高瞻远瞩、高屋建瓴的气魄，方有写宇宙文章的底气。其次是目标一旦确定，必须有屈原的“路曼曼其修远兮，吾将上下而求索”的拼劲，达到王国维的“衣带渐宽终不悔，为伊消得人憔悴”的学术研究第二境界。在“才、学、识、德”四者兼备的前提下也许可以实现佛家所谓的“顿悟”，最终享受王国维先生的学术第三境界：“众里寻他千百度，蓦然回首，那人却在，灯火阑珊

和入江昭教授、何复德小聚

处。”司马迁说做历史研究的人要“究天人之际，通古今之变，成一家之言”，另一位先贤也教导我们做人要“立德、立功、立言”，这些都是可望而难即的目标。但身为职业历史学者，虽不能至，心向往之。立言，并尽量成一家之言，一直是我所追求的人生安身立命之方向，也是我为稻粱谋的资本，为公为私都是该做的。要立言并成一家之言当然首先要踏踏实实用功，“士不可以不弘毅，任重而道远”。

在西方要出版专著不容易，尤其是在大学出版社出书更难。因为著名的大学出版社，不管是他们约请的稿子，还是自己投稿的，首先要得到至少两位审查者的匿名推荐才能出版。两位匿名审查者是由出版社自己找人，作者并不知情。有时审查者也可能是与作者看法截然对立的人，不认同作者的学术观点或研究，其评价和书稿的下场自然可想而知。数年前读黄仁宇自传《黄河青山》时，对黄先生在美国悲惨的出版经历印象十分深刻。黄仁宇的《万历十五年》一书在中国出版后，虽洛阳纸贵，但其英文著作出版可谓九死一生，历尽磨难，《万历十五年》的英文版还是在其被美国大学解聘之后才问世的。难怪黄先生在其皇皇六百页的自传中，用相当篇幅指责美国学术界有眼不识泰山，不懂其学术价值。不过黄先生的际遇可能十分特殊，我个人认为西方学术著作的出版基本上还是有它一定的公正性。当然书出版后，还必须获得同行的书评承认，才算成功。按照西方学术制度，一本书出版了，并不表示你已成功。最重要的是看学术界的反应及该研究对人文学科有无影响，主要体现就是看书评的褒贬。有影响力的书，都会有不少书评，有书评的承认，这本专著才算成功。书评在西方，尤其是美国特别发达。著名的史学杂志《美国历史评论》发表的学术论文很少，绝大多数篇幅是书评，而书评是作者和出版社都不能左右的。任何一个杂志都有所谓的书评编辑，专门负责邀请这个学科的重要学者对出版的专著做出评论，评得好或坏很难有人对之进行人为操作，这也是为什么西方学术研究的基础非常扎实的原因。另外比较好的大学出版社也很少有重复作业，很少发表没有任何学术创见的论著，这一点中国学术界应当引以为借鉴。

我们都知道，学术生命的底线是自由思想，一个没有自由思想的学问实际上是无根的学问。一颗种子若不能生根发芽，如何长成参天大树？无根的学问不可能将真正的学术发扬光大。我们也清楚，做学问，不能急功近利，尤其是历史这门学科是一分耕耘，一分收获。历史学者不坐冷板凳，不踏踏实实地去收集档案和资料，并吃透既有的学术成果，是很难写出独创性的研究著作的。我们还需要良好的学术环境。没有健全和公平的考察机制，高校不仅会沦为近亲繁殖的温床，更可能导致黄钟毁弃，瓦釜雷鸣，导致一个劣胜优败的逆淘汰制度，造成谁占有学术资源和行政资源，谁就可以用劣质产品来替代优质产品的可悲局面。

在结束“写书记”部分之前，我还要郑重对哈佛大学的瑞德克丽芙高等研究院表示感谢。除了我的《中国与大战》和《奥林匹克之梦》两本书和其没有太大关联之外，后面几本书都受惠于研究院良多。《华工与大战》完全是在研究院的庇护之下写成的。2008 年秋我到哈佛瑞德克丽芙高等研究院做研究员时，院方不但提供充足的研究经费，甚至给我派了四个研究助手。《中国人与美国人：一个共有的历史》以及《亚洲与大战：一个共有的历史》也是在研究院慷慨大度邀请我借助其举世无匹的研究条件，并为我提供研究助手之下，我才得以在 2013、2014 和 2016 年三个暑期躲在研究院全力撰写书稿。2018 年暑假我会再回到研究院，

集中全力撰写我的 *I dea of china* 一书，这本书稿已经写了好几年，应该杀青了。无论如何，哈佛大学的高研院都是本书完稿的最佳场所及风水宝地。

大家都知道哈佛大学，其建立于 1636 年，历史比美国建国史还悠久得多。但大多数人可能不熟悉瑞德克丽芙高等研究院，其建立于 1999 年。过去是瑞德克丽芙学院，为哈佛大学的女校。到 20 世纪 90 年代女校正式与哈佛学院（男校）合并之后，才脱胎成为瑞德克丽芙高等研究院。尽管其历史不长，但有成为哈佛皇冠上的明珠之势。现任哈佛校长 Drew Gilpin Faust 就是高等研究院的前院长。高等研究院下属的 Schlesinger Library 是世界上最好的妇女研究图书馆，珍藏无数女性作者的手稿、档案及文件。高等研究院的研究员遴选极其严格，因为女校背景的缘故，尤其重视女性申请者。研究员的遴选范围广泛，有作家、音乐家、剧作家，申请者的研究领域也包括了从天文地理、人文学科到医学、理工科等几乎所有学科。但因研究院每年只接受 50 名左右的研究员，其中不少名额还是为哈佛自己的教授所获得，因此申请人成功率经常不到 5%，比哈佛本科生的录取率还低。所以，我对能有机会在哈佛高等研究院的长期庇护之下从事学术研究，实在是万分感激的。

我还要在此对哈佛大学出版社表示衷心的感谢。我的第二、第三、第四本英文专著都是在该社出版的。第六本英文著作也已同哈佛大学出版社签有出版合同。可以说我的学术人生无论是读书也好、写书也罢，乃至教书生涯的开始都与哈佛有不可分割的密切联系。

第三记 一 教书记

女儿眼中的我的生活

哈佛的“执教”生涯

我大学虽然上的是安徽师大，但除了大三实习时在黄山脚下的屯溪教了初中生几个月的历史外，实际上没有什么教书经验。在南开时，我虽是教师，但在研究所工作，专门做研究，没有教学任务，所以我真正的教学是在美国开始的。事实上，我真正的教学经验是在哈佛做学生时学到的。“教学相长”可谓真正体现在我的这一经历中了。

哈佛的大牌教授，都必须给本科生上课，在 20 世纪 90 年代哈佛本科生每年要编一本 *Q Guide* 给老师和课程打分。哈佛学生个个自认为是天之骄子，给老师打分极严，经常给老师打分说：“干巴巴”，“不会教课”，等等。其实，据我的观察，绝大多数哈佛教授教书都是准备充分的。助教和教授在教好课一事上是利益共同体，必须同舟共济，因为一门课的成败有赖于双方的密切合作。所以哈佛老师通常都不遗余力地向助教传授教学经验，传经送宝，倾囊相授，并和助教关系很密切。

在教学上哈佛的做法是教授教大课，即修读这门课的所有学生坐在一个大教室里，有时数百学生选同一门课，由教授来讲课。老师在上面有时就像表演和做报告。助教上小课，小课班人数一般一次不超过 20 人。一句话，在哈佛，教授上大课，助教教小课。哈佛教授可以在一门大课中给每 20 个学生雇一个助教，一个小班就是 20 个学生，由一名助教负责。如果一个教授的一门课有 100 个学生，他就可以为这门课雇五个助教了。助教的任务是为学生解答困惑并就重要问题同学生展开深入讨论，助教还得批改考试卷和批改作业，有时还要为学生写推荐信。助教因此同学生更熟，和学生的关系更密切，是教授和学生之间交流的桥梁和信使。哈佛助教的地位得天独厚，既得到教授的信任和毫无保留的传经送宝，又和天之骄子的哈佛本科生打成一片，了解他们的痛苦和快乐。哈佛课堂的气氛非常活泼，这和不同背景下的助教的整体素质有关。这些助教大多训练有素、阅历丰富，且都是经过教授精心挑选的。对像我这样的国际学生来说，助教经历能让我充分学习和领会教学相长的精神。外国学生当助教学到了如何和学生互动，如何让课堂教学有较好的效果，这也为他们将来在美国求生打下良好的基础。

我在哈佛的前四年有全额奖学金，不必交一分钱的学费。生活费比较宽裕，因此也不用打工。但在我通过博士资格考后，虽然不用交学费，奖学金却没有了，我必须开始考虑如何养家糊口了。当时最好的挣钱方法就是做助教。我是从 1994 年开始做助教的。哈佛历史系规定所有的博士生必须有做助教的经验，我因为想在美国谋生，就想在教学上有所突破，所以一心想多增加点教学经验。结果我在哈佛前后教了四年书。我首先申请的是做马若德教授的助教。虽然我过去从未直接同马若德教授打过交道，但我早已风闻他的“文革史”在哈佛可是一门极受本科生欢迎的课，所以要雇的助教应该很多。这门课通常有 200 多个学生注册。

每20个学生可雇一个助教，那么这门课等于要有十个助教。于是1994年暑假我冒昧地给马若德教授写了一封电子信件，申请当其助教的工作。他很快就答复了，我得到了这份工作。

所以我在哈佛做助教的第一位教授便是马若德教授，他是哈佛大学知名中国问题专家，尤以中国“文化大革命”及起源史研究驰名天下。当年我们几个为其做助教的中国学生在背后常以“老马”呼之。不知者尚以为我们在说一个地道中国学者，谁知老马实乃出身英国贵族家庭的一位人高马大之洋人。如果我还算是一个会教书的好老师的话，其实许多经验都是从老马这儿学的。

老马是一个传奇人物。20世纪50年代他在哈佛取得硕士学位，然后回到英国，有一段时间甚至当了BBC的节目主持人。老马不仅出身贵族，且长得一表人才，有很敏锐的观察力和分析力。他在70年代就以记者身份接触过中共高级领导人。老马在未进哈佛教书前就对中国的政治很有见地，他后来成为西方屈指可数的“文革”专家，也和他曾在新闻媒体工作过有关。他对中国的政治人物有第一手的观察了解，这对许多西方学者和记者而言都是难得的机会，也为他后来研究中国政治打下一个他人所没有的得天独厚的基础。老马的另一传奇是他做过英国的工党议员。后来之所以回到哈佛是因70年代末他落选了，费正清教授便邀请他来哈佛教书。还有一个传奇是，现在英国有个杂志《中国研究季刊》就是老马发起的。他不仅是该杂志的创办人，而且做过多年编辑。

老马是天才教师。作为他的助教，我们不仅要听他所有的大课，然后教自己的小班，更有机会一周一次与他共进工作午餐，听他无私分享教书的真经及如何让学生对自己的课真正感兴趣。他具有一般人所没有的很多特质，风流倜傥，能言善辩。这些都是不少人所缺乏的，我也只能心向往之。老马教书口若悬河，然而他确实准备充分。老马尽管是天才教师，对“文革”“天安门”这类课也教得滚瓜烂熟，但每次上课前他都要精心准备一番。记得有一天上课前，不知有什么急事我要到老马办公室找他，没有预约。到他办公室门前时，听到里面老马大声预演他当天要上的课。难怪上课时老马从不看讲稿，但却讲得丝丝入扣，恰到好处。原来功夫尽在用心，天才也并不是天生的。

给老马当助教，在经济上解了燃眉之急，使我无后顾之忧。其时老马的“文革”一课极其叫座，做他的助教可以说成了我的笃定铁饭碗。只要我一日不从哈佛毕业，我就吃定它了。

在老马那里，我不仅得到我来美国后的第一份教职，更重要的是我学到了如何“教”和“学”，我从老马处学得了不少真经。一是如要学生感兴趣，自己先要真正投入。记得在教“文革”那门课时，老马告诉我们他要领学生高喊口号“毛主席万岁”，以便让学生感觉到“文革”时的狂热及对毛主席的崇拜。他让我们几个助教届时分散坐在 Sanders Theatre 大礼堂的四周（1998 年江泽民主席访问美国时，曾在此向哈佛师生发表演讲），到时候他带头先喊，让我们助教立即呼应，最终促成几百名学生一起大喊“毛主席万岁”的热闹场面出现！要知道我出生安徽穷乡僻壤，“文革”时我尚年幼，加上天生反感个人崇拜，从来没有真正喊过此一口号。老马大概意识到我这种人的心理障碍，提前给我们打预防针，说我们只要跟着他喊就行，他都不怕丢脸，我们怕什么。那天上大课时，老马提前在黑板上写好“毛主席万岁”几个字的中文发音提示。等讲到该喊口号时，老马眼睛一扫我们几个助教，然后振臂高呼：“毛主席万岁!”果然不出老马所料，在老马及我们几个助教的表演配合下，学生们热情洋溢，全体投入到高呼“毛主席万岁”的狂热中。几年后，每当遇见过去的哈佛学生，当他们知道我是此课的助教时，都会跟我提及他们对老马课堂上此一情节记忆犹新，终生难忘。想起来可笑的是，我也是在哈佛的讲堂里平生第一次高呼“毛主席万岁”的。另外，老马对学生试卷的评分非常仔细，力求公正。学生考试的时候，老马担心评分标准不一，会精心准备一份答案提要，让大家有一个共同标准，他的助教们便按照这份标准答案来评判试卷。

从1994年起到1999年我从哈佛毕业，我几乎每年都给老马做助教，帮他几次教过“天安门”“文革”两门大课，乃至成为“比较革命”这一高级选修课的唯一助教。该课无疑是老马精心准备的课程，比较中、俄、古巴、越南四国共产革命的异同。阅读量大，极具挑战。大概只有不到30个学生选修了此课。这门课对老师是吃力不讨好，对学生是学分难拿。好像老马教了一两次此课后，就不再教了。我的大泼冷水及经常打学生小报告似乎也起了一些作用。中国有句古话，“对牛弹琴”，聪明如哈佛本科生者，有时也让人感到有朽木不可雕之叹。对教书育人一片赤诚的老马一定感到有点失落吧。

从老马身上学到的另一个令我终身受益的是教师如何在教学时充分发挥和利用想象的力量。2012年在美国共和党提名总统候选人大会上，好莱坞影星Clint Eastwood表演了把空椅子当作奥巴马总统的模拟对话及辩论。老马在教学中也多次用过这一招数。我个人认为他的表演才华远远超过Eastwood。记得在上“天安门”一课时，在评价邓小平和毛泽东对中国历史的功与过时，老马坐在讲台上，表演了毛邓二人在天堂上的一场精彩对话。老马一会儿表演毛，一会儿表演邓，用他的天生口才及对中国政治历史极其透彻的理解，将不同时代的中国生动展现在学生面前，让学生张开想象的翅膀，充分满足了学子们的学术好奇心，至今想起来仍让人回味无穷。

有大师如老马为榜样，我在自己也真正始为人师时，时常不敢懈怠。我从老马处不仅学到了“教”和“学”的几本真经，更重要的是学到了对教学的认真态度。如果我今天能算作一名称职的教师的话，老马是“功不可没”的。我一出道就有老马这样的名师倾囊相授，真是三生有幸的事！

杜甫诗云，“古来存老马，不必取长途”，取“老马识途”之意。我之所以在这里一再称老马而不是马老师或马教授，不仅因为其亲切，能真实表达我所感受到的老马对中国学生的真情，更重要的还是因为这“老马识途”的掌故。老马对我来说是一位真正识途的老马，老马甚至还指导我如何做父母。2008 年我重回哈佛担任瑞德克丽芙高等研究院的研究员时，研究院非常大方，愿意出搬家费，但我当时还是只身就任。老马问为何不把孩子们一起带来，我答曰：“孩子不愿离开老地方，因为他们的朋友都在那。”老马马上一本正经地教训我说：“对孩子还是要强迫的，他们的适应能力其实非常强。”搬家这种事根本不会影响他们的。2011 年在香港时打算搬一次家，同孩子们一商量便遭到他们一致反对。但我立即想起老马的民主集中制的告诫，仍决计搬。老马实在英明，搬家后孩子们很快就喜欢上了新的住所，忘记了他们当初的不愿意。这虽然是题外话，但也充分反映出老马教授和他的助教之间的友谊。

老马 1932 年生，现已 80 多岁了。我有幸每年都有机会见到他，向他请教。衷心希望老马继续老骥伏枥，继续为中国学术发展，为学子的不断成长，为东西方中国研究的不断进步，奋蹄扬鞭，勇往直前。2012年9月初，毕业于哈佛大学政府系的裴敏欣先生突来电子邮件，称10月老马的"'文革'起源三部曲"中文版在香港全部出齐，香港中文大学借机将举行庆祝大会，老马本人也将于2012年10月29日在中文大学发表正式演讲。裴兄以学长之尊召集老马天下弟子及友人届时到香港一聚，为老马捧场祝贺。我不敢自称老马的正式学生，因为我在哈佛时属于历史系，也从未为学分上过老马的课，但我可以负责任地说，我受惠于老马的教诲不比老马的正式学生少，也许还要更多。老马对我有大恩大德。先哲云，有事弟子服其劳。我理应响应裴兄的召唤，为老马的至高学术贡献，为老马的光临香港，略尽微薄之力。再说，我目前正在香港大学任教，属于地主之列，为老马的光临更应尽地主之谊。但遗憾的是，我无法出席10月29日的庆典，因为届时我身在都柏林，由于诸多提前做好的安排，实在分身乏术，无法返港。我只好请老马原谅我的缺席，并请裴兄代读一篇祝贺文章，聊记老马对一个素昧平生的中国学生的恩典及教诲。

在哈佛写博士论文那几年，我好像很适合做助教，乐此不疲，自我感觉也做得很好。除成为老马的御用助教外，我还给柯伟林、包弼德合教的中国通史，给梅教授和越南裔的Hue－Tam Ho Tai教授合教的越南战争等哈佛核心课程做过助教，也在东亚系做过本科生毕业论文的导师。梅教授绝对是那种让人一看就感觉其聪明过人的学者，教学效果也相当不错。他讲课时常穿插一些风趣的故事，令人难忘。我在自己教书时不时借用从他那学来的经，包括他讲的故事，也颇得学生的好感，屡试不爽。记得我在做他的“越南战争”一课的助教时，因哈佛学生都是自命不凡之辈，偶尔会因为我记不起他们的尊姓大名而抱怨。有一天梅教授和我吃中饭时，我就问他有没有什么方法可以帮助我记住学生的名字，梅教授听后呵呵一笑，说他自己也记不住学生的名字。他对我说，如果下次学生再抱怨，你就说我们是历史学家，最擅长的是记死人的名字（“I am a historian and only good at memorizing dead people's names.”）。后来学生再抱怨时，我就真的以此作答，学生以后也就不敢再抱怨了。梅教授于 2009 年 6 月去世，我去参加他的追悼会，会上有好几个人都提到梅教授记不住学生名字时所用的这句“金玉良言”。有一次他给美国政要上课，他第一句话就说，很抱歉我记不住大家的名字，因我是历史学家，我记的是死人的名字。

梅教授因是美国政府的资深顾问，熟悉五角大楼的决策人士，对美国政府内幕极其清楚，所以讲课中常穿插很多好玩的故事。他甚至说有些参与越战决策的人士连越南在地图上的位置都不知道，学生们听了都目瞪口呆。有很多在书本上读不到的故事，由他娓娓道来，非常引人入胜。有一次他讲越南战争的决策过程，他着意模仿美国总统约翰逊。我们平时看到梅教授都是西装革履的，但那天他却一身牛仔打扮，头戴牛仔帽，身穿牛仔服，脚蹬马靴。因模仿约翰逊，他那天上课满口粗话，因为约翰逊就是这种讲话风格，听说约翰逊还会当着女助手的面撒尿。约翰逊有一次从白宫给自己的裁缝打电话，要定做一条裤子，他告诉裁缝他要裤裆特别大，好让自己舒舒服服。学生都听得津津有味。梅教授平日不苟言笑，那天则是脚蹬马靴、满口粗话地表演，真是为了让学生有历史的真实感而不惜放下自己的身段。梅教授对我们言传身教，要我们这群助教在教小班时也要会讲故事，要让学生上课时不仅学到知识，还有乐趣。梅教授上越南战争这门课时，有时会找一些政府高官来现身说法。例如，他曾找了位前中央情报局情报人员来讲美国政府所知道的关于越南的情报。这样学生们不仅看到梅教授作为学者心目中的越南战争，而且有机会了解政府的观点和亲身经历者与决策参与者的看法，真是栩栩如生的上课方式。

我也给柯伟林和包弼德的哈佛中国历史经典课程做过助教。包弼德讲授古代到清朝，柯伟林讲近现代。我每周必须和他们两人一同吃一顿午餐，讨论学生读书和教学的情况。这两位老师在教学上也都是天才型的，他们很清楚学生对哪些内容感兴趣，对哪些内容不感兴趣。包弼德上课有件事特别令人难忘，就是有节课他会带学生唱吟“四书”中的《大学》。包弼德当年在台湾和一位清朝贵族后裔（人称毓老）学过“四书”“五经”，等于是上私塾一样的。包弼德是一个长得高高大大的洋人，他在课堂上摇头晃脑地唱着“大学之道，在明明德，在亲民，在止于至善”，唱念俱佳，活灵活现，让我至今难忘。柯伟林也有拿手好戏，他在讲毛泽东和“文革”时期的样板戏时，能充分利用他的助教的专长。例如我们有位助教陈时伟，革命京剧唱得很好，每当讲到“文革”样板戏时，柯伟林手一指，陈时伟就站起来高唱一曲，也许学生们一句也听不懂，但可以充分感受到那种气氛。

按照哈佛当时的规定，在读博士生每星期的授课时间不得超过 4 个小时。我有一年似乎特别抢手，在答应接受东亚系学生论文指导一职后（好像属于一个钟点的工作，实际上是指导一位本科生写有关中美关系史的毕业论文），又接受了每周 4 个钟点的授课量。结果，这门论文指导的工作在经济上等于白做了，因为超过了工作量。我当时明知是尽义务，还是不辞其劳，自愿辅导这位优秀学生，心里也没有任何被哈佛剥削的愤怒之感。

当时在哈佛做助教的待遇十分优厚。我记得每星期 1 小时的课，哈佛当时付的月薪最高时达 700 美金左右。我经常满负荷，一周 4 个小时的助教工作，这样每月有将近 3000 美金的月薪。况且当时我是来自中国的国际学生，而当时中国学生的奖学金收入是不必交税的，所以做助教挣得的收入悉数放在口袋里。我又先后住在学校宿舍或租金便宜的地方，加上太太的工作收入，足够打发家里日常开销，因此我 1999 年离开哈佛时银行里差不多存有十万美金的现金。美国学生毕业时大都债台高筑，而我毕业时难得还有存款。我找到正式工作后买第一部车就是现金付款，卖车的人还以为我是富翁呢。博士毕业后我的第一份正式工作是美国一个很好的私立学院的所谓“讲座”教席，薪水不算低，但其后因购房、购第二部车及三个孩子与日俱增的开销，随着工作地位的提高，经济地位却开始直线下降，最终成为银行的欠款户，真好像“王小二过年，一年不如一年”。当我需要买第二部车时，我已经工作了两三年，却必须借大笔贷款才能买。说来真是可笑、可恨和可气！

除在哈佛教书外，在从哈佛毕业的前半年（1999），我还在麻省 Norton 小城的 Wheaton College 教了一学期书。美国有两个都叫 Wheaton College 的文理学院，除了麻省的这个，在伊利诺伊州芝加哥郊区也有一个 Wheaton College。这份工作并不是我找的，而是自动送上门来的。当时该校一位历史教授休学术假，历史系急需一位代课教师。他们通过我的老师柯伟林教授找到我，特别希望我能去。盛情难却，我只好勉为其难。历史系主任特别客气，同意我两门课在每个星期的同一天上。并专门安排住在哈佛所在地剑桥的 Wheaton College 的一位老师在我需要到校那天，开车来去时顺便把我带上。Wheaton College 的教书生涯因此成为我在美国教书的另一个有趣的经历。

在美国正式执掌教鞭

前面提到，我到哈佛读书时，哈佛历史系平均拿博士学位的时间至少 10 年，我于 1991 年春报到上课，到 1999 年春天毕业，才“八年抗战”而已。我还长时间在哈佛的国际问题研究中心做研究生级别的研究员，并且有自己的办公室。我自 1994 年开始为哈佛几位大师级教授做助教，可谓财源滚滚，加之以学生身份享受哈佛世界一流图书馆及讲座，我当时真的是乐不思蜀，毫无必须马上毕业的压力。更重要的是我从这些真正的大师身上取得不少真经，学到不少教学方法和技巧，这对日后我在美国以教书谋生，是一种实实在在的帮助。只是因为怕自己的孩子觉得爸爸在哈佛念了两个世纪的书才毕业，觉得很不光彩，我才赶在 1999 年毕业，总不能等到 21 世纪开头才毕业吧。所以我终于在跨入 21 世纪前的 1999 年告别了哈佛的学生生涯。

要毕业，就要找工作。为老马做了好几年助教，我不仅把他当成我的“mentor”，更当成我的朋友，当成能真诚指点迷津的“诤友”，所以我当然找老马问前程。老马说，你有三个选择：做学问，赚钱，还是要呼风唤雨做官。做学问，老实待在美国；要赚钱，到香港教书，因为香港的薪水高；要想吆三喝四，回中国，在那里有做官的可能。老马之识途，由此可见一斑。得到老马的“三句箴言”后，我坚定了在美国教书的信心，决定在美国“教书育人”。

1999年我找工作时，整个美国就业市场环境不好，历史专业毕业的学生很多人找不到事做，若有学校要人，也经常是两三百个人竞争一个位置。入江昭教授在其学术自传《我与历史有个约会》中，也提到他的一位优秀的芝加哥大学博士生毕业后很长时间未能找到教授工作，不得已开了整整一年出租车维持生计。身为外国学生，我还面临签证问题，连开出租车的机会都不可能有。在美国找大学历史方面的教职有几个步骤，其一是看哪儿聘人，然后送求职信和简历，说明自己是这一职位最合适的人，以及为什么对这个工作有兴趣。美国历史学会每年1月初开年会，如果用人单位对你感兴趣，通常会邀请候选人到这个年会上进行“年会面试”，一次可能面试七八个人。然后再选两到三个人进入校园面试，即到学校去面试。在学校面试一般是要试讲的，求职者会有一次试讲并同学校和系里的负责人见面。

记得我“八年抗战”终于获得哈佛博士学位后，为了找工作，我同时申请了美国史及中国史方面的教职。因为我在哈佛的正式专业为美国史，博士资格考试的四个专业又分别包括美国史（梅教授主考），美国史/国际史（入江昭主考），中国近代史（柯伟林主考）和中国古代史（包弼德主考）。我的博士论文的三位指导老师中有两位为美国史专家，即入江昭先生及梅教授。第三位是哈佛中国近现代史专家柯伟林教授。博士论文是关于中国与第一次世界大战及兼顾中美关系历史，因此我毕业找工作时就打算在这两个行当都碰碰运气。当时由于美国史专业职位僧多粥少，要人学校少且大多处于偏僻地方，竞争尤其激烈。在 20 世纪 90 年代的美国，时常听说一个美国史的教职，会有多至几百人竞争。我工作后参加了我所在学院的美国史教职的遴选委员会，也发现我们一个美国史教职的助理教授位置，竟然吸引了 300 多份求职信，其中不少是极其优秀的学者。现在想来，我在 1999 年申请美国史位置的求职申请大多泥牛入海就完全在情理之中了。

幸运的是，一些大学对我受过美国史及中国史两个学科双重训练的背景似乎很感兴趣，另外我好像还会教书，因此垂青于我，很快给我寄来了聘书。我比较各校的条件后，最终将目标锁定在两个学校。一是当时加拿大的一流研究型大学、声誉极佳的皇后大学（Queen's University）。其在 1999 年加拿大著名杂志 *Maclean's* 上的排名好像是第一，超过了多伦多大学。皇后大学聘任教师可谓严格。记得我去面试时，全系 20 多位教授围成一圈，每个人都带着提前商量和准备好的问题，将我围坐在中间进行面试。因有两位教授在国外不能出席，我的面试还要录音，以备他们查考。由于我的表现不错，加上给我工作的其他几个学校一直催我早日定夺，Queen's University 便以最快速度做出决定，正式聘任我为 tenure—track 助理教授，并愿意提供 50 万加元为学校图书馆购置我想要的图书。我感兴趣的另一所学校是位于密歇根州的著名文理学院 Kalamazoo College。该校是以永久性讲座头衔聘我的，而且我是该讲座的第一个座主。

两校性质完全不同，一个是研究型大学，对我的就任极其重视且寄望很大。另一个为侧重本科教学的文理学院，但有讲座头衔。我不禁踌躇起来，因为选哪里都有利有弊。Queen's University 名气大，侧重研究，如果能生存下来，就算名校教授了。但如果我到加拿大，尽管 Queen's University 给我的工资很高，但交的税也高。我算了一下，我工资的 51%将会用来交税。在加拿大买房子的贷款不能抵税，Kingston 的房子又很贵，我有三个孩子，必须买大房子，这样看来，我的经济条件不会很好。另外，Queen's University 在加拿大是名牌大学，我去之后必须全力建立该校 Modern China 这个学科。作为新教师又要兼顾学科发展，又要养家糊口，又要出人头地，我觉得压力很大。

我孤陋寡闻，在申请教职之前，从未听说过 Kalamazoo College 或 Kalamazoo。后来才知道 Kalamazoo 这一地方还很有名，1942 年好莱坞电影 *Orchestra Wives* 里有一首歌 *I got a gal in Kalamazoo* 在美国非常出名。有几句歌词是这样的："A，B，C，D，E，F，G，H，I got a gal in Kalamazoo. Don't want to boast but I know she's the toast of Kalamazoo。"但申请工作时我并不知道这些，只是因为看到该校聘人，就漫天撒网，送了投名状，没想到一炮打响。

先说一下美国的高校体制。美国的大学系统主要分三类，第一类是所谓的研究型私立大学，像哈佛或耶鲁，虽是私立学校，但名气响亮。第二类是公立大学，像柏克莱、密歇根、威斯康星这种公立大学，也以研究为主。第三类就是私立文理学院，这类学校通常只收本科生，讲求精英教育。密歇根州的 Kalamazoo College 就属这类文理学院。它只收本科生，但学生特别优秀，课堂师生比例很小，学生和教师的比例是 10：1。美国许多名人出身于这种小而精的文理学院，如 2016 年民主党的总统候选人希拉里·克林顿和大名鼎鼎的宋美龄就毕业于位于麻省的卫斯理女校，苹果公司创始人乔布斯曾就学于 Reed College。研究型大学和文理学院的最大区别就是前者重研究，后者重教学。

美国的优秀文理学院和著名研究型大学一样均属一流，在美国社会受到同等尊重和承认，只不过分工各有不同。顾名思义，研究型大学侧重研究生培养及高端研究，文理学院则在本科教育方面的质量比名牌研究大学甚至还更胜一筹。许多一流文理学院毕业生在就职或申请研究生院时比起名牌研究型大学毕业的本科学生来说不但没有劣势，在很多情况下更受青睐。理由很简单，因为他们接受了一流的优秀本科教育。我也奉劝国内学子及家长在考虑就读美国学校时，千万不要忽视美国的文理学院。对于国内学子来说，窃以为文理学院可能为更好选择，因为它们更重视对学生的因材施教及个人关注。和国内的许多人一样，我当时也对美国的文理学院了解甚微。

在研究型大学工作尤其要有专著，研究成果最好以独创思想见长。它的评鉴很简单，如果你得到的位置是终身职，美国一般是先给受聘者三年合同，如果这三年你生存下来了，合同会再续，到第六年或第七年校方还不想解雇你的话，就会给你终身职，不给你就得走人。研究型大学或非研究型大学对终身评估都有三方面的考量，即研究、教学和服务。研究型大学视研究为第一，教学型学校则是教学第一。但无论如何，这三大要素都很重要。研究型大学拿终身职，一般是凭出版博士论文。美国学界的“不出版，即淘汰”，显现的是对学术的一种敬业态度，研究是学者的身家性命，是一辈子的事。在非研究型的大学任职可能发表几篇论文就足以获得终身职了，但在教学上一定要过得硬。就整体而言，美国的评鉴机制相当公正、透明，有多年积累的行之有效的规范程序。

当时为了了解美国大学内幕并为自己的决策做参考，我曾经仔细拜读过哈佛大学 Henry Rosovsky 在 1990 年出版的 *The University*：*An Owner's Manual* 一书。Rosovsky 是哈佛大学顶级教授，其头衔为 The Lewis P. and Linda L. Geyser University Professor。任何哈佛教授的头衔有别人姓名再加 University 字样，表示此人已到顶级，享有哈佛在学术上所能给予的最高荣耀。迄今为止，在哈佛能享此殊荣的可谓凤毛麟角。此外，Rosovsky 曾担任哈佛文理学院院长长达 11 年之久，其后还成为哈佛最高权力机构 Harvard Cooperation 成员。以其经历及阅历，他对美国的高校当然了如指掌，谈起来如数家珍。该书可谓任何一位要在大学生存及发展人士的必读著作。在有关研究生章节中，他写道，一位初出茅庐的博士寻找工作时如有选择，最好选择研究型大学。因为将来要从文理学院跳到研究型大学会很难。Rosovsky 在书中用黑体字写道，刚获博士学位者，“在挑选第一份工作时，应尽可能选最好的学校，即使这样的选择可能导致一时经济上的损失，即使意味着晋升的可能更为渺茫，也应在所不辞。”

此书的建议是要我到研究型大学了，但我还是举棋不定。不得已，问老师。我在做决定之前，自然前去征询入江昭及梅两位教授的意见。梅生于美国德克萨斯州，个性显然是心直口快，快人快语。听完我的处境后说，这根本不是问题，到研究型大学去，没有什么好考虑的。梅的看法实际上很有道理，他的说法与 Rosovsky 如出一辙。梅认为先去再说，因为要从不好的学校跳槽不容易。入江昭教授在我征询他的意见时同样斩钉截铁：谢绝研究型大学，到那个给我讲座头衔的文理学院去。但他并未给出详细理由，只说这是一所好学校。我也不敢多问，两个我最信任的老师的建议还是没给我解决难题。但可以肯定的是，如果入江昭教授也鼓励我到 Queen's University 的话，我无疑会做此选择的，但他给出了相反的建议。

几经挣扎和反复之后，我最终选择到密歇根州的文理学院任教。之所以选择 Kalamazoo College 是出于几个考虑：第一，它提供一个 endowed chair 的讲座头衔，我是该校第八个所谓有 endowed chair 的人。我倒不是追求虚荣，但讲座教授的好处是每年有固定的研究经费，因而我不必再花时间和精力去申请经费；经费由我自己控制，不受其他任何人支配，同时我也不会遭人嫉妒，因为研究经费是属于这个讲座职位的。第二，Kalamazoo College 位于密歇根州的一个小城，这个地方物价很便宜，比较安定，适合孩子尚小的家庭居住。另外我听说它还有自己品牌的啤酒。Kalamazoo College 以教学为主，又有研究经费，我在那里进可攻，退可守，进退自如。如果我有动力做研究，有固定研究经费为后盾；如果我喜欢纯教学生涯，因这是一个 endowed chair，被解雇的机会也比较小。最关键的是这地方物价很便宜，我可以买得起大房子。还有就是我个人秉性是那种“宁为鸡头，不为牛后”的人，与其守在高消费地区的名牌大学，给人当牛做马的使唤，又是银行的奴隶，倒不如到一个小学校去呼风唤雨，不受人支配。所以如果为了留在研究型大学而不惜做牛做马七八年，非徐某人性格。此外，对入江昭教授的信任也是我选择此文理学院的一个重要原因。当然，不按常规出牌及逆向思维也是本人性格之一。阿 Q 精神可能也扮演了一定角色。要知道在当时能找到一份所谓有终身职的美国人文学科教职已经相当不容易了，何况刚毕业就能找到有讲座头衔的可成为终身职教职！走在难于上青天的“蜀道”上，这实在是可遇不可求的机会。博士一毕业就得到这样的职位，不仅在当年哈佛历史系未有第二例，可能在全美也是不多见的。我当时自信地认为，如果我能做出研究成绩，不管在哪里，哪怕是在文理学院，将来也会有出人头地或者跳槽的机会。如果我做不出很好的研究成绩，那么即使在研究型大学也是滥竽充数，日子难免不好过。苟如此，不如留在文理学院教书育人，同时不但不受资深教授及银行欺辱，还可享受住美国豪宅的待遇，不可谓不是上策。但假如没有入江昭教授坚定的直言建议，我可能还会为最后抉择煞费周折。

如果说我 1991 年阴差阳错地投到入江昭教授门下攻读博士学位是奠定我一生赖以谋生的学术基础的话，那么入江昭教授 1999 年在我因到哪里就业举棋不定时的一语定乾坤，则决定了我未来十年的安身立命之所。为感谢入江昭教授的教育和知遇之恩，我刚到 Kalamazoo College 不久，就联合我的同事 David Strauss 斗胆向校方提出赠予入江昭教授 Kalamazoo College 荣誉博士学位的建议。我的提议被历史系的资深同事附议，并得到校方的批准。2001 年入江昭教授到 Kalamazoo College 接受荣誉博士学位，并发表演讲。我代表学校撰写并致贺词，并在贺词中引用“桃李不言，下自成蹊”来描述他。在这篇贺词里我特别强调了入江昭教授的三大美德或贡献：一是真正意义上的“先生”；二是“桃李不言，下自成蹊”；三是一代宗师及国际史的开山鼻祖。当时忘记提的是他的第四大美德“学而不厌，诲人不倦”。这是孔子的自状，更是入江昭教授始终遵循的准则。按照北大老校长蔡元培先生的说法，孔子生日应为阳历 10 月 20 日，而这一天恰恰也是入江昭先生的生日。当年蔡元培等人赠给美国哲学家杜威“美国的孔子”之美称，我们则有一百个理由称入江昭先生为国际版的“孔子”。我在致辞时还开了入江昭教授的玩笑。我说：“几年前您给了我哈佛学位，我因此找到了一份好工作，我希望今天我们给您的学位也可以帮您找到一个好工作。”

入江昭先生在 Kalamazoo 时，我们有时间长谈，我问他为什么当初建议我到 Kalamazoo College 教书。因我对入江昭教授特别尊敬，他的建议对我至关重要，但我对入江昭教授为什么给我这个可以说是毋庸置疑的决断性的建议一直感到好奇。他究竟对这个我可能终老一生的文理学院知道多少？在闲谈中我才发现，他对这个学校不仅了解，而且入江昭夫妇还曾到该校做过学术研究。Kalamazoo College 建于 1883 年，曾经有好多日本学生来此求学，其中包括日本著名作家永井荷风。入江昭教授夫人的博士论文便是研究永井荷风，所以他们夫妇曾多次到 Kalamazoo 查找资料数据。入江昭教授夫人后来在 1990 年代还把永井荷风基于在 Kalamazoo College 的读书经历所写成的小说翻译成英文发表。此外，直到我前几年读入江昭教授自己的回忆录时，我才意识到他有很深的文理学院情结。入江昭教授在美国读本科时是在距费城不远的一个文理学院（Haverford College）读的，因此他对文理学院的优越之处有深刻的个人体会，一辈子念念不忘。我真是非常庆幸有入江昭教授在我找工作的关键时刻能为我规划出一个最佳选择。

来到 Kalamazoo College 后，我觉得我的选择是对的。作为密歇根学费最贵的学校，这里的学生极其优秀。孟子曰：“人之患，在好为人师。”孟子还说，君子有三乐，其中一乐即是“得天下英才而教育之”。我就有这种“患”和“乐”。我喜欢教书，尤其喜欢教聪明的学生。Kalamazoo College 还有一个开风气之先的地方，就是它的 K－Plan。早在 1960 年代

Kalamazoo College 就开始重视送学生到国外学习，学生在国外学习的时间从半年到一年不等。其 80%的学生都有海外游学的背景。记得 2003 年我就任 Kalamazoo College 的 International Studies Committee 主席时，Kalamazoo College 的 Study Abroad Program 被《美国新闻与世界报道》杂志评为 2003 年全美大学第一。现在似乎全世界所有学校都已意识到海外游学背景的重要，但 Kalamazoo College 早就独领风骚几十年了。

Kalamazoo 小城尽管不大，但也有两所大学，除 Kalamazoo College 外，西密歇根大学也坐落在此，两个学校一墙之隔。世界著名的制药公司 The Upjohn Company 和 Pfizer，Inc. 都曾在 Kalamazoo 立足。我在 Kalamazoo 期间，有不少来自中国的科学家在 Kalamazoo 为 Pfizer，Inc. 工作。

我在 Kalamazoo College 的讲座职叫陈文昭讲座教授。陈文昭先生，山西人，军人出身。“二战”期间被国民政府派到美国读书，后留在美国工作。他长期担任 Kalamazoo College 的副校长并一度代理过校长，德高望重，深受校友和社区尊重。他退休时，Kalamazoo College 特地设立永久性陈文昭讲座教授一席，以示表彰和纪念。我到校后，陈先生夫妇对我照顾有加，为我在学校和社区站稳脚跟不遗余力。每年的 7 月他都邀请我们一家吃饭，为我们都出生于 7 月的三个孩子过生日。通过他的引荐，我还认识了当时任西密歇根大学教务长的 Tim Light 教授和当地著名皮肤科大夫兼书画家王闻善先生等。因为陈文昭先生的郑重推荐，他们都对我以朋友视之。Light 教授为著名汉学家，中文极好。因为继承了大笔遗产，家境殷实。他曾经当过 Kalamazoo College 的教务长，对 Kalamazoo College 极有感情。当他后来得知我可能离开 Kalamazoo College 时，曾托其夫人问我，怎样才能留住我，他可以尽一切努力。只是当时我主意已定，覆水难收了。但对他们的深情厚谊我还是特别感激的。

同事和校方对我也很尊重。我刚到 Kalamazoo College 报到时，即发现我的办公室里有校长 Jimmy Jones 送的一瓶高档法国葡萄酒，并附有卡片，竭诚欢迎我到 Kalamazoo College 工作。我 2005 年评铁饭碗时，教务长 Gregory Mahler 和校长 Bernard S. Palchick 不仅在董事会 3 月投票前的 2005 年初即双双告诉我他们已正式向董事会推荐我获终身教职，Mahler 还在董事会正式通过后的现场，立即给我打电话报喜。校长 Bernard S. Palchick 在给我的正式信件中告诉我，在 2005 年 3 月 12 日上午 8 点 54 分董事会一致通过我的终身教职申请，并在信中写道："Again, I will cherish your well－deserved promotion as a high point of my watch." 意思是说，我名至实归的晋升和获得铁饭碗是他做学院代理校长的一个亮点。学院院刊 *Lux Esto* 和学生报纸 *the Index* 对我获得终

陈文昭夫妇与我的三个孩子

身教职均以头版显著位置加以报道。

我在 Kalamazoo College 10 年，可谓如鱼得水，过得很愉快。学院和小城对我都礼遇有加。2008 年我的《奥林匹克之梦》一书出版后，城市报纸 *Kalamazoo Gazette* 在头版以最显著位置加以报道。不过陈文昭先生一直有个担心，他老人家几次对我说："Kalamazoo is a small pond, you are a big fish."翻译成中文就是说，"你终究是一条大鱼，此地是一个小水塘，迟早会容不下你。"他预计我可能会离开。诚如陈先生的预见，我在 2009 年真的离开了。

移师香港大学

尽管我在追寻“一战”资料时来过香港，后来又于2007年夏到香港中文大学住了三个月，但我从未想过会到香港工作，来香港工作完全是意外的。前面提到1999年我找工作的时候老马建议，要钱的话到香港去，而我选择了留在美国教书。好像是2007年底，香港大学中文学院在全球招聘教师，希望我应聘。我的哈佛同学John Carroll专攻香港史，那时已在香港大学历史系任教，我就向他征求意见。John告诉我，如果我愿意到香港工作，不如到港大历史系，因为历史系也要聘人。结果2008年初香港大学中文学院和历史系都给了我聘书，并希望我在2008年夏天就任。在仔细权衡之后，我回绝了中文学院的聘任，但也没有马上到历史系任职。因为我在2008年春被哈佛大学瑞德克丽芙高等研究院接受为2008—2009年度的住院研究员。这是一个非常难得的机会，我当然不想错过。

说实话，我当时对是否到香港工作，一直犹豫不定。一是考虑小孩的教育问题。我所居住的密歇根州的Portage小城有很好的学区，大女儿美茵不仅在此受到很好的中小学教育，在 2008 年申请美国大学时，如愿以偿被约翰·霍普金斯大学录取。美茵当时对医学感兴趣，约翰·霍普金斯大学则有最好的医学科目，她目前正在录取率极低的麻省大学医学院读书，徐家很快就会有一个悬壶济世和极具爱心的医生了。二女儿文歆和儿子文虎在 Portage 的学业也非常不错，他们都很喜欢自己的学校和同学，不愿意搬家。二是考虑我个人的学术前途。我很担心离开美国熟悉的学术环境可能不利于我以后的学术发展。第三，诚如前面已经提到过的，我很喜欢我当时任教的学校 Kalamazoo College。第四，我对香港的高等院校不熟，不知我是否能适应那里的环境。于是我向柯伟林教授征求意见。前面提到，柯伟林教授曾做过哈佛文理学院的院长，对国际高等教育包括香港高校了如指掌。柯伟林教授的意思是要我三思而后行，因为离开美国高校易，重返美国高校难。我对柯伟林教授的意见一向极其倚重，我对是否到香港就任更感左右为难了。到 2009 年 5 月，当我还在犹豫不决的时候，我未来的上司港大文学院院长 Kam Louie（雷金学）来到波士顿，我们好好聊了聊。Kam 虽是院长和著名学者，但给我留下极其厚道和坦诚的印象。他向我详细介绍了港大的情况，并告诉我港大不仅聘请了我，也同时聘请了另外一位历史学者李木兰（Louise Edwards）。如果我加盟进来，港大的历史研究实力就很雄厚了。

前面提到李木兰在 2008 年曾发表长篇文章，高度评价我的《中国与大战》一书，我虽从未与她谋面，但感觉她是知音，能和她共事，应该不会差。加上我在港大已经有了一个老朋友 John Carroll。Kam 的诚意显然打动了我，我很快做出决定：在 2009 年 6 月完成瑞德克丽芙高等研究院的研究员一职后即到港大赴任。

到香港后，为子女入学问题费力不少。不过幸运的是，我很快为文歆和文虎找到一个很好的国际学校，虽比美国学费贵很多，好在他们受到的教育还不错。文歆在 2013 年底被芝加哥大学提前录取，2014 年进入芝大读书。文虎也于 2016 年在香港高中毕业后，到他喜欢的加州大学圣地亚哥分校读书。文虎偏爱工程学科，该校的工程专业非常好，可谓两全其美，皆大欢喜。

港大历史系两位好友为作者过生日，并赠美酒

我个人到港大后，的确有一磨合期。我已习惯美国的高校制度，对港大源于英国的许多规定和制度并不能马上适应。港大的历史学者很多，但分散在不同的系和学院。不仅中文学院有历史专业和教师，外文学院也有不少历史学者，李木兰就属于此院。另外港大还有一个社会科学和人文研究所，目前由“台湾中央研究院”院士和前史语所研究员梁其姿任所长。梁教授本人就是历史学者，该所也聚集了一批历史学人。我所在的历史系专任教师并不太多，目前除我之外，其余乃清一色的“洋人”。

前面提到，我的适应力一直较强，我很快就在香港安定下来，享受在港大教书育人的生活。港大在亚洲和国际上都享有盛誉，在我决定到香港大学任职的2009年，港大在一个国际性排名中是世界第18位。香港学生必须是优秀生才有可能进港大，内地来的更是尖子，这里国际学生也很多。港大教师中有相当大一部分来自国外。在我写此章时已是2017年，理论上我可以成为香港永久居民了，只不过因为偷懒，还没有申请，但我会很快递交申请书。七年多以来，我对香港大学的认识越来越深，深深感到我成为香港居民和港大一员这一步是正确的。我目前的研究课题是"Idea of China"，香港正是我从事这一课题研究最好不过的地方。在这里各种文化交会，各种思想碰撞，这里既是中国和亚洲，又是世界。港大给自己的定位就是"亚洲的国际大学"。我的一位历史系同事Peter Cunich是港大校史专家，据他说，港大在1911年建立时，其目标就是"为中国和世界而立的大学"。我过去20余年生活在美国和西方，现在回到东方之珠香港，这为我近距离研究中国和观察亚洲提供了地理上的便利。

随着时间的推移，我对港大的历史也渐渐有所了解。香港大学与孙中山先生关系密切。孙中山是在香港西医书院（港大前身）受的教育。1923年应香港大学同学会邀请，孙中山曾在香港大学大礼堂（后来改称陆佑堂）用英文做公开演讲。在演讲中，孙中山提到自己过去在香港大学读书，声称自己的革命思想来源于香港和香港大学。回到港大，他说"我有如游子归家，因为香港与香港大学乃我知识之诞生地"。在港大校园荷花池畔立有中山先生铜像，旁边大楼悬挂的巨幅条幅就是孙中山的这句话。

香港大学也是第一个授予胡适荣誉博士学位的大学。1935年，为表彰胡适在建设文化中国方面的贡献和感谢胡适协助发展港大的中文学科，香港大学特颁发给胡适荣誉博士学位。港大校长在颁奖词中说道，颁发荣誉学位给胡适先生表明香港大学“要在中国的文化再造上发挥作用”。

港大也是中国著名学者朱光潜的母校。朱光潜和我是老乡，他 1923 年于港大本科毕业。在离开港大多年后的 1944 年，朱光潜深情回忆自己在港大的生活时这样写道：“一次欧战刚刚完结，教育部在几个高等师范学校里选送了二十名学生去香港大学学教育，我是其中一个。”对港大的点点滴滴，他几十年后仍念念不忘。他还这样回忆他的一位名叫辛博森的教授：“我的心坎里还深深映着你的影子。你是梅舍的舍监，英国文学教授，我的精神上的乳母。我跟你学英文诗，第一次读的是‘古舟之咏’，我自己看第一遍时，那位老水手射死海鸟的故事是多么干燥无味而且离奇可笑，可是经过你指点以后，它的音节和意象是多么美妙，前后穿插安排是多么妥帖！一个艺术家才能把一个平凡的世界点染成一个美妙的世界，一个有教书艺术的教授才能揭开表面平凡的世界，让蕴藏的美妙世界呈现出来。你对我曾造成这么一种奇迹。我后来进了你进过的学校——爱丁堡大学——就是因为我佩服你。”对于另一位港大教授奥穆先生，朱先生写道：“你种下了我爱好哲学的种子。你至今对于我还是个疑谜。牛津大学古典科的毕业生，香港法院的审判长，后来你回了英国，据郭洽周先生告诉我，你放下了独身的誓，结了婚，当了牧师。你的职业对于你是不伦不类。你是雅典时代的一个自由思想者，落在商业化的大英帝国，还缅想柏拉图、亚里士多德在学院里从容讲学论道的那种生活。”“校里没有希腊文的课程，你苦劝我到你家里跟你学，用汽车带我去，我学了几回终于不告而退。这两件事我于今想起面孔还要发烧。可是我可以告诉你，由于你的启发，这二十多年来，我时常在希腊文艺与哲学中吸取新鲜的源泉支持生命。我也曾学你，想竭我一点微薄的力量，设法使我的学生们珍视精神的价值。可是我教了十年的诗，还没有碰见一个人真正在诗里找到一个安顿身心的世界，最难除的是裴利斯丁（庸俗市民）的根性。我惭愧我的无能，我也开始了解你当时的寂寞。写到这里，不觉有些感伤不想再写下去。许多师友的面孔让我留在脑里，慢慢玩味吧！”

1944年，香港大学因日本人于1941年占领后，早已在日本的铁蹄之下关门了。朱光潜先生深情写道："香港大学，我的慈母，你呢？于今你所哺育的子女都星散了，你在那山峰的半腰，像一个没有鸟儿的空巢。你凭视海水闻到腥臭，你也一定有难言的寂寞！什么时候我们这群儿女可以回巢，来一次大团聚呢？让我们每一个人遥祝你早日恢复健康与自由。”

在港大读书的经历，对朱先生后来的学术人生十分重要，奠定了他一生教育活动和学术活动的方向。母校也没有忘记这位校友，为表彰其学术贡献，1985年香港大学授予他荣誉文学博士学位。

港大也是才女张爱玲的母校。1940年代，在港大读书。李安导演的电影《色戒》中，学生们演戏剧场的拍摄地便是在港大的陆佑堂。张爱玲正是在香港大学读书期间，激发了她的写作热情，并发表了她的处女作《天才梦》。后来张爱玲自己回忆说："港大文科二年级有两个奖学金被我一个人独得，学费膳宿费全免，还有希望毕业后免费送到牛津大学读博士。”

国学大师饶宗颐于1952至1968年任教于香港大学。2003年，港大成立饶宗颐学术馆。2014 年香港大学又隆重授予饶宗颐香港大学桂冠学人这一至高无上的荣誉。此外著名历史学家陈寅恪也曾在港大任教并在港大完成其一生中的重要著作《唐代政治史述论稿》。可惜因为日本占领香港导致港大关闭，陈寅恪不得不离开港大和香港。许地山先生在港大教书期间更是鞠躬尽瘁，死而后已。对于陈寅恪和许地山先生与港大的关联，我会在后面的人物记中再详细描述，这里就不多说了。

港大开创时的侧重点在西学和为港英政府培养高官和管理人才。1997 年香港回归后，港大开始致力于打造世界一流高等研究学府。能够在这些我十分尊敬的乡贤及国学大师和前辈们工作过、学习过或访问过的香港大学任教，我越来越有自豪感。中国人喜欢讲天时、地利、人和。如果说我在 2009 年来香港占了天时的话，香港的地理位置就是地利，每年应邀来这里的国际学者川流不息。我在哈佛的老师柯伟林教授每年都要来香港几次。享誉中外的《在中国发现历史》的作者、任哈佛费正清研究中心研究员的 Paul Cohen（柯文）也经常来港大。我 2016 年在哈佛休学术假期间，只见到过他一次，因为那一年他大部分时间都在香港。到香港工作后，我得以经常在港大的教工餐厅或讲座场所见到柯文。2013 年我也曾邀请耶鲁大学的杰·温特教授到港大做“一战”系列演讲。

“人和”呢？自从我来到港大，我的同事们对我照顾有加，给了我许多荣誉。2011 年李克强副总理来港大祝贺港大建校 100 周年并发表演讲时，我是屈指可数的被安排在主席台就座的教授之一。2012 年我代表香港大学文学院出席在复旦大学举行的、由李克强副总理在 2011 年主持设立的香港大学千人学者计划的启动仪式。2012 年我的《西线战场陌生客——一战中的华工》一书还被我的港大同事们评为年度最佳著作。2015年底我陪同文学院新院长Derek Collins到北京几个高教机构考察和交流。2016年我荣获全校“杰出研究学人”大奖，此年度包括我在内全校只有三人获此殊荣，另外两人来自理工科和医学学科。在港大，人文学科讲席教授屈指可数，我忝居其中，成为嘉里集团国际史讲席教授(Kerry Group Professor in Globalization History)。

港大不仅让我在研究方面如虎添翼，在教学方面也是如鱼得水。我每年在港大教三门课，都是我想教的课目。一门是我为全校本科生所开设的核心课程“体育与中国社会”，一门是“1600年以来的中国和世界”，还有一门是“中国人和美国人”的讨论班课。港大除中文学院外，授课语言是英文，因为我的研究成果大多也是用英文撰写，从教学相长的角度来说，转换起来很容易。在2010年到2014年，就在港大实行全面学制改革，由英国式的三年制大学改为四年制并因此开始一系列教学方面的深层尝试时，我被文学院任命为历史类本科主任，这使我有机会参与这一重大决策和投身改革洪流，我对港大的认知和感情也更加深了一层。我喜欢港大还有更重要的一点就是香港的特殊地位。香港既边缘又中心的地理位置与我个人的学术定位似乎很合拍，这一点我会在后面的“边缘记”一节里做详细解释。

第四记 师友记

文歆眼中的全家福

一代宗师入江昭

我在前面曾多次提到我在哈佛读书时的导师入江昭教授。2013 年春北京大学出版社翻译出版了入江昭先生用日文所写的学术传记，中文版书名为《我与历史有个约会》。此书篇幅不大，入江昭教授以其一贯的谦逊风格，对其杰出的学术研究及巨大成就或避而不谈，或一笔带过。中国读者掩卷之余，一定会对这位杰出学者产生进一步的好奇心。在这里请容许我介绍入江昭教授许多不为人知的方面，特别是我个人眼中入江昭先生的人格魅力及为人师表的杰出风范。至于入江昭先生的学术贡献，当以后有机会时再另撰文介绍。

入江昭老师是我在哈佛大学求学时对我影响最深教益最多的老师。入江昭先生给人的印象是“博学之，审思之，明辨之，笃行之”。“子温而厉，威而不猛，恭而安”。对我们这些弟子来说，可谓“仰之弥高，钻之弥坚，瞻之在前，忽焉在后。夫子循循然善诱人，博我以文，约我以理。欲罢不能，既竭吾才，如有所立卓尔，虽欲从之，未由也已”。

入江昭先生是国际上极具声誉及影响的历史学家，1934 年 10 月 20

日生于日本东京。他高中毕业后即获得奖学金赴美攻读学士学位，此后定居美国，并最终成为美国史学界的一代宗师及国际史学派的开山鼻祖。入江昭教授长期在美国的史学重镇芝加哥大学及哈佛大学历史系任教，著作多且影响大，备受国际学术界推崇和尊敬。1978 年他当选美国外交史学家学会主席，1982 年他才 48 岁即当选为美国文理研究院院士。1988 年，他当选美国历史学会主席。迄今为止，入江昭教授可能仍然是唯一的非美籍学者出任此职。他曾担任芝加哥大学及哈佛大学历史系主任、哈佛大学赖世和日本研究所所长、哈佛大学历史系 Charles Warren 美国史讲座教授等众多职务，并获得日本天皇颁发的日本最高荣誉之一天皇勋章，真正集诸多荣誉于一身。

入江昭先生学术声望虽高，但为人非常谦和，所以特别受学生的敬重。入江昭先生平日不苟言笑，他的日本学生对他都非常敬畏，见到他都诚惶诚恐。其实他望之俨然，即之亦温。我在他面前倒是从来都不感到拘束，和他谈笑风生，令我的日本同学十分嫉妒。也可能因为我这人天生不怕权威，所以在他面前从来都是有说有笑。第一次入江昭老师和我开玩笑，就是我和大家在他家喝啤酒的时候。别的学生都是把啤酒倒在杯子里，我则直接拿着啤酒瓶喝，入江昭老师问我中国人都是这样喝啤酒吗？我说我不管中国人怎么喝，我就是这么喝。师母闻言大笑！我的日本同学都很妒忌我为何不怕入江昭老师，还可以跟他这样开玩笑。

入江昭教授虽然工作极其繁忙，但对学生仍然有求必应，鼎力相助，对中国学生更是特别友好，并且乐善好施。他对中国学生钱金保的关心即为一例。在哈佛攻读中国史的钱金保先生的博士生导师是柯伟林教授，但入江昭教授也是他论文指导委员会成员之一。金保才华横溢，精力充沛，可惜的是，他在取得哈佛博士学位后，正利用继续在哈佛做博士后的时间修改其博士论文准备出版时，却于2004年10月在同一位麻省理工学院的朋友打羽毛球时因心脏病突发倒地身亡，年仅38岁。如此年轻，如此才华，刚刚进入学术人生的黄金时间却突然离世，实在令人痛惜不已。更让人伤感的是，金保一向身体很好且经常锻炼，走得如此突然，令人难以接受。记得他去世前的几个月，我到哈佛参加入江昭教授的退休典礼，并有幸作为发言人之一致辞（其中一位是著名的中美关系史大家孔华润）。金保在会后找我聊天，当时我对他的健壮及充满活力的精神状态非常羡慕，哪想到几个月之后他会突然意外去世！

钱金保2004年的哈佛大学博士论文题目为“*Lugouqiao*，1937：*Chinese politics and the outbreak of the war with Japan*”（1937年卢沟桥事变：中国政治与中日战争的爆发）。钱金保到哈佛前曾在中国第二历史档案馆工作，对相关档案相当熟悉，加上他在哈佛时学业猛进，入江昭教授告诉我其博士论文极其优秀，逢人就推荐金保的研究。金保去世后，每年我同入江昭教授碰面时他都对金保的早逝表示痛惜。2012年夏天入江昭教授、牛津大学的米特教授及我在伦敦碰面聊天，米特教授向我们介绍他近几年全力研究中国抗日战争史的最新研究成果（其专著已于2013年在西方出版，英文书名为*Forgotten Ally*：*China's World War II*，1937—1945，该书现已有中文版《被遗忘的盟友》），入江昭教授利用此一机会特别向米特详细介绍钱金保的博士论文。钱金保理论上并不算入江昭教授的入室弟子，甚至也不算历史系学生，入江昭教授对其关怀仍是如此。其人格之伟大、对学术之重视及对中国学子之友好由此可见一斑。

入江昭教授不仅对钱金保如此，对每个学生他都是同样尽心、尽力、尽责。对中国学生如此，对美国学生及对世界各国学子也是如此。入江昭教授有一位美国学生极其优秀，学问好，书也教得好。但由于系里内部政治的缘故，几年前被其任教的大学拒绝提拔为教授。因他是从其他学校跳槽到该校做副教授，尚未获得终身教职资格，未能提升教授就意味着其将被解雇。入江昭教授得知，立即率领几十位哈佛及外校的著名学者联名向该校提出强烈抗议，为弟子全力抗争。由于入江昭教授的巨大影响，其一手发起的抗议事件立时受到不少美国学者关注以及学术界的广泛注意，最终迫使该校重新审议我这位学兄的提升及终身教职事宜，并由否决最终改为批准。熟悉美国学术界运作的人都知道，凭借外界压力迫使一个学校改变已经决定的人事任免，是非常不容易的事。但入江昭教授为弟子做到了。这又是何等的魄力及勇气！

入江昭教授对学生的无私帮助及特别关爱的美德也反映在他对自己师友辈的尊重。梅教授生于 1928 年，比入江昭教授年长仅 6 岁。但因为入江昭教授在哈佛读博士学位时，梅教授已是哈佛老师并教过入江昭。入江昭教授后来在与梅教授同为哈佛同事并享受同一讲座衔的教授地位时，对梅教授仍执弟子礼。尽管从学术地位及影响来说，入江昭教授在加盟哈佛时，已在相当大的程度上超过了梅教授，但入江昭一如既往，对梅教授执礼甚恭。1998 年梅教授七十大寿时，入江昭教授还亲自操刀并主编为梅教授祝寿的论文集。

我最近才从入江昭教授处得知，近几年入江昭教授之所以每年夏天都到英国去，原因是他要探望他在美国读本科时对他影响很大的一位历史老师、专研英国史的著名学者 Wallace T. MacCaffrey。MacCaffrey 后来也曾任教于哈佛历史系，他在哈佛退休前，与入江昭教授有一年时间同为哈佛同事。入江昭的这位老师生于1920年，退休后定居在英国剑桥。入江昭教授告诉我，因该师年龄已长，他每年至少有一次专门抽时间到英国去看望他。由此两例可见入江昭教授对师道的尊敬。遗憾的是，Wallace T. MacCaffrey已于2013年底去世。

入江昭教授尽管学术地位极高，但为人却极其低调及厚道，即使在小事上都是如此。中国古人云，“有事，弟子服其劳”；“有酒食，先生馔”。但从我个人及众多入江昭弟子的经历中，他似乎是反其道而行之，弟子有事，老师服其劳。记得我当学生时，每次跟老师在外吃饭，他总是坚持付账，理由是等我将来工作了再请他不迟。可是我现已工作十来年，同入江昭先生吃饭的机会也不少，但他一如既往为我埋单。2013年7月7日我在哈佛广场一家饭店同入江昭夫妇吃饭，本来我打算付账的。但入江昭教授虽年届80，仍眼疾手快，服务员送来账单时，他一把抓住，坚持要请我。付账时他嘴角带着微笑对太太说：“为了不让国琦付账，我故意把他的视线引开，转移他的注意力，这样就可以把账单拿到手了。”同美国人甚至西方人吃过饭的人都知道，他们是很少坚持要付账单的。由此可见入江昭教授为人的厚道之处。

另一个与吃饭有关的故事也一直让我记忆犹新，想起来常常感动。那是2008至2009年间我在哈佛大学瑞德克丽芙高等研究院做研究员时，入江昭教授大病初愈，而其哈佛住所因于2007年失火，此时才刚刚修复。但夫妇俩坚持要在家里请我吃晚饭。入江昭太太一如既往，亲手烹饪了不少精美食物。虽然屋外很冷，但吃着美食，喝着红酒，听老师和师母讲他们一生的经历，实在是温馨无比。那天晚上，也许是入江昭教授在经历两次大手术后，感怀身世，或为恢复期间放松心情，情不自禁地向我娓娓道来他人生经历的许多不平凡的故事。几个小时一晃而过，当我恋恋不舍地准备起身告别时，入江昭教授才突然想起来，他自己也亲手为我做了一道菜，但放在暖箱里忘记拿出来了。可是我已吃得太饱，腹内实在已无半点空间了。

入江昭教授不仅对我如此，对其他朋友也是如此。几年前在芝加哥Imprint Publications出版公司及《美国东亚关系杂志》的发行人张建德的安排下，入江昭教授夫妇，在芝加哥大学任教的艾恺教授夫妇，《美国东亚关系杂志》主编何复德（Chuck Hayford）夫妇，以及我们夫妻二人在芝加哥一聚。张建德、艾恺、何复德和我十分开心，一连点了好几轮Johnnie Walker威士忌酒，入江昭先生因大病初愈，只好以茶代酒，女士们自然也不参加我们四大金刚的会战。餐后付账时，入江昭教授照旧坚持埋单。其实当天饭菜并不贵，但是四个人的好几轮威士忌可是了得，记得那餐饭让入江昭教授破费了六百多美元。

入江昭老师自己对英文写作曾花了不少工夫，对自己学生的写作能力自然也非常重视。他在学术自传《我与历史有个约会》中写道，他自己在哈佛读书时受惠于老师在英文写作上的帮助不少，所以“我自己指导论文时，总是对学生说：当然要重视内容，同时，对文章也要力求完美。即使内容再好，如果没有准确的表达，词语有问题，效果也会减半。不管是从日本还是从其他国家来的留学生，论文的英文不是接近完美，我是不会打高分的。”也正是在那天芝加哥的聚会上，入江昭教授提到，我刚到哈佛读书时，英文很糟，但现在我是他学生中英文最好的一位。这句话让我受宠若惊，一时尴尬得不知说什么好。我想入江昭老师也许

艾恺及其夫人

应该说的是在他的英语非母语的学生中，我的英文写作还不差。幸亏有艾恺在，他借机提起我俩一件好玩的事。

那是 2004 年，艾恺和我到哈佛参加入江昭教授的退休庆典，会后我带艾恺和一些哈佛朋友一起到酒吧喝酒。大概艾恺和我那天都喝多了，我俩决定由哈佛广场步行回到在麻省理工学院附近的旅社（约需三四十分钟）。一路上我们旁若无人地大声背诵中国古代诗词及互相考问彼此的中国古代知识。当入江昭教授在芝加哥的聚会上称赞我英文不错时，艾恺也借机告诉入江昭先生我的国学如何了不起，这让我从一个尴尬陷入另一个尴尬。实际上，艾恺的中文非常了得，我迄今为止尚未见到有其他老外的中文及中国古典知识超过艾恺者。今天写到此处，想起我和艾恺那晚的趣事，不觉莞尔。一个意大利裔美国人和一个中国人在美国大街上用中文大声聊天谈中国古诗，一定是很滑稽的情景！知我们者，可能对我们的书生意气和不拘小节会心一笑，不知我们者，可能觉得这两人是一对酒鬼加国际疯子！

入江昭教授对学生的一片赤诚和关怀，也是与入江昭夫人的鼎力支持分不开的。入江昭夫人芳名前田光子，乃大家闺秀，其父曾担任东京大学教授，并留学法国。入江昭夫人因此出生于法国，并在法国生活多年，法文很好，有哈佛大学比较文学博士学位。但她一生为入江昭教授的事业无私奉献，对入江昭教授的学生更是关爱有加。记得我在哈佛读书时，每学期最期待的事就是入江昭夫妇的期末家庭招待会。所有入江昭先生的在读学生都受邀参加，不管其当年是否选修入江昭先生的课程。美国在 1960 至 1990 年代有一档风行一时的介绍法国美食的厨艺电视节目，主持人叫 Julia Child，其法式厨艺令无数美国人垂涎三尺。入江昭的弟子们实际上比绝大多数美国人还有口福。学生中盛传入江昭夫人曾与 Julia Child 在同一个法式烹饪学校修习厨艺，真实与否，我从来没有问过她，但她厨艺精湛则是不争的事实。更难得的是，她只专门给我们这些知识及口腹同等饥渴的学生们精心准备法式甜点及各种精美食品，让我们这些莘莘学子在与同学及老师亲切交流外，可以大饱口福。我的许多男女同学更是堂而皇之地又吃又往口袋塞小点心。2008 年我重回哈佛时，曾向入江昭夫人提到此趣事，她笑得乐不可支，答称她一直有所怀疑。

2013 年 7 月我重返哈佛，又一次在瑞德克丽芙高等研究院担任暑期研究员，得以与入江昭教授再次聚首。我们约好 7 月 7 日中午在哈佛广场的 Grafton Street 餐厅一起吃饭。那年 7 月的波士顿出奇的热，我出于尊敬，提前 10 分钟赶到约定地方。入江昭教授居然还是比我早到，已在那儿等候了。须知入江昭教授住所距哈佛广场不远，大可不必早到的。一股比室外炎炎热浪还热的暖流涌上我的心头。握手寒暄后，入江昭老师告诉我，他的太太有点事，可能要晚一会儿才到，要我们先边吃边聊。大概 30 分钟之后，入江昭的太太气喘吁吁地赶到，手里拿着一包仍冒着热气的法式点心。原来师母是因为给我赶烤点心而迟到。因为量大，这包精美的点心我吃了一星期才吃完。每次吃点心时，思绪便会回到学生时代大家在入江昭教授家里聚会的情景。十多年匆匆而过，师母竟然还冒着酷暑，为我亲手烤制糕点，试问天下学子们有几人能有此福分！我现在也已为人师，又试问自己及所有忝为人师者，我们又能做到入江昭老师及师母几万分之几呢？忙不是理由，很少有人能同入江昭教授的忙碌相比。下面是老师 2013 年夏天至年底的已定旅行计划：

7 月 25 日—8 月 1 日　伦敦

8 月 1 日—10 日　巴黎

8 月 19 日—9 月 2 日　加拿大

10 月 10 日—31 日　东京

11 月 13 日—16 日　慕尼黑

11 月 17—18 日　英国

2014 年 1 月 2 日—5 日　参加美国历史学会年会

这些主要是国际旅行计划，入江昭教授在美国国内的旅行更是经常性的。更重要的是这些旅行活动并非完全是外出休闲，而是经常有讲座任务的。

入江昭教授于2004年从哈佛退休后，实际上是退而不休，只不过不再正式上课而已。入江昭教授在学术自传中写道：退休是为了“从教务和校内委员会的杂务中解放出来”，以便有更多时间及精力从事研究和著述。退休后，他的研究及社会活动有时甚至更多，更忙。如他在退休后分别在日本的立命馆大学、早稻田大学、美国的University of Illinois at Urbana—Champaign、德国的柏林大学执教或做系列演讲，并多次到中国演讲和开会。同时入江昭教授退休后仍继续出版许多著作，如2011年他和其他两位学者（Petra Goedde and William Hancock）联合主编出版*The Human Right Revolution*（New York：Oxford University Press），这更是让许多正值盛年的学者自愧不如和汗颜不已的。

2012年入江昭先生在英国出版了*Global and Transnational History：the Past，Present，and Future*一书。这本小书半为自身学术历程，半为学术巡礼，是这位国际史学大师给后进者的指点迷津之作。入江昭教授以一代国际大师的法眼及亲身经历，现身说法，为我们展示国际历史研究的发展脉络，并解读最新和最富于创意、最有穿透力的英文著作。入江昭先生自哈佛大学退休之后，面对全球史学，深刻意识到授人以鱼不如授人以渔，因此不惜花费宝贵时间，向读者介绍国际史的来龙去脉。从其书名《全球史和跨国史：过去、现在和将来》即可看出作者的良苦用心和宏大目标。这本书所讲述的是国际史的前世今生，以及其未来。虽然题目看起来有点大，但这本书的内容对入江昭先生来说，可谓信手拈来，如数家珍，举重若轻。此书丝毫没有大而无当的弊端。这本书目前正由两位青年才俊邢承吉、滕凯炜翻译成中文，如果一切如愿，会很快由浙江大学出版社出版。相信中国读者阅读之后，一定会有融会贯通、豁然开朗之感。

2013年入江昭先生出版了《新剑桥美国外交史》。他与德国著名学者Jürgen Osterhammel为哈佛大学出版社联合主编的6卷本新世界史各卷也于2012年到2015年间陆续问世。第一卷书名为*A World Connecting*：1870－1945，于2012年出版。所有这些主编或独立撰写的著作均属填补空白或自立体系之作，入江昭教授为此全力投入，并做出了巨大贡献。

听说国内的理工科博导们常被学生称作老板，这一称呼实际上反映出这些老师已忘记自己的天职是老师，学生同老师之间的关系已蜕变为雇工和雇主的关系。也时常听说国内文科的有些老师把研究生当作廉价研究助手。难怪国内个别人文学者竟然可以一年出版10本不同学术著作，且都是署自己的名字。不知其中有多少内容是自己的心血，多少是出自学生之手，多少是过去作品的"回锅肉"，又有多少属于"祸枣灾梨"之列？古人云，师道尊严，师者，传道授业解惑者也。不知今日中国众多的所谓"大师""博导"们，是否当得起"老师"的称号，是否还能维持其基本人格及师道尊严？可否拿自己同入江昭先生比一比，看看与真正的国际大师不论在学问上，还是在师道上、人格上，相差究竟有多远？

这里之所以一再用"入江昭先生"之称呼，实际上有两个用意，一是仿照鲁迅先生以"藤野先生"为题，记述他在日本留学时的老师藤野先生。鲁迅写道："在我所认为我师的之中，他是最使我感激，给我鼓励的一个。有时我常常想，他的对于我的热心的希望，不倦的教诲，小而言之，是为中国……大而言之，是为学术。"入江昭先生不就是另一位藤野先生吗？只是入江昭先生的贡献、影响、学术成就远远不是鲁迅的藤野先生所可比拟的。入江昭先生是学界的开拓者，是世界级的学术伟人。

本文以入江昭先生为题的另一个用意是强调“先生”的含义。这里所用的“先生”，不是中文一般意义上的“先生”之意，也不是英文中的“Mister”，而是日文中所用的“Sensei”和英文中的“gentleman”复合而成。指的是一个真正的学者和绅士，伟大的老师，一位传道授业解惑、为人师表的巨人。“Sensei”听上去很平凡，但试问天下读书之人能担得起“Sensei”这一称号的又有几人？入江昭教授为人极其低调，从未以大师自居，但受其恩泽的学人无数。令人感动的是，南开大学著名学者来新夏先生在去世前读到鄙人关于“先生”一词的见解后，专门在天津《今晚报》上撰文呼应。来先生是我在南开读书和工作时十分尊敬的老师，20世纪80年代来先生已届花甲之年，但听说他特刻“花甲少年”一印来宣示自己壮心不已的学术豪情。来先生驾鹤西归后，今天恐怕很难再找到像来先生这样多才多艺和才华横溢的杰出学者了。

2013年7月15日入江昭教授夫妇要离开哈佛住所，回到他们在芝加哥大学的住所小住。在他们临行前一天即7月14日，我请他们到波士顿一家名为“京味”的一个不起眼的中国餐馆吃午餐，因为我感觉这里的饭菜可能更对他们的口味。那天碰面时，入江昭教授不仅赠送我他刚刚出版的著作《新剑桥美国外交史》第三卷，并且题词：“For Xu Guoqi, a fellow historian across the Pacific.”看到先生的题词我非常感动，因为入江昭教授所题“Fellow Historian”，已将我视为与其平起平坐的历史学者了。小子何德，当然愧不敢当。但赠书之后，入江昭教授更郑重其事地从包里拿出一个大信封，里面是他一笔一画用中文写的荀子名言“青出于蓝，而胜于蓝”的条幅。当我连称不敢当时，入江昭教授郑重其事地说，他和太太一致认为我当得起。

我即使再自不量力，再坐井观天，也深知此生无法同入江昭教授相比。论学问，他著作等身；论影响，他是一代国际史宗师；论师道，他可称当代孔子。所以我把先生夸奖我的话作为一种鼓励，作为一种鞭策，催我奋进，不断激励我力争做一个更好的学者和老师，希望有一天能成为像入江昭先生那样的“Sensei”。我后来在给入江昭教授的信中写道，因为他的榜样和教诲，我现在还算是一个不错的学者、老师，每当我想偷懒或对自己的学生失去耐心时，入江昭教授的兢兢业业及为学生不辞劳苦的形象便时常映入脑际，让我惕然自省。当然，我深知要达到像他一样的境界，恐怕很难。但我告诉入江昭教授，“虽不能至，心向往之”。

虽长期在美工作和定居，但入江昭教授一直未入美国籍，多年持日本护照。直到2014年夏天入江昭教授才正式成为美国公民。2016年下半年我正在美国，与入江昭先生交往不少。2016年10月他在西安的西北大学有一次演讲，然后到日本盘桓了几天。走之前入江昭先生告诉我他一定在11月美国总统选举前赶回来投票。他确实赶回来了。大选结果出来后，我在哈佛校园碰到他，入江昭先生似乎一脸的不开心。他告诉我说，这是他有生以来第一次有机会投票，但碰巧他最不喜欢的人当选了。隔了不久，我们一起吃午饭，入江昭教授还没有从大选结果的阴霾中走出。不过那天我们的午餐吃了两个小时，入江昭夫妇谈起了这次亚洲之旅。入江昭夫人告诉我，入江昭先生小时候特别崇拜相扑运动员，理想就是成为一个相扑运动员。这次在日本，尽管日程紧张，人也特别累，他还是在一天早晨5点就起来，去参观相扑运动员的早晨生活。闻此我特别兴奋，立即问入江昭教授，假如他梦想成真，那么是作为相扑运动员的他幸福呢，还是作为大牌教授感觉好？他想了一会儿说，可能做教授对身体好一点。从我这旁观者来看，入江昭教授根本就不是相扑运动员的料，多年来他一直想将体重增加 10 磅，但就是不长肉，一直是十分精瘦的体型。入江昭教授是我一辈子的老师，2008 年我出版《奥林匹克之梦》一书时，我将此书题赠给入江昭教授和杨生茂教授这两位东西方世界给我影响最深的大师。杨生茂教授是我在南开学术研究的引路人，入江昭教授是我在西方学术立业的重要导师。直到今天，入江昭教授的影响实际上无时无刻不在决定着我的学术人生。入江昭先生长期以来对我眷顾有加，耳提面命，其道德文章、高风亮节，一直都是我学习的榜样。

国际政治学大家亨廷顿

亨廷顿教授是另一个对我影响很大的哈佛学者。他是鼎鼎有名的教授，绝顶聪明，16 岁就从耶鲁大学本科毕业，20 余岁年纪轻轻就成为哈佛的助理教授，当时他参加很多活动时都常被误认为是学生。中国古话说，“当仁，不让于师”。孟子曰：“如欲平治天下，当今之世，舍我其谁也?”亨廷顿可能就是有这种心态和情结的人。

亨廷顿是哈佛政府系的教授，同时也是哈佛屈指可数的几个顶尖教授，他曾在卡特政府国家安全委员会任职，为当时国家安全事务顾问布热津斯基的左右手，并经常担任美国国务院、国防部、中央情报局等部门顾问，政治上以保守出名。他曾因支持越南战争及卷入诸多中央情报局研究项目等原因，一度被人斥为“疯狗”及“学政综合体成员”。学术上他以当代马基雅维利自诩，一向以提出极具争议的观点或理论闻名于学术界。他的十多种学术著作大多探讨当代重大政治国际关系等领域的理论问题，在学术上颇多建树。

亨廷顿的第一本重要著作《士兵与国家》（*Soldier and State*，哈佛大学出版社 1957 年初版），便是探讨军民关系的一流理论专著，这本书在出版多年后，仍被权威军事史家爱德华·科夫曼誉为“挑战性著作”，值得任何军事史学者参考。1968 年出版的《变动社会中的政治秩序》，则集中研究各种政府类型（专制型、独裁型、民主型、准民主型等）如何维持政治稳定的问题。他在书中提出一个著名原则：“国家之间最重要的分别不在于其政府形式，而在于统治的程度。”该书出版后风行一时，不少学者及政界人士对之倍加推崇。20 世纪 80 年代后期，亨廷顿又把目光集中于当代各国民主化问题，并于 1991 年出版《第三次民主浪潮》。该书认为，迄今为止，世界上共出现了三大民主浪潮。第一次浪潮发生在 1826 至 1926 年间，包括美国在内的近 30 个国家踏入了民主进程，全民普选为其主要标志。发生在 1943 至 1962 年间的第二次民主浪潮，促成了 20 多个国家跻身民主社会之列。1974 年的葡萄牙革命则揭开了第三次民主浪潮的序幕。该浪潮至今仍方兴未艾。亨廷顿的结论是，这三次浪潮的一个显著特点是其曲折性，即高潮之后总伴随退潮。但世界民主化的总体趋势是以“进两步，退一步”模式前进。导致第三次民主浪潮的主要原因是：1. 威权政府失去其统治基础；2. 经济发展；3. 宗教的作用；4. 国际政治的变化；5. 民主化的“滚雪球”效应。在亨廷顿看来，第三次民主浪潮的出现主要是内部因素而不是外界影响促成的。

从以上所介绍的亨廷顿的几部代表著作中可以看出，他善于把握重大问题，并提出独到见解。亨廷顿这一特色的最新体现便是他发表在《外交季刊》1993 年夏季号的《文明的冲突》及该刊同年 12 月号的《后冷战世界的范式》这两篇著名论文。在这两篇文章中，亨廷顿精心思考后冷战时期国际关系的重大理论问题，即未来国际冲突的主要根源是什么。意欲成为新时代的乔治·凯南可能是亨廷顿撰写上述两篇文章的主要动机。

我因学习兴趣广泛，刚到哈佛时像刘姥姥进大观园，什么都好奇，都想学。当时对许多事情都特别感兴趣，我旁听过国际关系史著名学者Joseph Nye，Jr. 的课，主要是想学习大牌教授是如何上课的。Nye 上课时间把握得天衣无缝，恰到好处。据他自己讲，这是练出来的。因他第一次在哈佛上课时，40 分钟的课他 30 分钟就讲完了，然后束手无策，一语不发，十分尴尬。我也自告奋勇正式上了亨廷顿教授一门关于文明冲突的讨论班课。1993 年亨廷顿在美国《外交季刊》发表了一篇洛阳纸贵的文章 *Clash of civilizations* 轰动全球后，他就想一鼓作气写一本书。按照哈佛大学教授的写书流程，需要先开一门讨论课，组织一批哈佛优秀学生，由老师介绍观点，学生出谋划策。亨廷顿也没逃出这套模式，1994 年春天他就在哈佛准备开一门新课，专门集中在 Clash of civilizations（课程表代号：Government 2788）。这门课只收了他亲自挑选的 15 名学生，这些学生分别来自不同国家、不同文明背景和不同专业。我大概是作为亚洲背景的学生，成为这 15 名学生之一。我也是唯一的历史系学生，其他多是来自经济系、政治系等。学生有从墨西哥来的，英国来的，欧洲大陆来的，各种各样的人都有。

亨廷顿尽管鼎鼎大名，但不大会上课。每次讨论班课开始，围绕当天的主题，他先念自己准备好的一两页纸（有时更长）的内容，然后学生讨论。他声音比较单调，如果不是因为他有学术思想，很容易变成催眠。但他这种方法对真正想读书的人来说会收获很大，我在他这一学期的课堂上收获很多。一学期下来，每个人都实实在在地学到不少东西。

我的讨论班论文 *Culture and civilization*：*China's Quest for National Identity*—*A Speculative Esssay* 也有他的详细评语。尽管在论文中我批评了他的文明冲突论，他仍旧给我很高的 A—的分数。他在评语中写道，此文“highly interesting，engaging，and stimulating”，并虚怀若谷地表示“I learned much from it”。当然他也指出了文中诸多不足或他不满意的地方。

学期结束前所有修读此课的同学都被邀请到他家做客，享受有专门服务生服务的丰盛食品、饮料，听亨廷顿本人讲述许多有趣的故事。饭菜精美，还有美酒。亨廷顿是非常合格的主人，他的太太 Nancy 非常殷勤地招待大家。在哈佛做博士生最大的好处是可以和世界一流的学者煮酒论英雄，这时他绝对不会以权威自居，都是放下架子的。后来和亨廷顿来往多了之后，发现每次他都想让学生喝酒，然后把自己灌醉，总提到他在 1950 年代被哈佛解雇的事情。尽管他后来又被哈佛礼聘回来，并最终成为顶尖教授，但一生争强好胜的他，始终无法忘记自己曾被解雇过的经历，这大概是他一生中很不开心的回忆，他对此一直耿耿于怀。

非常幸运的是，我跟亨廷顿念完这门课后，我成为 CFIA（Wetherhead Center for International Affairs）的研究生 fellow。为什么简称是 CFIA，是因为不想被称为 CIA（美国中情局）。这个中心名人很多，当年基辛格就是这个中心的活跃分子。研究生级别的 fellow，至多可做三年，我就做了三年。中心的办公大楼在 Cambridge 大街 1737 号的四楼，这个楼现在已被拆掉了。当时亨廷顿的研究室也在四楼，我们经常坐电梯都能碰上，抬头不见低头见。好像是 1996 年，有一次亨廷顿突然打电话叫我去他研究室，让我大吃一惊，以为出了什么事。我去后，他从书架上抽出一本书，是当年中国的美国研究所所长王缉思编的一本《中国学者评亨廷顿的文明冲突论》。这本书收了我两篇文章。当年因为亨廷顿热，我应约写了两篇有关亨廷顿"文明冲突论"的文章。一篇发表在香港出版的《中国社会科学》，另一篇在《美国研究》，承蒙王缉思先生错爱，竟然在书中收了这两篇文章。这本书是用中文发表的，编者好像给亨廷顿附寄了一份英文摘要。亨廷顿不能读中文，但他读了英文摘要。关于我的文章的英文摘要写亨廷顿从来没有超出冷战思维的范畴，是支持冷战的 mad man。亨廷顿问我的想法和观点是什么？我当时并不知道该书已经出版，我也未收到作者样书，一时很尴尬，不过还是老老实实地说出我的观点，当面告诉他，他在越战期间是支持美国的越南战争的，并在冷战期间，出任卡特政府国家安全事务的官员。我同时告诉他直到目前，我还是认为他的文明冲突论有强烈的意识形态色彩、有较强的冷战思维的痕迹。亨廷顿显然不买我的账，明显不接受我的看法。尽管有这段不愉快的经历，但这件事反而让亨廷顿对我印象很深。

哈佛毕业后，我应聘到 Kalamazoo College 就任一讲座教席，自愿每年教一门国际关系的课程。行前向亨廷顿辞行，并请教他有何建议。亨廷顿问了问我关于此课的想法后，发现我的设想跟他在哈佛拟开的一门新课相近，于是拿出他已准备好的教学提纲包括阅读书目给我，建议我不妨试试他的这份教案，如发现问题，告诉他。他还告诉我当时他正在构思一部关于美国国家认同危机的书，嘱咐我如发现相关的资料，希望能与他分享。

亨廷顿的教案帮了我大忙，对我犹如雪中送炭，因为尽管我对开国际关系的课很有兴趣，但究竟该怎么教，从何入手，并未想好。亨廷顿如此著名的学者能把他的教案给我，我实在非常感激，并答应向他定期汇报教学情况。当时他在写一本书研究美国国家认同危机的问题。大家知道他的《文明的冲突》一书出来后，有一个软肋，亦即如何解释美国国家认同问题，所以他一直在思考这个问题，到 1999 年时他已决意写这本书了。等我在 Kalamazoo College 教完这门课后，因为密歇根州聚居了大批的穆斯林美国人，我有个学生就写了一篇关于穆斯林美国人和美国国家认同的文章。后来我向亨廷顿汇报我这门课的情形，并将这位学生的文章给了亨廷顿。亨廷顿回信说学生的这篇文章写得很好，希望我给他 A，其实我给这个学生打的分是 A－。让我吃惊的是，几年后亨廷顿出版了他关于美国国家认同危机的书 Samuel P. Huntington，*Who Are We：The Challenges to America's National Identity*，Simon & Schuster，2005，他居然引用了我这位大二学生的学期论文。大学者虚怀若谷，实至名归！

我对亨廷顿学术文章和人格都深为敬佩。当我得知 2008 至 2009 年我有机会重返哈佛做一年的研究时，一心想和亨廷顿教授再煮酒论英雄。可是没想到他在 2008 年圣诞节前一天与世长辞了。他是 1928 年生，到去世之前刚从哈佛退休，不久就过世了。我参加了 2009 年哈佛在 Memorial Church 给他办的一个追思会，令我很吃惊的是来自世界各地的学生、仰慕者和政界人士齐聚一堂，把礼堂挤得满满的。其间先后大概有六七个人上台，每个人做五分钟的演讲。他们讲述的那些活灵活现的亨廷顿教书育人的故事，让我再次受到感动。

书生·侠客·出版商张建德

Anthony Cheung（张建德）是出生在香港的美国人，是一个奇人。他在美国的出版界、特别是国际关系史、美国军事史及中美关系史领域的学术出版方面可谓声名远播，影响也甚大。原因很简单，其一，他是设在芝加哥的 Imprint Publications 学术出版社的创办人。Anthony 在 20 多年前一手创办了这个不附属于任何机构或团体的独立学术出版社，专门致力于出版高端学术著作并且自主发行。出版社主要出版有关文化、外交、军事、国际关系、国际安全及中美关系方面的著作。美国和亚洲关系是其重点关注目标。

Imprint Publications 学术出版社最新出版的书籍有：《关于燕京大学的新观点》（*New Perspectives on Yenching University*，1916－1952）；《云端翱翔：美国空军学院史》（*High Flight*：*History of the U. S. Air Force Academy*）。近来正筹划出版的书籍有：《全球语境下的美国：国际史的新观点》（*Global America*：*New Perspectives in International History*）等。出版社过去已经出版的书籍包括：《反对帝国的 12 人》

(*Twelve against Empire*) (1992);《1935—1941 年期间的美国孤立主义》(*Isolationism in America*: 1935—1941) (1990);《报道中国:一个美国记者的中国故事》(*Covering China*: *The Story of an American Reporter from Revolution Days to the Deng Era*) (1993);《变动中的香港与中国:创造美好未来的策略》(*Hong Kong and China in Transition*: *Strategies for a Better Quality of Life*) (2000);《来自西方的种子:在上海的圣约翰医学院》(*Seeds from the West*: *St. John's Medical School*, *Shanghai* 1880—1952) (2001), 等等。这些著作均属上乘,但如果没有 Anthony 的精心运作及推动,它们能否及时问世甚至完成都是要大打问号的。

自 20 世纪 90 年代以来,美国的学术著作出版业面临重重挑战,现在更是危机不断,前途未卜。Anthony 逆势而为,以一己之力来济世救学,可谓书生侠客,商海学界之狂人,善莫大焉!

Anthony 产生巨大影响的另一个原因是他在创办 Imprint Publications 出版社的同时,还一手发起并创办了迄今为止仍是美国唯一一份致力于美国与东亚关系研究的学术杂志:《美国东亚关系杂志》(*Journal of American—East Asian Relations*)。熟悉美国学术刊物的人都知道,学术刊物在美国属于阳春白雪,曲高和寡。大都要依托于学会或实力雄厚的机构才能生存,如《美国历史评论》(*American Historical Review*) 是美国历史学会的机关刊物,美国《亚洲研究杂志》(*Journal of Asian Studies*) 系美国亚洲研究会的刊物。但《美国东亚关系杂志》可谓不折不扣的个人学术刊物,是 Anthony 个人的心血结晶。

早在 1990 年 Anthony 即向美国研究东亚关系的重量级学者如哈佛大

学的入江昭教授、梅教授，以及当时仍在密歇根州立大学教书的孔华润（Warren I. Cohen）（现在马里兰大学巴尔的摩校区任教）等建议出版致力于美国东亚关系研究的杂志，旨在增强美国与东亚间的相互理解和交流。他的创议立即得到入江昭等人的大力支持。1992 年，一份全新的学术杂志《美国东亚关系杂志》悄然问世。这份杂志在 Anthony 一手打造经营近 20 年后，2010 年改由欧洲老牌出版社 Brill 印刷及发行，但 Anthony 仍旧负责具体编辑及学术操作事宜。该杂志的编委会主席为哈佛大学的入江昭教授。也正是由于 Anthony 对于美国与东亚研究的一片赤诚以及其过人的具体运作能力，这本独一无二的学术杂志自创办之日起不仅生存下来甚至茁壮成长，影响也不断扩大。

Anthony 投身国际关系、中美关系出版事业与我赴美留学的时间及学术兴趣大致相吻合，但我同 Anthony 的个人交往却相对较晚。我到哈佛大学历史系攻读博士学位不久即听说过 Anthony，并有机会同他相识。大概是在 1991 年秋或 1992 年春我选修梅教授的美国外交关系博士生讨论班时，梅教授对我提交的讨论班论文颇为欣赏，建议我投到 Anthony 当时刚创办的《美国东亚关系杂志》发表。我后来得知，梅教授与 Anthony 关系极其密切，Anthony 对梅教授可以说是言听计从。所以，如果梅教授推荐此文发表，Anthony 一定会尽全力促成此事的。可惜我当时自视甚高，觉得文章的质量还有待进一步提高，想好好修改后再同 Anthony 联系发表事宜。遗憾的是，后来因学业繁重，无法分心修改，我同 Anthony 早日发生联系的可能就这样因我的懒怠而推迟了。第一次同 Anthony 谋面是在 1998 年的秋天。时值 Anthony 来哈佛大学参加我的导师之一梅教授的七十大寿庆祝活动。当时的 Anthony 长发及肩，骨瘦如柴，烟不离手。从好处论是仙风道骨，超凡脱俗，往坏处说则是尖嘴猴腮，一副玩世不恭的模样。我之为人处世尽管多从大处着眼，不拘小节，但显然当我同 Anthony 初次见面时，便对他的不同风度有先入之见，将他归于“道不同不相为谋”之列。我想当时 Anthony 对我的印象应该也是不入其法眼的。

Anthony 和我彼此真正“刮目相看”并且成为莫逆之交，时针已指向 21 世纪初叶了，用佛家的说法可谓“缘分”。而其缘由中最重要的是 Anthony 对我的师长辈的特殊尊重及互相辅佐。Anthony 对我在哈佛的指导老师入江昭可谓执礼甚恭且勤。对我的另一位哈佛业师梅教授也是如此。入江昭与梅教授都是 Anthony 的《美国东亚关系杂志》的重要支持者及顾问。Anthony 的 Imprint Publications 出版社问世伊始即相继再版入江昭教授的多种著作。如 1990 年再版入江昭教授 1965 年初版的 *After Imperialism*，1992 年再版入江昭教授于 1967 年问世的 *Across Pacific：An Inner History of American－East Asian Relations* 的修订增补版。1994 年再版入江昭教授的 *Pacific Estrangement：Japanese and American Expansion*，1897－1911，等等。对梅教授也是如此。1991 年 Anthony 同时再版梅教授的两本著作，*American Imperialism：A Speculative Essay* 以及 *Imperial Democracy：The Emergency of America as a Great Power*. Anthony 除了大力弘扬入江昭教授及梅教授的学术文章外，也利用其出版人的身份为我这两位老师歌功颂德，光大他们教书育人的成功业绩。如 1994 年 Anthony 大力促成庆祝入江昭教授 60 大寿的弟子专集的出版。该书由入江昭教授的学生 KC Johnson 编辑，书名为 *On Cultural Ground：Essays in International History*. 1994 年由

Anthony 的出版社出版。前面提到 1998 年在哈佛大学举行梅教授七十大寿庆祝活动，Anthony 同样为梅教授出版了长达 500 页的祝寿专集。该书由入江昭教授编辑，书名为 *Rethinking International Relations: Ernest R May and the Study of World Affairs*. Anthony 对我的授业老师如此忠心耿耿，竭尽所能做他人无能为力的事，作为“百无一用是书生”的我，当然是非常感激及钦佩的。

同 Anthony 有机会成为好朋友的另一个原因是我于 1999 年到密歇根州 Kalamazoo College 工作。我所在的小城距 Anthony 居住的芝加哥只不过两个多小时的车程。而业师入江昭教授在芝城有住所，其两个女儿亦在芝城附近生活，所以入江昭教授常到芝加哥小住并看望家人。因为入江昭教授的缘故，我不时到芝加哥造访，于是便有了不少与入江昭教授和 Anthony 同时聚首的机会。随着互相了解的增多，友情自然随之增长，进而相知相契。Anthony 对我的学术前途十分关心。前面提到，2001 年我完成《中国与第一次大战》后，对中国如何利用体育来实现其国际化及寻求新的国家认同课题情有独钟。Anthony 知道后，大力鼓励我把该书的设想提交给他在芝加哥大学出版社的编辑朋友。

Anthony 不仅成为我学术上的顾问，也是无话不谈的私人朋友。记得是 2005 年的圣诞节，我的孩子们被 Anthony 寄来的圣诞贺卡上的一句话逗笑了。Anthony 写道：“Your happiness is my happiness.”这句话从英文上读起来怪怪的，用英文说就是有点“creepy”。我想大概 Anthony 在写的时候，脑子里想的是中国人古来所说的“肝胆相照”“同甘共苦”“情同手足”之意。

大概在 2003 年或 2004 年左右，在 Anthony 的劝说下，我成为《美国东亚关系杂志》的副主编。后来他还曾多次劝我就任该刊主编一职。对于我这样比较懒惰且有自知之明的人来说，做副主编已是勉为其难，之所以从命，乃此为虚职，可以滥竽充数的。但主编一职则不同，必须事必躬亲，不仅要有深厚的英文造诣，还要有很高的学术眼光。做甩手掌柜是不可能的。对于我这种半路出家被逼上梁山用英文写作的人，我深知自己无法胜任主编一职。古人云："吟安一个字，捻断数茎须。"如果我真的不自量力，担任主编，可能不是捻断数茎须，而是要把自己的头发根根拔掉了。所以无论 Anthony 如何怂恿劝说或灌我多少杯 Johnnie Walker 黑牌威士忌，我都铁了心坚决不允，并大力推荐多才多艺、学养深厚且文笔优雅的 Chuck Hayford 担任主编。Anthony 还算从善如流，《美国东亚关系杂志》多年来在 Chuck 的主持之下，质量及影响均蒸蒸日上。我深为自己"知难而退"庆幸，也为 Chuck "迎难而上"的勇气及学术奉献精神所钦佩，更为 Anthony 知人善任的伟大品德欣赏不已！

Chuck 和 Anthony 作为老友经常鼓励并劝我给杂志写文章。的确，于公于私我都有为杂志投稿的义务。于公，美国与东亚关系是我的老本行。于私，Anthony 是我的好朋友，朋友之托，理当从命。但不知是由于"自视甚高"还是"自视甚低"作怪，我一直未能从命。一是笔懒，二是觉得越是给友人的稿件，质量应该越高，这样才对得起朋友的信任及友情。

但 Anthony 对我这种野路子的人也有办法。2005 年是第二次世界大战 60 周年。在圣路易斯的华盛顿大学及密苏里大学联合邀请我做了一个有关东亚与战争记忆的公开学术演讲。Anthony 听说此事后，要求我把演说稿借他一阅，我当然无法拒绝。但他这一阅不要紧，要命的是他立即安排此文收到由 Philip West 为《美国东亚关系杂志》主编的有关“二战”记忆的特辑中。在得知这一消息后，我实在有点诚惶诚恐。这毕竟只是演讲稿啊！但经过 Anthony 及 Philip 的生花妙笔润色后，此文不仅同我的老师入江昭教授的大文并列于特辑，之后更听说学界对文章的反响还不错，实在是一件庆幸且侥幸的事。

顺便说一句，该文发表时的题目为“*Historical Memories and China's Changing Views of East Asia*”，发表在《美国东亚关系杂志》第 11 卷。细心的朋友也许纳闷，第 11 卷的出版日期为 2002 年啊，为什么我的文章是在 2005 年后才写定的呢？为避免误解，只好在此公开一下围绕该杂志的学术及私人公案。有几年时间 Anthony 陷于财政危机，导致杂志数年之久无法按期出版。之后在杂志逐步进入正常状态后，必须补齐以前未出版的几卷，这就是为什么 2006 年发排的杂志成为 2002 年杂志的原因。Chuck 为杂志的正常出版可谓劳苦功高。

本来在 2006 年前后我还答应 Anthony 和 Chuck，帮杂志编一期关于体育与国际关系的特刊，并为此约请了包括在康州大学历史系任教的王冠华兄在内的几个撰稿人。可惜由于部分稿件质量不高，自我感觉无法刊用，部分作者无法按期完稿，特辑最终胎死腹中。唯一的成果是王冠华兄的大作“*Friendship First*：*China's Sports Diplomacy in the Cold War Era*”得以作为非特辑文章发表在《美国东亚关系杂志》第 12 卷的冬季号上。回想 Anthony 对我的知遇之恩及自己对杂志的贡献微薄，真是汗颜及惭愧！更遗憾的是，冠华兄正处在学术高峰期时，因严重眼疾却不得不提前退休，中断了他一直在做的体育研究。

这几年随着中国的崛起，中美关系的日趋重要，Anthony 变得更加雄心万丈。他近来一直着力进行的项目有：在2013年夏出版一份全新的杂志*Visions for the New Century*：*A Journal of American Power*，并出版*Lost Horizon Monographs*丛书；2014年春出版庆祝入江昭教授80大寿的同人文集，以及为入江昭教授举办庆典等。令人悲痛的是，就在2013年6月初，Anthony因心脏病突发，遽然长逝，享年不到67岁。Anthony走了，也带走了他许多未竟的事业，带走了他无数未实现的理想，以及他仍未做完的不朽的美国梦。他的早逝，是美国学术出版界的重大损失，特别是美国与东亚关系研究方面的重大损失。我个人也因此失去一个难得的朋友。

Anthony出生于香港，家境似比较殷实。他早年即到美国，其中文大名不详，可能是张建德或张健德。如果Anthony的朋友尚不知道其中文名字，中国人中就更是很少有人知道这个叫Anthony的美国出版家了。然而，他的一生可谓“美国梦”的经典代表。即使在美国这个崇尚个人主义的国度，Anthony也算得上是一个特立独行且为理想生活的人。为了谋生，他甚至为芝加哥中餐馆准备过中英文菜单，一生喜好Johnnie Walker威士忌，并乐此不疲。当抽烟在美国成为受歧视的癖好时，他照抽不误，我行我素，甚至甘冒被逮捕的危险。老友Chuck曾提到下述Anthony自己承认的故事：早在20世纪90年代，Anthony来到美国首府华盛顿与入江昭和孔华润磋商出版《美国东亚关系杂志》一事，刚一落座，即想吞云吐雾。孔华润说，该杂志应该是禁烟杂志。Anthony立即俏皮回答：“No Smoky，no journal.”当然，Anthony也有高雅癖好，

入江昭、Chuck、张建德（后排左一）等合影

如他能弹一手好钢琴，并一生喜欢芝加哥的爵士乐酒吧。Anthony 传奇的人生还包括其令人匪夷所思的职业选择。他曾经在芝加哥大学攻读历史学博士学位，但中途辍学。他也曾经在令人羡慕的芝加哥大学出版社任编辑，但自动辞职，转而成立自己的出版社并出版杂志，打造自己的学术出版梦。他也许属商人之列，但一生似乎并不富裕也并不在乎赚大钱。他终其一生与学人为伍。他没有自己的著作，却出版了无数别人的锦绣华章，为他人做了一辈子嫁衣裳。为了其心爱的出版事业，他倾尽一生的心血和追求，不惜自己校对书稿和文章，自己发行，自己动手邮寄杂志。在面临资金严重不足的困难下，仍百折不挠，无怨无悔，将自己心爱的事业进行到底。

据说北京的清华大学有一位校长曾自称是“大学的一条狗”，我不知道他对“狗”的定义如何，不知是否包括死心塌地地为大学、教授及学术服务之义？Anthony 出生在 1946 年，生肖属狗，他从未自称自己是某某的狗。但他对朋友忠诚，对家庭和子女爱护有加，对学术无私奉献，对理想的追求百折不挠。他一生为促进学术研究和增强中美文化交流无怨无悔，并用自己的独特方式孤立奋斗。他的出版社也许会因为他的辞世而倒闭，他的杂志也许会因此夭折，但 Anthony 用 20 多年的心血已经为自己树起了一座丰碑。他实际上在相当大的程度上已经实现了自己的美国梦，一个伟大、美好的梦。其实，中国梦也好，美国梦也好，归根到底是个人自由追求理想及最大限度地实现自己人生价值的历程。Anthony 无论作为一个中国人还是美国人，他做梦了，他努力了，他实现了。试问古今中外，能达到这种目标的有几人？奇人张建德！

诗人王玉华

我在前面写大学生活时，提及我第一年埋首中国古籍。当时我们历史系 80 级有“三老头”之说。我是其一，当然不算老成持重的那种，而是整天抱着古书，一副未老先衰、老气横秋的样子。另一个“老头”就是王玉华，现为陕西师大历史系教授。他当时沉迷于甲骨文，整天抱着谁也看不懂的甲骨文书籍在啃。第三个“老头”是高昌林，他好像后来一直在国外经商。在大学时代，高昌林实际上活泼得很，但因为没有多少头发，加上我们三人经常在一起活动，不知不觉“三老头”的称谓就出现了，尽管我们三人当时才十七八岁。

在大学时代，王玉华少年老成，“埋头甲骨文，醉心三代事”。我常戏称其为“王老头”。我在大学开始时也汲汲于秦汉历史，成天读《史记》《汉书》，“躲进小楼成一统”，可能是气息相通，志趣相近，我们常在一起论古谈今，并承玉华不弃，对我以兄长视之。作为诗人的玉华后来写道：“我昔少年时，读书慕古人。汉学充吾魄，诗歌洗吾魂。亦有二三子，阔论上霄云。昌林多诙诡，国琦是长兄。”

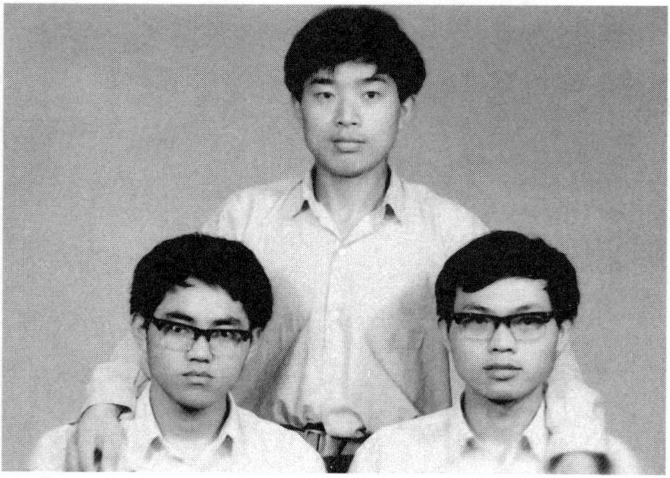

安徽师大“三老头”

这里引的诗句都是出自玉华兄前几年所出的第二部诗集，其第一部诗集名为《梅溪存稿》，万卷楼图书有限公司（台北）2011年版。翌年，他又在同一出版社出版了《蓝心玉屑集》。我不懂诗，也很少斗胆答应给人作序。但玉华兄嘱我为其第二部诗集写点什么，则不敢拒绝，原因有二：一是玉华是我多年的老友与安徽同乡，同乡老友的吩咐，很难不从命；二是觉得我可能比许多人更能理解玉华作为诗人的精神世界，知其“音”也。古人云“诗言志”，但诗人的“志”，有时是很难把握的，玉华自己就说：“熙熙攘攘者，岂识诗人事?”“茫茫中国，何人解我诗肠?”我在这里走笔虽有不自量力之嫌，但我愿把自己理解的老友之“音”及“志”同读者诸君分享，并以玉华兄及其诗为例，揭示我们这一代人的志向和追求。至于得失与否，或是否过于借题发挥，尚请诗人及读者诸君雅正。

《论语》言，诗“可以兴，可以观，可以群，可以怨”。读玉华诗，深感诗人之“怨”。“怨”，实由不幸生于此一时代造成，用诗人的词句就是：“人似亢龙苦相争，认了钱真，丢了魂真。”“寂寞长安里，人来多似水。晚风摇落岁云寒，逝。逝。逝。长日闭门，不知今世，复为何世。”诗人感叹，在这个时代，“钦若彼文明，四海相欢应。远方来百珍，舟车如云盛。货物积似山，逢涌永无罄。泛滥横六合，漂流人之性。世界一市场，交易成规定。人情如冰水，利益相争胜。”难怪诗人有知音难觅之感：“酒落三杯论世人，世人却少入眼青。”

诗人正值壮年，50 多一点，昔人云“人生不满百，常怀千岁忧”，诗人之所以“怨”，实因为诗人有更高的追求。“壮心直上青云去，俯瞰人间却无路。莫言蓬雀笑鹏鸟，世间浮猾知多少。绨绤纹缯岂比得，西施嫫母谁能识。出门荆棘盈路衢，出没狸鼠与狼狐。君不见古来艰难百君子，噫唏尽没蒿莱死。”“我岂惯此俗，向慕古贤圣。坦荡归自然，荣辱随分命。”因为志向高洁，诗人才有太多的寂寞：“此心只有秋山晓，醒也无聊，醉也无聊，空对秋山感寂寥。”“君子固寂寞，小人多张皇。”“孤行特立在长安，世事如烟冷眼看。研笔常怜天地窄，读书每叹学风残。”“世人皆醉，清醒有时真觉累。”诗人的症结及悲剧在于太入世而不是出世，因此诗人充满忧愤及失落，忧国、忧民、忧时、忧斯文。关于诗人之忧国，有诗为证：“看神州，几时休。扰扰纷纷，无处可凝眸。躲进小楼成一统，千古事，孰相缪。”关于诗人之忧民，如其诗云：“吾民浑噩噩，乡愿数千年。”诗人之忧斯文，则有云：“学术江湖里，蝇蛆布满地。九州黯黮黮，对此良觉哀。”诗人同时又为一学者，但诗人与大多数所谓之学者则可谓格格不入。诗人云：“哀哀彼学者，所学竟为何？饰伪与奔竞，慨此亦云多。一二寒孜人，往往情无那。高居坛坫上，素丝结五紽。落日沉渊底，四海布网罗。”在诗人眼中，“吾国文章三千年，未若今之滥斯文。腐鼠冻雀遍地是，书生风骨早已沦”。

在这样的大环境下，难怪诗人时有无助之感：“漫天黄叶来，寂寞下山河。我也已无歌，我也鬓已皤。我心虽未死，我足已蹉跎。”“小子岂有识，虚浮盈道路。思此热衷肠，此情欲谁诉?”“有心杀贼恨无能，空拳赤手是书生。”令人高兴的是，诗人虽心存伤感，颇觉无助，但诗人不仅没有放弃其赤子之心，而且常有壮志凌云之作，诗人毕竟是入世的，用诗人自己的语言，就是：“人虽老，心情依旧同年少。”“男儿志，秋风烈；男儿血，春风热。”“试把风云龙虎笔，驱除世上狼狐穴。”“兴来弄笔做诗文，横扫千军。”又云：“来去四方云，岁又翻新。一番风雨一番人。不作桃花源里客，听彻云门。落日欲黄昏，雷鼓声填。波涛汹涌愤人神。瘦骨几斤将析去，重铸新魂。”

诗人的振作，实源于诗人的师道、师德及教书育人和救国救民之追求：“一日忝为师，百年知所赴。国家如广厦，栋材为之树。岂不日兢兢，灌溉朝与暮。”“日日读《离骚》，心随楚国遥。”“著书要著可留书，做人要做独立人。我有椽笔如刀剑，驱使风雷逐电奔。”“我欲因之骑黄鹤，去入蓬山采灵药。灵药采来可疗饥，重铸吾魂炼吾魄。蓬山灵药倚天开，龙伯大人安在哉?蹙踏金鳌波万里，鲲鹏奋起四海水。仙之人兮来如林，散花如雨落纷纷。四大海水作美酿，一醉文章万古春。”“此生漂泊向天涯，壮士捐身为国家。”“零红零叶任飘萧，坐对青钉感寂寥。猎紫夺朱非我意，平生最许霍嫖姚。”像这样的诗句，在诗集中可以说俯拾皆是。正是这种以天下为己任的胸怀，我们的诗人是豪迈的：“老子平生事业，都在江南江北，来去五湖风。常到古人处，樽酒可吞虹。诗中意，心中地，海之东。少年意气，今世只许逐豪雄。但恨萋萋芳草，岁岁催人向老，此恨有谁同。易水萧萧去，剑气吼如龙。”“少时爱读谢家诗，太白从来是我师。陶令赋归辟三径，亦有豪气上云霓。”

诗人之所以没有自暴自弃，还因为诗人是性情中人，对于为数不多的友情极为看重。玉华诗，不少属歌唱友谊之作：“长亭去，水云间，相视泪阑干。今生一别几时还，欲言不忍言。天之南，地之北，芳魂思冷魄。年年相忆梦生寒，望中山外山。”“成书何意，似水人生无处寄。何意成书，不过他年饱蠹鱼。蓝心玉屑，只是当时情思切。玉屑蓝心，一样相怜直到今。”“如刀椽笔，驱使豪情神鬼泣。椽笔如刀，自是诗心着战袍。世人如许，一世知音难相遇。如许世人，谁重人间情意真。”“人生得意在相知，知心长相持。”“长安一片月，千里悬明洁。相约再逢时，新知问旧知。”“兄弟浮四海，卅年如朝夕。惊闻电话来，俱云发已白。谐语热我肠，笑言同昨日。想象彼容颜，怅然却相失。”

“诗有别材，非关书也；诗有别趣，非关理也。”诗人与我相识 30 余年，遥想“故园三十二年前”，玉华与我由穷乡僻壤来到大学深造，从此仗剑走天涯。我后来很快弃“之乎者也”改向西学，玉华也由三代甲骨转攻近代史，并成为章太炎研究专家，但我们的人生道路时常交会。大学毕业后，我们一度天各一方，几年后我在南开工作时，玉华来到南开读研究生，所以我们又在南开聚首，并时相过从。犹忆在南开园时，如有故友来访，辄借机招玉华一起在敝处小聚，把酒言欢。玉华甚至常代我待客，记得有一次玉华把来访的不胜酒力的晏绍祥兄灌倒。此时的诗人，豪情万丈，对酒当歌，青梅煮酒论英雄，颇有“天下英雄唯使君与操耳”之概，那时的玉华是登泰山而小天下的。如今 20 余年已过，诗人已由青年学生成长为大学教授，成为章太炎学者，当然也成为一代诗人。人事已非，但诗人风华依旧，铁骨还是铮铮。衷心祝愿诗人永葆其赤子之心、闲云野鹤之情，发扬手挥五弦、目送归鸿之潇洒，继续指点江山、激扬文字之豪迈，不断有新诗、新作问世，惠泽世人。

第五记 — 人物记

文歆眼中的全家福

美国汉学界巨人费正清

我刚到美国时，费正清还在世，我一直有拜见他的想法，可惜在我还没有来得及去拜访他之前，他老人家就在1991年去世了。我只有机会参加他的追思会。说起来，我算是他学生的学生，因为入江昭先生是他的直系弟子。之所以把他放在本书里，实乃他对我的间接影响很大。我的《中国人与美国人：一个共有的历史》一书是以他的《美国与中国》一书为楷模的。因对他多年的浓厚兴趣，我在20多年前为《美国研究》写了一篇试论费正清的拙文。2016年我在哈佛游学时，恰逢哈佛大学为庆祝费正清研究中心建立60周年举办一系列学术活动，我有机会躬逢其盛，再次触发对费正清的感慨。

费正清（1907－1991），乃西方现代中国学之父，推动中美关系发展的主要学术发言人，著作等身，桃李满天下。他是闻名遐迩的哈佛大学东亚研究中心（1977年易名为费正清东亚研究中心）创办人，长期担任该中心主任之职（1956－1973），亦是享誉学术界的《剑桥中国史》近、现代部分主编。费正清历任美国亚洲研究协会主席、美国历史学会主席、哈佛大学东亚研究委员会主席等。在他漫长的学术生涯中虽毁誉交加，但就其崇高的学术地位及巨大的影响力而言，在西方学术界诸贤中，无人可与之比肩。

正是由于费正清的独特学术地位，使得他本人也已成为学术研究的对象。如早在1973年，美国乔治城大学一研究生即以《费正清和美国的远东研究：头四十年》（George Stevens，*John King Fairbank and Far Eastern Studies in America：the First Fourty Years*）为题撰写过硕士论文。1982年，加拿大学者保罗·埃文斯亦以费正清为题完成其博士论文（Paul M. Evans，*Fairbank：Intellect and Enterprise in American China Scholarship*，1936－1961，*Dalhousie University*），并在博士论文基础上，于1988年正式出版费正清学术传记（Paul M. Evans，*John Fairbank and the American Understanding of Modern China*）。（这位Evans就是前面提到帮助我躲到多伦多写博士论文的教授。）费正清先生的高足入江昭教授在《美国与东亚关系杂志》上撰文，高度评价费正清在中美关系学科方面的创建之功。中国学者近几年也开始注意到费正清的重大学术贡献，并陆续发表有关文字，这是十分可喜的现象。费正清1930年代在中国进修时算是蒋廷黻先生的学生。不过，对于这位一生“魂系中华”，并把毕生心血献给中国研究，改善中美关系，增进中美两国之间相互了解的学者，我们的重视还远远不够。

1936年秋，当刚获得英国牛津大学博士学位的费正清应聘到哈佛大学教授中国历史时，美国实际上并不存在真正意义上的中国学。美国学术界对中国的研究仍处于传统欧洲汉学禁锢之中。当时所谓的中国学要么作为西方文明的分支或点缀、一个边缘学科——如当时哈佛大学规定，任何学生如要修中文或选择与中国有关的题目，必须先通过法语等两种欧洲语言的考试，理由是东方学是西方特别是法国文明的一部分；要么则在传统汉学模式下只注重古代汉语，完全忽略对中国近代或现代的研究。诚如 20 世纪 30 年代在哈佛大学读书，后来成为美国著名政论家及新闻记者的白修德所写的，30 年代的“哈佛东方学系的那些老古董汉学家们认为东方历史随着乾隆朝在 1799 年的结束而告终结”。当时哈佛燕京学社社长叶理绥（日名英利世夫）（Serg Elisseeff）公开声称，对 1799 年以后的中国历史研究已越出历史学范畴，只能归于新闻。难怪白修德刻薄地形容当时美国汉学界状况是“学术滑稽剧”。当时仅有的一些有关中国近现代史著作，主要都出于传教士之手，大多为见闻性质，很难算作真正的学术论著。虽有屈指可数的几位学者如洪贝克等试图弥补这种缺欠，研究东亚国际关系史，但他们有一个共同的致命弱点——不懂中文，无法利用中文材料。

导致这种现象产生的主要原因是美国学术界对中国学研究的严重忽视。许多有志于此的学者望而却步，另辟他径。虽然包括费正清在内的少数青年学者不畏艰险，敢于创新，但他们面临着求职谋生问题的严重挑战。20 世纪 30 年代初，这些未来的中国学大师们多在中国进修，一次在美国驻华大使约翰逊的招待宴会上，他们忧心忡忡地向大使询问学成归（美）国后求职的可能性，大使不无严肃地答道：“小伙子们，难于上青天。”由此可见当时中国学研究在美国被忽视的严重程度。

正是在这种形势下，费正清以顽强的精神开始了他中国学研究的漫长生涯。教鞭初执，他即提出新的学术主张，像意大利哲学家及历史学家克罗齐一样，认为一切真历史都应该是当代史。主张应跳出传统汉学束缚，重视现代汉语及档案的研究，呼吁加强对中国近现代史的研究。费正清决心以哈佛为阵地，用自己的研究成果建立一个全新的中国学研究模式，来达到他所说的中国学和他个人学术生涯的“辉煌时刻”。

凭着锲而不舍的追求，费正清实现了自己的目标，在学术研究上取得了他人难以超越的丰硕成果和建树。据不完全统计，费正清一生中出版了至少 44 本专著（部分与他人合作），主编或联合主编至少 18 本论著，发表了 187 篇论文，与他人合撰 18 篇，为别人专著撰写序言 52 篇，发表书评 160 篇。这尚不包括大量的专访及音像材料。更重要的是，费正清的作品均属上乘，佳评如潮。

费正清的学术成果大致可分为三个部分。第一部分为博大精深的学术论著。《中国口岸的贸易与外交》（*Trade and Diplomacy on the China Coast*：*the Opening of the Treaty ports*，1842—1854），《清代行政：三个研究》（*Ch'ing Administration*：*Three Studies*，1960，与邓嗣禹合作），《美国与中国》（*The United States and China*，1948），《中美关系中中国的形象和政策》（*China Perceived*：*Images and Policies in China—American Relations*，1974）等均可列入此类。其中《中国口岸的贸易与外交》是费正清在其博士论文基础上修改而成。此书是费正清用力最勤、学术功力最厚的专著。甚至在 40 年后的今天，该书仍是哈佛学生的必读参考书。该书至少有三大贡献：一是开风气之先，利用中国档案，以社会科学的方法研究中外关系；二是把中外关系放到中国的政治制度、文化体系诸范畴加以综合考察；三是提出了许多独到的学术见解。例如他认为清季的通商口岸制度是中国传统朝贡制度的产物。中国人利用通商口岸把洋人有效地纳入中国的世界体系之内。在洋人入侵中国之前，清朝的统治形式是满汉共治，通商口岸制度建立后，则为满一汉一洋合治。所以外国人的入侵并没有打破中国的传统政治形式。

《美国与中国》是费正清所撰的第一本研究中美关系的著作。该书旨在告诉美国人真正的中国是什么样子。在书中他利用当时最新的现代化理论分析中国为什么没有走向近代化之路。费正清批评美国对中国有许多不切实际或一厢情愿的误解。由于该书观点新颖，立论清晰，文笔生动，甫一出版，即成为畅销书，并荣获1948年美国政治科学学会颁发的最佳国际关系著作奖。该书到1983年已出至第四版，篇幅亦扩大许多。时至今日，《纽约日报》仍称其为“关于中国历史、文化及文明的最佳导论作品”。该书的问世使费正清声誉鹊起。

费正清学术成果的第二大组成部分为教育美国公众、帮助美国了解中国、致力改善中美关系而撰写的雅俗共赏的作品及教材。如享誉世界的《东亚文明史》（*A History of East Asian Civilization*，2 *vols*，1960，1965，与 Edwin O. Reischauer and A. M. Craig 合作，1960，1965），《伟大的中国革命》（*The Great Chinese Revolution*，1800—1985），《中国新史》（*China*：*A New History*，1992）及《东亚：传统与转型》（*East Asia*：*Tradition and Transformation*，1973）等皆属于此类。费正清的这类著作在长时间内成为西方学术界广泛使用的标准教科书，被誉为中国学专业的“经典”，其影响甚至远及西方之外的学术界。例如，据韩国著名中国史专家闵斗基介绍，费正清撰写的教材长时间被韩国学术界列为研究中国问题的标准参考书。直到最近韩国学者才决心写一部自己的中国通史予以取代。

费正清临去世前两天交给哈佛大学出版社的《中国新史》凝聚着他

一生研究中国的心血。该书大量吸取学术界的新观点、新方法，所以它在一定程度上也反映出中国学在费正清的孕育、培植下成长壮大的辉煌历程。该书名为“新史”，“新”在他认为中国文化并不是铁板一块的汉人文化，而是中国各民族文明的结合体。汉人和其他各民族合作，创造出中国独特的文明体系。该书还“新”在他注意到中国经济“增长但不发展”的悖论。此外，费正清注意到中国发展模式与西方不同，西方发展模式为“工业的一军事的一企业的”，中国则是“农业的一非汉族的一官僚的”模式，清朝是这样，民国是这样，当代仍是这样。费正清的《中国新史》，正如哈佛大学著名中国“文革史”专家老马所言，包含了“费正清毕生的阅读与思考，是费正清致力于理解一个伟大文明和教育公众这一终身使命的顶点”。

费正清学术成果的第三部分是编撰“为他人作嫁衣裳”的学术工具书，如书目提要、史料汇编等。其中主要包括《清季史料入门》（*Ch'ing Documents*：*An Introductory Syllabus*，2 *vols*，1952），《中共文献史》（*A Documentary History of Chinese Communism*，1921 — 1950，与 Conrad Brandt and Benjaming Schwartz 合编），《近代中国中文书目辑要》（*Modern China*：*A Bibliographical Guide to Chinese Works*，1898 — 1938，与刘广京合编），与日本学者坂野正高合编的《日本研究近代中国书目辑要（1955）》等。这类编撰工作虽然耗时费力，却对提高美国的中国学研究水平大有裨益。

以上三个部分的有机结合，便构成了费正清一生的学术体系。限于篇幅，这里不可能对其学术体系做深入考察分析，只能择其要者加以综合。笔者认为，费正清的学术研究至少有三重意义：

第一，通过费正清长期不懈的创造性劳动，一个新的学科——近代中国研究——不但正式确立其学术地位，而且日趋繁荣昌盛。费正清本人卷帙浩繁的著作为中国学研究奠定了坚实基础，并建立了一个新的学术标准：多方利用中外档案，深入分析研究课题，文笔明白晓畅。

第二，费正清的学术专著大都为填补空白之作，具有很高的学术价值，且有指点迷津之功效。他呕心沥血所编撰的书目提要、研究指南、资料汇编给学者提供了一个“会当凌绝顶，一览众山小”的学术视野，对于推动中国学的进步发展有不可磨灭的贡献。

第三，费正清的学术著作有雅俗共赏之妙。其著作不仅有助于学术发展，更重要的是其教育功效，其对中美两国间沟通理解的推动。费正清的著作为中美关系的发展做出了贡献。20 世纪 70 年代初当中美关系开始解冻时，《美国与中国》等书同时成为中美两国领导人的主要参考书即为证明。

费正清的学术研究主要有下述几个特色：

一是强调中国的特殊性和重要性。在理论上，费正清认为以西方为背景的许多社会学说如马克斯·韦伯的理论等不能运用到中国。中国的文明是一个特殊的自成体系的文明，中国的文化是人类文化中“最特殊、最与众不同、最古老、最自成体系、最平衡和伟大的文化”。在费先生看来，正因为中国问题的特殊性，导致它在国际关系中亦应受到“特别处理”。例如，对于长期以来中美关系的一个纠纷点——人权问题，费正清就呼吁美国应认识中国文化不同于西方，对人权有完全不同的定义。他明确指出，“人权的概念，虽然在一个自我标榜的全球宣言中被神化，（实际上）是受着文化制约的”。他指责美国在人权问题上做文章批评中国的行为是“美国的新宗教”。这种概念误差，费正清认为是由于中美文化之间的巨大差异造成的。两国在许多重要方面有着重大的分歧，造成两国之间的差别“几乎如同男女之间的性别差异一样有趣”。费正清过去的学生唐若思曾准确地概括费正清的观点，他说：“在费正清看来，有两种方法把中国纳入我们的世界观：要么视中国为全球近代化过程中的后来者，要么把中国看作一个特殊的文化。这种文化有自己的历史和未来。”费正清“更倾向于后者”。因此，费正清在各种场合都一再呼吁研究中国的重要性，奉劝西方学者在研究中国时，切忌先“提出一个西方问题，然后收集证据加以回答”，因为这种方法“忽略了中国的实际情形”。中国的文明是完全不同于其他任何形式的文明，因而也不能用所谓的普遍标准来衡量中国。

费正清学术研究的第二个特色是侧重研究清代以来的中国近现代史。他研究中国历史的主要出发点是帮助西方了解中国，促进中美两国关系的正常发展。要了解中国的现在，必须了解它的过去，特别是清代历史。在费正清看来，不深入研究清代中国，就无法理解当代中国。这是他集中研究清代历史的主要动因。学术研究的功利色彩与他本人所说的“瞄准目标”二者结合成为费正清学术研究的一个重要特征。白修德指出，“从一开始，费正清的目标就很清楚：解释我们是怎样了解中国人的及中国人如何看我们。解释导致中美对抗的历史渊源”。费正清本人对此也坦诚不讳，他在回忆录中写道：麦卡锡主义为研究中国历史提供了“恰当的时机”，因为“在中国问题上，对麦卡锡主义的回答只能是教育”公众。难怪白修德认为费正清的每一本书都是着眼于为现实提供历史借鉴作用。所以费正清的著作不仅是学问的一部分，更重要的，它们还代表着“智慧”。

费正清学术研究的第三个特色是强调“西方冲击”与“中国反应”及传统与现代化两个主题。首先必须指出的是，费正清作为一代学术大师，曾从多种角度探讨过中国历史。但笔者认为上述这两个主题在费正清的著作中（特别是其早期著作中）比较明显、突出。费正清把中国近代史看作是中国从传统向近代方向缓慢迈进的过程，这种近代化过程在很大程度上是中国对西方冲击的反应。中国近代化之所以没有成功，主要原因不是帝国主义侵略，而是中国独特的文化传统。因此，在费正清的多种著作中，冲击与反应，传统与现代化的主题总是不断出现。例如，费正清在撰写《美国与中国》时便充分利用当时较新的所谓现代化理论来阐述中国的历史，以此分析为什么中国没有像西方和日本那样走向近代化之路。他与邓嗣禹共同编撰的《中国对西方的反应》明显体现了其冲击—反应理论。他的《伟大的中国革命》（1986）强调中国历史的连续性，把1800年以来的中国历史视为中国在传统与现代化中挣扎的历史。在他最后一本著作《中国新史》中，上述两个主题也是显而易见的。他在该书结尾中写道，如果乾隆皇帝在1793年接受英国的建议，让中国加入国际贸易体系，今日中国的现代化就可能与日本并驾齐驱了。

“中国为什么不能对西方入侵做出有效回应”的问题，在费正清的著作中一再重复出现。1984年他接受《知识分子》采访时所强调的仍是中国为什么不能像日本那样对西方做出反应论题。以传统与现代化为经，冲击—反应为纬，二者的结合便是费正清解释中国历史的关键所在。

费正清丰硕的学术研究成果在世界上产生了深远的影响。诚如温斯顿·洛德（美国前驻华大使）所言，“费正清对中国的研究和理解，无人可以超越”。

在西方谈中国学研究而不提费正清，就像谈中华人民共和国而忽视毛泽东一样。费正清不仅仅是一个有成就的学者，更重要的，他是一个学科的创始人，或人所共知的“中国学之父”。因为后人或许可能取得超过费正清的学术成就，但无人能像费正清这样在50多年内始终成为中国学研究的中心和领袖。对此，西方学术界没有异议。宾州大学著名中国学家卜德认为，西方中国学之所以能在今天成为显学，“费正清贡献最大”。《中国史研究方法》（Albert Feuerwerker，etc. eds. *Approaches to Modern Chinese History*，1967）一书的编者也明确指出，“现代中国史研究的发展，在很大程度上归功于费正清”。《评论》杂志也明白写道：费正清是美国的“中国学发展过程中，最重要的无与匹敌的人物”。曾任费正清东亚研究中心主任和哈佛大学政府系讲座教授的马若德宣称，是费正清“真正使中国近代史成为近代史整体研究中的一个显学”，是费正清最早使中国学摆脱传统的“东方学的一潭死水”，将其变成学者们可以对之进行广泛研究的对象。由上述评论中可以看出，费正清是公认的中国学创始人。

费正清之所以成为“中国学之父”，一个主要原因是他具备“学术企业家”的素质。他像一个成功的企业家那样信息灵通，深谋远虑。他最先呼吁研究中国问题的重要，并于1955年成功地说服哈佛大学率先在美国成立第一个东亚研究中心。哈佛大学前文理院院长亨利·罗沃斯基曾把费正清这方面的成功归于他杰出的宣教能力。罗沃斯基说，费正清是“伟大的学术传教士”，“在哈佛当代历史上，我还找不到其他人在该方面能与他分庭抗礼”。除哈佛的东亚研究中心外，美国的其他几个中国研究中心也是后来在费正清的支持下，主要由他的学生创建的。费正清的“学术企业家”素质特别体现在为中国学发展特别是哈佛东亚研究中心筹款方面，他是一个募捐能手。在他担任哈佛东亚研究中心主任的近20年间，中心一直财源茂盛，雄厚的经济基础为中国学的建立及发展提供了有利条件。

但一个学科成长壮大的主要条件是人才的培养。在奖掖后进、悉心培养后学方面，费正清取得了他人生中的辉煌成功。他是一个真正的导师，极具导师的才华。这一点早在他教学生涯初始时即已见端倪，白修德对此曾做过精彩的描述。当费正清在1936年任教哈佛时，白修德已进入三年级了，但正是初出茅庐的费正清对他影响最大。是费正清让白修德感到“生命的呼唤”，是费正清的中国课程深深打动了他，让他感到热血沸腾，导致他很快来到中国——“那故事发生的地方”，并成为第二次世界大战中著名驻华记者及政论家。随着学问的增长和阅历的日趋丰富，费正清的教育家才能得到极大的发挥。

费正清培养中国学人才的第一个途径是课堂教学。他在20世纪50年代同著名的日本专家赖世和合作开设的《东亚文明史》课程，吸引了哈佛莘莘学子。他们以其丰富的学识，异彩纷呈、深入浅出的教学方式，使这类课程成为孕育新一代中国学大师的肥沃土壤，从中培养了大批学者，并引领学生中的许多人走上了研究中国的人生旅途。

费正清教学的第二个途径是为研究生开设的讨论班。从找材料到选讨论班论文题目，费正清对学生总是多方指导。他特别重视讨论班题目的选择，在他看来，“选择一篇讨论班论文题目如同选择配偶一样重要”。学生和讨论班论文之间的关系“甚至比两性关系还要密切”。因为世界上男人和女人有的是，但“书稿永远属于作者自己”。正是出于对书稿的一往情深，费正清有时对人倒显得相对无情。例如在他的学生为其举行的60岁生日晚会上，他请与会的詹姆斯·汤姆森教授再花一年时间把他的第二本书稿完成。汤请求宽限时日，因为他想花时间来挽救危机中的婚姻。费不无严肃地回答道：“别人关心人，但我只关心书稿。”当然，这只是一个极端的例子。在大多数情况下，费正清是用巧妙的手腕来达到促成学生完成书稿的目的。

费正清有时有意安排学生做某些重要但被忽视的题目。例如，传教士是一个非常有意义的题目，费正清便大力鼓励某些学生的兴趣向此方向发展。柯文在谈到费正清怎样使他写传教士题目时幽默地说，费正清“精明地抛出诱饵，我便上钩了”。费正清之所以这样做，主要是出于中国学科全面发展的考虑，体现了“中国学之父”的苦心。因此，他并不鼓励学生只在他自己熟悉的课题内做文章。孔飞力教授对此曾评论说，“费正清是其专业领域的传教士。他很早就意识到应鼓励学生成为他自己不熟悉领域的专家”，“并对自己学生的著作非常尊重，并乐意学习”。

费正清扶助年轻学者的另一个为人乐道的方面是帮助他们顺利进入学术生涯，其主要体现便是促成其学术成果的问世，帮助其出版。费正清深知青年学者对自己的书稿常常缺乏信心，不敢轻易拿出来发表，对此必须多加扶持。他一位学生当年在完成了自己的书稿后，很长一段时间内仍不愿拿出，总是觉得有不满意之处。费正清说要看看他的书稿，随后便不声不响地将其推荐到哈佛大学出版社出版。对这一件事费正清曾在自己的回忆录中提起，称这是一本“好书”，有利于这位年轻人的事业发展。类似的例子还有很多，曾在弗吉尼亚大学任教的一位中国史专家也有相同的经历。为此，他在一篇回忆费正清的文章中充满感情地写道："没有我的导师及朋友（费正清先生）在背后关注着我，上帝知道我什么时候才能完成（我的著作）。甚至现在，每当我完成一部书稿准备出版时，我仍感觉到他的关注。"

为了中国学的发展，费正清想出许多办法来网罗人才。其中一个他引为自豪的办法是他那举办了几十年不间断的传奇性的周四茶会。茶会在他位于哈佛校园不远的家中举行。费正清利用茶会提高学生研究中国的兴趣，帮助学生进入（研究中国）朋友的圈子，为他们提供切磋学问的气氛。茶会对中国学发展的贡献之大，连费正清自己也不无得意地称此为他一生中最值得记忆的"发明"。他的另一个办法是提供奖学金。现为哥伦比亚大学著名教授的黎安友也是费正清的学生。在求学期间，他曾一度想放弃中国研究，改换门庭。费正清立即为他安排了一笔到英国做旅行学者的资金，从而，用黎安友自己的话说，他因"咬中国的钩子太深而无法逃脱"了。由于费正清"不择手段"网罗中国学人才，他甚至被人怀疑为"中国第一主义者"。的确，在费正清看来，一个人选择其他专业而不是研究代表世界最伟大革命的中国，是不可思议且很难理解的。

费正清为中国学的发展、为培养人才付出了大量的心血，他对此觉得理所当然。他说，"如果下一代不站在前辈的肩上、头上，人类又怎能向上发展呢?"但他的确得到了一个导师所能梦想的最高荣誉：他的学生们现在全是出类拔萃、学识丰富的各行业的精英。而且，正如费维恺指出的，"凡费正清的学生都不会忘记他对他们的工作、事业、学术观点的真诚和永久的兴趣"。他的学生对他有一种近似英雄崇拜的心情，甚至认为他像“上帝”。

作为一个学派的创始人，费正清没有门户之见。凡一切与中国有关的学者和专业，他都大力支持，为之奔走。如哈佛大学法学院的东亚法律中心，在诸如选择人才等各方面都受到费正清的多方帮助和支持。哈佛经济系的中国经济讲座的设立，帕金斯教授的学术成长都与费正清分不开，都凝聚着费正清的大量心血。费正清作为一个历史学家，他的目光并不局限于历史学科的发展。如他主动建议黎安友改学政治科学。因为在当时研究中国政治的人还不多。对于费正清的“冲击——反应”解释模式，柯文曾撰文提出强烈批评。我同柯文熟悉后，他几次告诉我，费正清晚年怕自己未能完成自己的 *China*：*A New History* 一书就去世，特慎重拜托柯文：如果他突然去世的话，请完成他的遗愿。这让柯文感激不已。好在费正清还是自己完成了这本书，就在他把书稿送到哈佛大学出版社的第二天，他就溘然长逝了。读者诸君如有兴趣，可看该书第一版的编辑代拟的后记。

可以毫不夸张地说，美国当代中国学研究者绝大多数出自费正清门下（或学生的弟子甚至学生弟子的弟子）。新西兰学者 S. A. M. 阿谢德甚至认为“所有现代中国学研究者都是费正清的学生”。据费正清的一位同事估计，费正清的名字出现在学术著作的奉献页或鸣谢页上的次数十倍于任何其他学者。

1970 年 6 月，哈佛大学校长在授予费正清荣誉法律博士学位时致辞说：“我们国家在东亚研究上的成就归功于此人长期不懈地坚持和富于远见的创造性努力。”这一评价并不是溢美之词。毋庸置疑，费正清是美国中国学发展的“发电机”。而且，在一定程度上，这一评价还远远不够。

因为费正清影响到国际中国学的发展成长。例如，在前汉学重镇法国，费正清的影响便不容低估。法国著名的女历史学家白吉尔曾写道，法国的中国研究“严重依赖费正清所建立的模式，沿着他开辟的道路前进”。“费正清的逝世不仅是美国中国学家的损失，也是法国学术界的损失。”另一位法国杰出的中国学研究者毕仰高进一步认为费正清过去是，而且永远是“我们欧洲的中国学之父”。

欧洲的这一反应大概是费正清乐于见到的，因为建立世界中国学中心是费正清长时期的伟大理想。据他的哈佛同事老马说，他“一直把中国研究看作是一项国际事业”。早在20世纪60年代，费正清即“视中国学为一全球事业，急切地想了解别国（学者）正在做什么，并探索我们如何合作”的途径。为此目的，他曾几次进行环球学术旅行，为实现自己的这一理想努力。

哈佛东亚研究中心在某种程度上部分实现了他的世界中国学中心的梦想。多年来，每年有占中心成员半数以上的来自世界各国的学者在这里聚首，切磋学问、交流心得，共同耕耘中国学这块园地。他参与主编的《剑桥中国史》也体现了他的世界中国学中心的理想。到目前为止，来自欧、亚、美等洲的许多学者参加了这一庞大学术项目。

费正清还在中美关系中扮演了多种角色。第一种角色是充当政府官员或顾问。在第二次世界大战期间，费正清被美国政府派往中国，担任美国驻华大使的特别助理及情报与新闻官。鉴于对中国局势的第一手观察，在中美关系方面，当时他主要做了两项工作：一是在物质上援助中国的自由知识分子。当时许多中国学者由于战时通货膨胀、物价飞涨，生活在贫困线上。费正清尽自己最大的努力给予他们一些物质帮助。钱端升夫妇、梁思成夫妇等当时都得到过费正清的资助。二是警告美国政府不要同国民党政权完全搅在一起。他很早就认识到蒋介石政府由于腐败无能，垮台是迟早的事。他对当时美国对华政策提出了强烈批评。他在1946年6月中旬结束在华官方使命前给母亲的一封信里这样写道："我们在亚洲似乎命定要做蠢事"，美国现行对华政策是"不可名状的愚蠢，后果不堪想象。简直是疯了"。费正清的这一态度在其回哈佛后没有什么改变。对于当时中共节节胜利的事实，他认为这是中国历史的必然。中国革命是土生土长的产物，而不是来自外来影响。他反对美国一味支持蒋介石的政策，认为这样做有碍将来的中美关系。他在1947年发表的一篇文章中呼吁美国应同中共方面取得联系，因为这符合美国传统的"自己活也让别人活"的哲学。顽固地把自己绑在国民党内战的战车上，并不符合美国的国家利益。在中共正式接管政权后，他要求美国正视现实，承认中华人民共和国。他在1949年担任杜鲁门政府制定对华政策顾问时，即将此看法告知美国最高层。当时，关注中美关系、呼吁美国继续保持同中国的联系成为费正清的主要兴趣所在。他在后来的回忆录中写道："我开始同时骑两匹马"，一匹马是在哈佛"教中国史"，另一匹马是投入很大精力讨论当时对华政策。

然而，费正清的这种现实主张使他成为美国冷战思潮中的批判目标。在20世纪50年代，正如知名学者西格蒙德·达芒特在其近著中所写的，美国强烈的冷战、反共歇斯底里，使得"对（美国）现行政策提出任何不同意见都会被污蔑为颠覆性质，斥为卖国"。在这种强烈的反共环境下出现的麦卡锡主义者谴责费正清要对美国"失去中国"负责。甚至连新任国会议员约翰·F. 肯尼迪也指责费正清是共产党的"同情者"。这在当时是一个很大的罪名。1960 年白修德曾当面指责肯尼迪不应攻击费正清。肯尼迪连连表示认错，认为他当年初出茅庐，不谙世事，出语有误。许多新闻媒体也展开对费正清的攻击，如《时代》周刊谴责费正清是共产党的长期辩护人。费正清受到了许多不公正的待遇。其中除浪费了大量宝贵时间和精力到国会等部门申辩之外，他还一度被禁止出国，一些团体拒绝邀请他演讲，还有国务院不再允许他接触保密资料等。联邦调查局也展开了对他长时间的调查，关于他的案宗竟有几千页之多。从 1953 年到 1960 年这段时间内，根据史华慈所说，费正清这位一向“对涉及中国的公共政策极为关心”的人，被迫谢绝谈论当代中国问题。据其学术传记作家伊文思统计，他在这八年内发表的关于中国政策的文章加起来不到 75 页。费正清转而埋首中国学的学科建设及历史研究，他采取间接的方式，以学者身份用自己的历史研究成果来影响未来中美关系的发展。由于费正清的著作强调中国在世界历史中的重要性，因而在一定程度上提高了美国人对中国的认识，从而为未来中美关系的突破打下了理论基础。费正清本人也因此被世人誉为影响中美关系的“天才策略家”。洛德对此予以高度评价。他说，在美国，政客也好，学者、教师、记者也好，商人也好，任何人只要他对中国感兴趣，都“必须阅读和吸收”费正清的著作。

随着美国在越南战争中越陷越深，不能自拔，在国际舞台上日显无能为力，美国政府不得不重新思考费正清等人的意见。1966 年美国国务院重新邀请费正清进入政府顾问行列，联邦调查局也在这时停止了对费正清长时间的调查。费正清开始重新出现在美国公共政策的论坛上，以舆论精英的角色影响中美关系。他主张美国改变孤立中国的政策，应欢迎中华人民共和国加入国际社会，并在联合国占有一席之地。费正清虽一时无法摆脱“遏制”政策的影响，但他坚决反对把中国摒弃在国际舞台之外的孤立政策。他主张一种所谓“遏制但不孤立”的新的对华政策，并积极为中华人民共和国进入联合国奔走呼吁。这一目标在 1971 年实现后，费正清又立即成为中美建交的“主要鼓吹者”和推动者，并在美国最终承认中华人民共和国方面“扮演了极其重要的角色”。他的许多学术研究成果也越来越成为两国领导人制定双边政策的主要参考书。

费正清在推动中美关系发展上的贡献得到了中美两国政府的承认。1971 年费正清作为中国政府邀请的首批美国客人访问中国。1979 年费正清应邀出席美国政府为邓小平副总理访美举行的国宴，并与卡特总统和邓小平同桌而坐。同年他作为由美国副总统沃尔特·蒙代尔率领的美国政府访华团成员访问中国，受到了中国人民的热烈欢迎。

费正清虽已去世，但他留下的丰富遗产仍对中美关系发展有指导意义。如他一再强调的中美对“人权”问题因文化、历史和社会价值判断的不同而必然出现分歧，中国随着时间的推移，将会越来越成为美国在国际舞台上的主要竞争对手等观点，对处理中美关系中的许多疑难问题仍有重大参考价值。

费正清在学术界占有不朽的地位。哈佛大学的费正清东亚研究中心，费正清讲座教授头衔的设立（哈佛大学费正清讲座教授席位第一位获得者为曾担任费正清东亚研究中心主任的哈佛著名人类学家华琛），1968 年美国历史学会设立的费正清最佳东亚著作奖等都是他不朽的丰碑见证。他逝世时，哈佛校长尼尔·L. 鲁德斯坦告诉报界，“哈佛失去了一个巨人”。亨利·罗沃斯基称费正清的去世是“一个时代的结束”。包括《纽约时报》在内的各大媒体均发表讣闻，并对费正清予以高度评价。他一生中收到了包括哈佛大学在内的许多荣誉博士学位，并在1986年获得了哈佛奖章。他赢得了学术界的高度尊敬，一个学者孜孜以求的，他都得到了。人们不禁要问，费正清为什么能取得如此巨大的成功?

他本人对此曾做过解释。面对弟子们在他60岁生日晚会上的一片赞誉声，他说，他能成功的原因“很简单。只要在世界上最伟大的革命（指中国。——引者注）和世界上最了不起的大学（指哈佛。——引者注）之间取得有利地位就行了”。他把自己创建中国学方面的成功归于哈佛，认为哈佛是“实现此目的的最佳战略据点”。“我应该把这一荣誉与哈佛大学出版社及毛主席分享”。由此可见哈佛在他学术生涯中所占的重要地位。诚然，哈佛是导致费正清成功的一个重要因素。哈佛在东亚研究方面出书之多、培养人才之众、影响之大是其他地方所不能企及的。但这些都只是费正清成功的外在因素，内在因素仍是费正清本人。费正清之精通行政管理，甚至达到乐此不疲的地步。他自己曾对人说：“我喜欢创造机构。”

他成功的首要因素是他的学术。即其既有学，又有术，学术兼于一身。学，指他的学问，教学能力。术指其出色的行政组织能力，如炉火纯青的待人接物技巧，口若悬河的辩才，富有外交家的谈判艺术等。长期与费正清共事的赖世和教授认为费正清是一个“精通企业家技巧的大师”。他知道怎样募捐，知道怎样才能实现自己的目标。赖世和称“费正清是一个狡猾的学界政客，他在哈佛地位坚固，影响盘根错节，尤其精通如何操纵权力”。书生大都有学无术，政客有术无学，费正清二者兼备，当然能取得超人的功绩。

费正清成功的因素之二是他不是一个梁启超在《清代学术概论》里提倡的那种“为学术而学术”的学者。经世致用是他治学、育人的一个主要特色。正如谢伟思所说，费正清“绝不是一个象牙之塔内的学者”。干预政治、影响舆论，撰写雅俗共赏的学术著作等都是他赖以成功的重要方面。

因素之三是他始终“学而不厌，诲人不倦”。“学而不厌”体现在两个方面，一是珍惜时间。他之善于利用时间和珍惜时间在学生及同事中已成为传奇故事。正因如此，他才有时间写出众多高质量的作品，培养出众多一流人才及做出了许多惊人业绩。“学而不厌”的第二个体现是他的谦虚好学、虚怀若谷，注意并善于吸收他人的研究成果。他喜欢观点的交锋、学术上的辩论，并乐于同批评自己学术观点的人交往。正是由于这种不囿已见、兼容并蓄的大师风范，使费正清在学术上达到“会当凌绝顶，一览众山小”的境界，并永远保持了他在学术研究中旺盛的活力及不断创新。

“学而不厌”使费正清成为一个杰出的学者，但“诲人不倦”则是使他成为一个学科创始人及许多优秀学者难以做到的“人之导师”的保证。和学与术一样，一流学者与伟大导师二者兼备，是费正清成功的另一个重要方面。

“金无足赤，人无完人。”费正清当然也有许多缺点。无论是他的学术观点、研究方法及其他方面都有可商榷之处。然而，爱德华·吉本对伟大的拜占庭将军拜利·萨纽斯所做的评价用在费正清身上是合适的：“他的缺点是由于受到时代的不良影响，而他的美德是属于他自己的。”无论今天我们怎样评价费正清先生的学术人生，他都是中国古人所说的君子。“君子之过也，如日月之食焉，过也，人皆见之，更也，人皆仰之。”在今天的哈佛和美国其他大学，很难再出现像费正清这样的学术大家了。我们经常能看到的是精于打小算盘的利己主义者和心胸狭窄、自命不凡的人，这些人大多不学有术，埋首自身利益，很少顾及学科建设和学术发展。

霍布斯鲍姆的时代及其宿命

我跟霍布斯鲍姆没有个人交集，但我十分钦佩其学问和人生经历。孟子曰："予未得为孔子徒也，予私淑诸人也。"在某种程度上，我算是其"私淑弟子"。在西方，霍布斯鲍姆以马克思主义历史学家的头衔享有盛名。他终其一生未改政治信仰，是始终不渝的共产党员。这是他个人的选择，并最终成为他的宿命，影响他的学术及个人生涯。他在临死前说，希望死后人们会这样记住他这个人："这是一个始终高举红旗并不断挥舞的人。尽管他只不过写了几本读起来趣味盎然的好书，但他还是有所建树的。"

英国历史学家埃里克·霍布斯鲍姆于2012年中华人民共和国国庆日在伦敦去世，享年95岁。霍布斯鲍姆生于俄国十月革命的1917年。他一生信仰马克思主义，在西方以马克思主义历史学家著称。作为共产党人，霍布斯鲍姆可谓生逢其时，一生目睹共产主义的兴衰，目睹苏联成为超级大国，然后是中华人民共和国的迅速崛起。在其漫长的一生中，他也看到自己一生致力批判的资本主义世界在20世纪末及21世纪初似乎走上没落的不归路。但同时他也目睹了苏联的解体——冷战以西方的胜利而结束。作为一个有强烈的现实关怀的历史学人，霍布斯鲍姆的人生和学术经历可谓相得益彰，珠联璧合。作为历史学者，他以“时代四部曲”闻名一时，即《革命的时代》《资本的时代》《帝国的时代》及《极端的时代》。学术著作与其精彩人生互相印证，也因此成就了可以称之为霍布斯鲍姆的时代。但令人可惜的是，如同跌宕起伏的 20 世纪一样，霍布斯鲍姆的个人时代也充满着“宿命”。他的人生轨迹固然充满传奇，但同时亦受到“宿命”的巨大制约。

要明了霍布斯鲍姆的个人时代及宿命，我们必须要回顾他奇特的人生经历。霍布斯鲍姆出身于一个犹太人家庭。其父为英国人，母亲为奥地利人。由于出生时父母在埃及谋生，霍布斯鲍姆实际上出生在埃及。他的父母在其年少时即相继离世，从而使他在很长一段时间里过着颠沛流离、寄人篱下的生活。除埃及外，他先后在维也纳、柏林的亲戚家度过了童年及少年时代。1933 年希特勒上台，施行排斥犹太人的政策，迫使当时生活在柏林的 16 岁的霍布斯鲍姆再次迁移，来到伦敦，寄住在伯父家。少年的经历，特别是在德国的经历，彻底奠定了他一生信仰马克思主义，并在青年时即成为共产党员的漫长人生的基础。这种年轻时即成为共产党员并始终没有脱离党、没有放弃共产主义信仰的经历，成就了霍布斯鲍姆，也成为其终生的宿命。1933 年回到伦敦后，霍布斯鲍姆由于聪明好学，自称参加考试如同吃冰激凌一样令其享受，轻松获得奖学金进入剑桥大学学习，并先后在此完成学士及博士学位。由于他对社会、政治的浓厚兴趣，历史研究当然成为他终身的职业。

在英国 20 世纪杰出学者中，有不少人是共产党员，信仰共产主义。

如大名鼎鼎的历史学家 E. P. Thompson、Christopher Hill，著名学者 John Saville、Raymond Williams 都曾经是英国共产党员，都在各自的领域做出重大贡献。就个人来讲，Raymond Williams 的《关键词》（*Keywords*）一书虽出版多年，迄今仍是我的案头常读之书。但是这些人与霍布斯鲍姆不同的是，他们大多在 1956 年后脱党，摆脱政治包袱，潜心学术。而霍布斯鲍姆终其一生未改政治信仰，是始终不渝坚信共产主义的共产党员。

由于政治原因，霍布斯鲍姆一直未能成为他心向往之的剑桥大学教授并跻身英国最高学术殿堂。从 1947 年初出茅庐到 1982 年退休，他一生都在英国伦敦一个名不见经传的 Birkbeck 学院任教。当时的 Birkbeck 学院类似于中国的夜校或职工培训学院，学生大都来自工薪阶层，白天上班，夜晚上学深造。就是在这样一个三流学校，霍布斯鲍姆还熬了 23 年才晋升教授（1970 年）。如果说是由于政治原因作梗导致其晋升不顺并为其学术发展拖后腿的话，应该是不错的。不过，霍布斯鲍姆本人至死都不承认这点，反而声称他的学术声誉受惠于他的政治信仰及其共产党员身份。他若不是那种“鸭子死了嘴还硬”的性格，就是有他人所不知的背景。遗憾的是他现在已“见马克思”了，已无法与之进行进一步的对证。

霍布斯鲍姆在写于 2002 年的自传里承认，因为他的政治背景，他在学术研究上一直回避 20 世纪。由于他对俄国十月革命的终生崇拜以及强烈的共产主义观点，他害怕他的有关 20 世纪的学术研究会被人打上“政治说教”的烙印及标签。可能由于此种原因，霍布斯鲍姆花了差不多一辈子的心血研究“漫长的 19 世纪”。他的“时代四部曲”中，有三部是关于19世纪的。《革命的时代》集中研究由1789年法国大革命到1848年欧洲革命的历史，出版于1962年。《资本的时代》则着眼于1848年到1875年西方资本主义大规模上升及扩张的历史。《帝国的时代》是研究1875年到1914年间的历史，这本书于1987年出版时霍布斯鲍姆已正式退休好几年了。该书主要解释西方是如何进入帝国主义时代的。“时代四部曲”的第四部，即《极端的时代》，到1994年才出版。这本书终于回到霍布斯鲍姆自己生活的时代，一个他在学术研究上不敢深入的时代。《极端的时代》描述1914年到1991年的历史，同他用鸿篇巨制写就三部曲来研究“漫长的19世纪”相比，这第四部可谓其“极短的20世纪”的不对称的成果了。这难道不是宿命吗?

当然，在某种程度上，我们也可以把霍布斯鲍姆在2002年出版的自传 *Interesting Times* 当作他有关20世纪的另一部著作。在这部精彩纷呈的回忆录里，霍布斯鲍姆从个人角度描述20世纪如何成为人类历史中最特殊也最令人恐怖的时代。这部自传堪称他“时代”系列的第五部。自传的全名是 *Interesting Times*：*A Twentieth －Century Life*。霍布斯鲍姆在解释为什么要用此一书名时写道，他的灵感来源于中国的一个古老咒语。该咒语认为，有趣的时代总是有悲剧及动乱的成分。因此在他看来，这一书名可以很好地概括20世纪对其个人及其作为职业历史学家的双重魔咒的含义，这也是本文为什么用宿命作为切入点的主要动机。诚然，霍布斯鲍姆是诚实的。作为一个忠诚的马克思主义者，从个人角度他无法对20世纪的历史做一客观解释。但作为一个训练有素的专业历史学人，他又必然面对及审视伴随这一世纪而来的各种各样的残酷历史及现实，并加以学术判断。霍布斯鲍姆的纠结及矛盾心理甚至宿命由此而生。在撰写自传时，尽管他已80多岁，他仍无法完全超越自我，超越自己的政治，公正全面地解释这一既属于他本人又属于人类的时代，以及两者之间的冲突与矛盾。这难道不是宿命吗？

纠结也好，宿命也好，不幸也罢，霍布斯鲍姆并未因此出世或怨天尤人。他是一个善于积极入世并生活得多姿多彩的人。他一生寄情山水田园风光，喜欢电影，喜欢飞鸟，大有“天高任鸟飞”之概。他一生写了40多本书，其中不少为有关当代政治、文化的分析及社论。他是著名的*Past and Present*杂志的长期编辑及撰稿人。他还是文艺社团的发起人，并经常出现在各种媒体的采访中，侃侃而谈，说古论今。他也喜欢同三教九流各种人士交往，如政治上极其保守的历史学人Niall Ferguson就是他的朋友之一。他也喜欢喝酒，英式果酒、威士忌等都是他喜欢的杯中物。

作为一个共产主义者，他对各地革命情有独钟，关注有加。在他去世的前一年，即2011年，中东发生了“阿拉伯之春”，不少国家爆发革命。霍布斯鲍姆当然为之激动，为之欢呼，这些革命让他想到1848年的欧洲政治巨变，两者有不少相似之处。他认为“阿拉伯之春”如19世纪中期的欧洲革命一样，也是中产阶级成为革命的主要推动力。作为共产党人，霍布斯鲍姆在年轻时就对革命运动非常积极，把参加群众集会同性爱相提并论。他曾公开声称，除性爱之外，只有大规模的示威游行才能让他达到身心俱悦极度兴奋的地步。霍翁终其一生孜孜于改变世界，并非满足于躲在书斋撰写历史，而对自己创造历史心向往之。他在去世前一年出版了《如何改变世界：马克思及马克思主义的故事》一书（*How to Change the World*：*Tales of Marx and Marxism*）。如果2011

年他再年轻一点，他也许会立即背起行囊奔向中东，加入群众抗议示威之列！

霍布斯鲍姆多姿多彩的人生经历及心路历程，还体现在他一生十分钟爱爵士乐以至于达到痴迷的地步。大概孔子所谓闻韶乐“三月不知肉味”的感觉，也不过如此，但此君可以达到一辈子“不知肉味”的境界！他爱听爵士乐，还化名长期在杂志上撰写爵士乐评论，并出版爵士乐评论专著。其见解之独到，甚至使作为行家里手的专业乐评人都对之赞赏有加。有趣的是，此翁对爵士乐感兴趣之初还有一番悲催过程。他年轻时自认长相奇丑，无法吸引异性。他曾在日记中这样描述19岁时的自己：个高，奇丑，无道德心，极其自私，虚荣且办事猥琐，不光明磊落，生性胆小怕死。我们可以想象如果这样的人走上江苏电视台的《非诚勿扰》节目征婚的话，24位佳丽恐怕会马上全部灭灯的。

为了弥补自己貌丑及减轻对异性无魅力的痛苦，霍布斯鲍姆发现了爵士乐，感到爵士乐能帮助他缓解因性冲动而带来的身心煎熬，从而可以寄情于音乐而忘却自己是可怜的无异性问津的“丑小鸭”。等到他后来超越了自己因长相丑陋及缺乏对异性吸引力而自怨自怜的境界后，他发现爵士乐仍然与他的政治理念相吻合——因为爵士乐是大众文化的音乐体现，从而一生对之乐此不疲。他出版过《爵士乐境界》（*The Jazz Scene*）以及《不平凡的人，抵抗运动及爵士乐》（*Uncommon People, Resistance, Rebellion and Jazz*）这两本书，从中可以感受他对爵士乐的独到意境及音乐领悟力。

尽管幼年及青年时期饱受颠沛流离之苦，成为学者之后学术升迁又受到其政治信仰拖累，但霍布斯鲍姆无论在学术成就还是对他盖棺论定的世人评论及承认诸方面来说，都还是幸运的人。中国古人早就说过，一代良史要“才、学、识、德”四者兼备。霍布斯鲍姆的才、学、识是世人公认的。就是在“德”方面，他实际上也是无可挑剔的。因为在西方封杀、批判共产主义时，霍布斯鲍姆从不人云亦云，对自己的政治信仰绝无动摇，至死不渝。这是何等的气魄和气概！尽管受到政治问题带来的消极影响，他还是取得了傲人的学术成就。这又是何等的了不起！霍布斯鲍姆的经历及成就告诉我们，意识形态的禁锢并不能阻止一个人成为一流历史学家甚至一代宗师。

在西方学术界，一个历史学家要成为一代宗师一般要具备下述条件：第一是自立门派，成为某一学科或某一重要观点的创始人。如所谓法国年鉴学派的布劳代尔，美国建立近代中国学研究的费正清等人。在这一点上霍布斯鲍姆没有做到。他不但不是某一学派的创始人，甚至他的基本观点都是属于别人，即马克思的。比霍翁早两年病逝的美国纽约大学著名欧洲史教授 Tony Judt（1948—2010）指出，霍布斯鲍姆永远背负的“十字架”，就是他死不改悔的政治信仰，影响他成为真正杰出的历史学家。

成为一代宗师的另一个重要条件是要有自己的学术梯队，特别是博士生，通过自己的学生甚至学生的学生为导师摇旗呐喊，从而扩大其影响。这一条件霍布斯鲍姆也不具备。如前指出，霍布斯鲍姆正式退休前一直在一个类似夜校的地方教书育人，该校当时没有所谓博士点，套一个中国目前流行的头衔就是，他不是“博导”，所以他没有通过培养下一代学者来扩大自己学术影响的条件。古今中外，一个人的学术影响大概有三大范畴，一是名牌学校与真正大师相得益彰。如哈佛的费正清及亨廷顿。他们因为哈佛而伟大，哈佛因为他们而更加著名。二是二流学者因为身处一流学校导致自身身价提高，人以校贵。三是一流学者却身处三流学校，学校通过学者而扬名。能达到第一类固然极好，名校名师交相辉映。但如不能做到这一点，窃以为霍布斯鲍姆这样的第三类情况更名正言顺甚至更伟大，因为他的成就货真价实，未掺任何水分，且是辛苦挣来的。当然若能做到这一点，个人需要付出的代价是很大的。

在如此诸多的不利条件下，霍布斯鲍姆最终还是成功了。他成功的要诀可能有三：一是多出书。他一生出版了近 40 本书。但多出书并不意味着成功。美国老左派史学家 Philip Foner（为美国哥伦比亚大学著名美国史学家 Eric Foner 的伯伯），一生出书近百本，却生前名不彰，死后也名不显。国内不少学者全集选集卷帙浩繁，除灾梨祸枣外，究竟又有多大学术价值及影响？所以霍布斯鲍姆的第二个要诀就很重要了，即要出好书。霍布斯鲍姆的“时代四部曲”，加上他的自传则为“时代五部曲”，部部皆精品，产生了巨大影响，属于“藏之名山”之作。连在政治上与其有水火之分的保守历史学家 Niall Ferguson（曾为哈佛历史系教授，现在斯坦福大学胡佛研究所任职）也在霍布斯鲍姆去世后撰文写道，其“时代”系列是任何有兴趣研究近代史的人的“入门必读书”，并称霍布斯鲍姆为“一代真正伟大的历史学家”。霍布斯鲍姆的第三个成功要诀是长寿。如果前两个要诀可以通过个人的努力实现的话，这第三个要诀则要看上帝的旨意了。看来上帝待这位共产主义者不薄。他活了 95 岁。更重要的是，他直到去世，除行动不便外，思路仍十分明晰，仍极富创造力。他在临终前三个月，还亲手编订了自己的另一本书，书名叫 *Fractured Times*：*Culture and Soceity in the Twentieth Century*，是他关于20世纪社会、文化等方面的论文集，其中涉及宗教、科技、大众消费文化、高雅艺术的没落、美国牛仔文化等多种题材。该书于2013年由著名出版社Little，Brown and Company出版。

由于长寿，霍布斯鲍姆在英国工作35年，于65岁（1982）规定年龄正式退休后，实际上开始了人生的第二春。他先后到美国斯坦福大学、纽约大学、康奈尔大学等诸多学校做客座教授，同时开始进入学术研究的黄金期。他的“时代五部曲”中的三部曲——《帝国的时代》《极端的时代》及其自传《有趣的时代》，都是在退休之后撰写和出版的。当关于20世纪的《极端的时代》于1994年出版时，他已经77岁了。这本书的出版将霍布斯鲍姆的声誉及影响由欧洲扩及全球。从影响上来说，这本书是他最成功的一本书，被翻译成40多种语言，中国大陆及台湾均有翻译出版。该书在全世界都叫好叫座，佳评如潮，使霍翁名利双收。

霍布斯鲍姆的巨大学术影响及成功秘诀还在于他的写作方法和技巧。西方史学家撰写史学著作大致可分为三类：叙事体史学家、分析体史学家和夹叙夹议类史学家。在中国很有名的耶鲁大学历史学家史景迁就是非常成功的叙事体学者。分析类史学著作以论证见长，侧重观点分析。三种方法各有长短，但以对普通作者的影响而言，叙事体著作显然占有优势，因为其以描述为主，用精彩文笔对某段历史娓娓道来，在叙述中不经意地带出自己的观点，雅俗共赏。霍布斯鲍姆的五部曲都明显带有叙事体的风格。这些书思路明晰，文笔生动，用细节说话。对一个成功的历史学者来说，能提出“振聋发聩”或“新奇脱俗”的观点固然伟大也令人敬佩，但能用生花妙笔把一段历史故事生动准确再现，让读者读起来手不释卷如沐春风，实际上更难做到。而霍布斯鲍姆的伟大成功即在于此，他是叙事体大家。他的著作，专业历史学者喜欢，一般读者也能享受。当代中国的学者应该好好读一读他的五部曲。即使不是为了提高历史修养，而单为了学习他如何写作，也是开卷有益的。老实说，许多中国的学者不懂文字，不仅食古不化，食洋不化，甚至无法用中文清楚表达自己的意思。当代中国的最大悲剧是缺乏真正的人文大师，缺乏真正能指点江山、激扬文字的人文学者。

霍布斯鲍姆尽管没有自己的学派，没有惊人的高论，但他的著述还有一个鲜明的特点，那就是“自下而上”叙述历史。他是“自下而上”写历史的先驱者之一。他写劳动人民，写小人物，很少涉及王侯将相。同时他也强调大历史，注意强大的社会及经济力量，甚至跨国公司的作用。可能是因为霍布斯鲍姆的国际化出身和经历，以及他的共产主义信仰（须知共产主义正是以国际主义为出发点的），他因而阴错阳差地成为最早意识到国际史重要性的历史学者之一。尽管他的《极端的时代》一书只写到 1991 年，但就是在那时候，他已提醒读者跨国公司的重要作用了，可谓先知先觉。

我们当然也不能为贤者讳，从非西方读者的角度看，霍布斯鲍姆的所有著作都有一个致命弱点，就是西方中心论。例如他的《极端的时代》把 20 世纪又细分为“灾难时代”（1914－1949），因为这是两次世界大战及经济大萧条的时代，名“灾难”倒也说得过去。但他把 1950－1970 年称为“黄金时代”，把 1970－1991 年归为“危机时代”，从非西方历史的角度出发则实在有点不着边际。对中国人来说，我们是无论如何不能把 1950 年到 1970 年之间称为“黄金时代”的。而霍布斯鲍姆所说的“危机时代”，对中国、印度、巴西及东亚四小龙等不少国家和地区来说，实际上其相当一部分应称为充满希望和成功的时代可能更为准确。当然“术业有专攻”，虽然霍布斯鲍姆的“极端时代”写的是世界史，实际上他还是以研究欧洲史见长的。我们不能要求他对非西方历史同样熟悉。

尽管有这样那样的不足或限制，这些都丝毫不影响霍布斯鲍姆的巨大学术成就。就影响而言，在当代历史学者中，鲜有人能同他比肩。他的著作不仅在西方，甚至在拉美、亚洲及世界许多地区都有忠实读者。巴西前总统劳拉在其总统就职演说中就援引过他的观点，使他的著作一时在巴西洛阳纸贵。霍布斯鲍姆本人也成为巴西政府及大学的座上宾。在2012年6月霍翁95大寿的祝寿宴上，除学者外，巴西前总统劳拉及意大利现任总统均为他献上生日祝福。他的学术与社会影响由此可见一斑。霍布斯鲍姆的巨大学术成就甚至让英国保守的*Spectator*杂志在他活着的时候就称他为“健在的最伟大的历史学家”。1998年，英国的布莱尔首相为霍布斯鲍姆颁发了国家级杰出成就奖。2003年，他获得杰出欧洲史研究奖，并且在2002年被任命为他一生任教的Birkbeck学院校长。由于他的辞职信一直未获批准，他实际上至死都是该校校长。凡此种种，可谓实至名归了。

霍布斯鲍姆去世后，其逝世的消息受到全球关注，并成为英国一些媒体的头版新闻。对他的悼念文字很多。英国的Guardian专门发表社论，称他为当代公认的英国最受尊敬的历史学家，甚至封霍布斯鲍姆为“圣人”。更有人称他为“历史学家的历史学家”（a historian's historian）。美国历史学家Eric Foner撰文称霍布斯鲍姆为“一生追求社会主义的杰出的历史学家”。甚至英国的政客也纷纷参加悼念活动，并对霍布斯鲍姆给予很高评价。如英国工党领袖Ed Miliband在霍布斯鲍姆去世后这样评价道："他是一位杰出的历史学家，并对政治充满激情"，"是一位把历史研究带出象牙之塔，带给普罗大众的学者"。英国前首相托尼·布莱尔称霍布斯鲍姆一辈子致力于建立一个"更好的世界"，不仅为"进步政治史的巨人"，也是"影响一代政治家及学术领袖的学者"。

看来霍布斯鲍姆在去世时最终打破了宿命，并赢得英国朝野及世人的一致尊敬。霍布斯鲍姆的个人时代可能因为其辞世而结束，但他的著作、他的多彩人生和他对建立更好的人类社会的追求，将会继续激励后人，泽被世界。

许地山与香港大学

我突然对许地山先生感兴趣是在 2011 年，我任教的香港大学成立 100 周年的日子。地山先生也曾在敝校任教，且贡献良多，但在 100 周年庆典时，敝校很少有人记得他，遑论其学问了。我也不知道在滚滚商潮及俗流中打滚的国人中，还有多少人记得许地山教授，还有多少人记得他那著名的《落花生》一文。在文中，地山先生告诫我们："所以你们要像花生，它虽然不好看，可是很有用，不是外表好看而没有实用的东西。""人要做有用的人，不要做只讲体面，而对人没有好处的人了。"唯愿在这当下的中国，我们都牢记许教授的"落花生"风格及精神，力争"做有用的人，不要做只讲体面，而对人没有好处的人了"。地山先生显然非常欣赏"落花生"精神，一生以"落华生"笔名自诩。地山先生有一短篇《蛇》也非常值得国人深思及熟读。地山先生在此文中主张的"要两方互相惧怕，才有和平"，何尝不能为建立和谐社会及实现"中国梦"所借鉴？和谐社会的一个起点是"互不伤害"，"互不伤害"与英文里常说的"Do no harm"可谓一脉相承。

此处提到的两篇短文大致也概括了地山先生贯串一生的人性思考及社会关怀。地山先生于1893年出身于台湾台南一书香门第，自幼受到良好的传统教育，在少年时又接触西学并学习英语。他在燕京大学本科毕业后，于1923年负笈西渡，到美国哥伦比亚大学攻读宗教史及宗教哲学课程，并于1924年获硕士学位。地山先生旋即来到英伦三岛，进入牛津大学继续研习宗教史、印度哲学及民俗学、梵文、希腊文等课程，于1926年在牛津结业经印度短期进修后才回国。回到国内后，他先后在燕京大学、北京大学、清华大学、北平师范大学诸学府任教，并兼任《燕京学报》编委（1—17期）。

虽然在20世纪20年代地山先生即成为中国现代文学的风云人物，但从上述的学术背景可以看到，他实际上是受到严格学术训练的宗教学学者。其《道教思想与道教》《摩尼之二宗三际论》《道教源流考》《佛藏子目引得》等都是我国学者研究宗教学的开创性学术成果。陈寅恪曾撰《论许地山先生宗教史之学》一文，对许先生的学术做了极高的评价，对其宗教史研究尤为推崇：“寅恪昔年略治佛道二家之学，然于道教仅取以供史事之补证，于佛教亦止比较原文与诸译本字句之异同，至其微言大义之所在，则未能言之也。后读地山先生所著佛道二教史论文，关于教义本体俱有精深之评述，心服之余，弥用自愧，遂捐弃故技，不敢复谈此事矣。”

除宗教研究方面的著作外，地山先生还致力于历史（编著有《达衷集（鸦片战争前中英交涉史料）》）、印度文学等方面的研究。其去世前完

1938 年许地山与港大同事

成的最后一篇文章题目为《国粹与国学》，于 1941 年 7 月在香港的《大公报》发表。据不完全统计，目前尚能找到的地山先生著作至少有 33 种，涉及宗教、历史、翻译、小说、散文、戏剧、儿童文学等方面。可能由于严格的宗教学训练的缘故，地山先生即使在文学创作上也经常富于宗教哲理，时时刻刻显示出一名真正学者的风范。因其无穷无尽的求知欲，地山先生在牛津时即有“书虫”之称。其后来在香港的书房及藏书印皆以“面壁斋”为名。“书虫”也好，“面壁”也好，都反映了地山先生发奋读书、致力学术人文研究的美德及才华。

当然，世人熟知的许地山是文学家，他的文学影响的确极其深远。除上面提到的《落花生》等脍炙人口的作品外，其小说《春桃》早在 20 世纪 30 年代即发表，在 1988 年被拍成电影并由姜文、刘晓庆主演后，在翌年即荣获中国百花奖最佳故事片奖及最佳男女演员奖。其文学影响由此可见一斑。

不过，许多人不知道的是，地山先生还是一流的教育家。1935 年经胡适先生推荐，许地山就任香港大学中文系教授及系主任。地山先生可能是香港大学第一个或第二个有教授头衔的中国人。香港大学为港英政府于 1911 年在香港建立的第一所大学，主要培养高级管理人才，强调西学西化，除中文系的教学外，其他所有课程都是用英文讲授。这一传统一直沿用至今。在 1935 年遴选中文系主任一职时，港大校方要求参选人必须符合下列条件：精通国学，通晓英文，富管理才华，广东籍或至少能说流利广东话。地山先生可谓样样具备，为最合适人选。在任职港大期间，他致力于香港大学中文系教学的改革及学科发展。在他的努力下，著名学者马鉴（1883—1959）及陈寅恪（1890—1969）先后在港大中文系任教。早在 20 世纪 20 年代，在北平的兄弟学人中即有“一钱（玄同）”“二周（鲁迅、周作人）”“三沈（沈士远、沈尹默、沈兼士）”“五马（马裕藻、马衡、马鉴、马准、马廉）”之说，马鉴赫然在列，可见影响之大。马鉴自 1936 年加盟港大后，一直在中文系任教。香港于 1941 年底沦陷于日本铁蹄之下，港大只好暂时关闭。马鉴在 1942 至 1945 年到国内教书，1946 年回到港大中文系继续任教，直到 1951 年退休。民国泰斗蔡元培在 1940 年病逝香港前曾为马鉴的书房“老学斋”题写对联如下：“万卷藏书宜子弟，十年种木长风烟”。此联可谓对马鉴作为成功家长及教育家的最好写照。马鉴对许地山非常尊重，对其学术研究尤其佩服。他曾经告诉港大另一位同事陈君葆说，“稍假他以些时日，地山的成就是会超越过胡适之很多的。”

许地山对港大的另一个重要贡献是延聘杰出学者陈寅恪。1940 年，陈寅恪为了应英国牛津大学之聘，离开昆明赴香港，准备由此转赴英国，但是由于战争之故，他一时无法离开，被迫羁留香港。许地山为了港大，为了一代学人陈寅恪，竭力安排港大聘任陈为港大中文系客座教授。为陈寅恪到港大任客座教授事，地山先生在 1940 年 8 月给港大校长的英文信中写道，陈寅恪乃著名学者，其中外文著作不时出现于美国和日本等国的重要学术刊物上。地山先生还向校长提到，在陈抵港大后，他可以为本科生讲授唐史专题以及主办公开演讲，题目包括魏晋历史及《秦妇吟》等。地山先生的努力取得了成功。陈寅恪先生确实来到港大并授课于该校中文系。许地山先生还特地以香港大学中文学会的名义于 1940 年 11 月 22 日在薄扶林运动场举行了欢迎陈寅恪的聚会。港大冯平山中文图书馆馆长陈君葆最早到达欢迎会场，并在当天的日记中写道：“好些时没有走进那里去了，今日天气陡变吹的很劲的东北风，向晚的云似乎表示做下雨的模样，我站在球场沿边的铁丝网里边望望，海面却异样的平静，默示着战时可怕的寂静。香港过去的繁荣，好些年前做学生时期的光景一时都呈现在回忆的脑际。运动场里今天没有人来玩球，觉得格外的孤寂，左顾右望不禁有点悲从中来，但这悲感也许是因为看见屠场里的牛群而引起的。世界岂不一样地是个屠场么？究竟谁是刀俎，谁为鱼肉！散会后许先生陪陈寅恪先走，我和吴正廷等冒雨步行回图书馆。”

尽管陈在香港时间不长，且此时的香港随时笼罩在陈君葆所提的“屠场”或沦陷在战火之下的阴影中，但香港在陈寅恪的学术生命史上仍然占有重要地位。他最重要的著作之一《唐代政治史述论稿》就是在香港大学完成的。在 1941 年许地山过世后，陈寅恪一度还担任港大中文系主任的职位，港大校方甚至准备任命陈一个永久的中国史教授职位。可惜由于日本占领香港，港大一度关闭，任命陈为永久教授的计划遗憾地化为泡影。陈寅恪在饥饿困顿的情况下，最终于翌年（1942）5 月返回内地，失去了在港大长期执教的机会。

尽管如此，陈寅恪显然对港大很有感情。1942 年 5 月 1 日，他写了一封给陈君葆及中文系同事马鉴的信，告诉他们他准备很快离港，打算离开前到港大冯平山中文图书馆和中文学院做最后一眺望。他在信中称港大为“数年来托命之所”，并悲叹可能在离开后，“今生死无重见之缘，李义山诗云，他生未卜此生休，言之凄哽”。几天后的 5 月 5 日，陈寅恪离开香港，回到内地。他与港大的因缘就此打住了。

除了延聘如陈寅恪等大家并致力发展港大中文学科外，地山先生在任教及执掌港大中文系期间，还大力弘扬及推广中国文化及文学，主张用拼音教授汉语，并研究香港史及文化，可谓现代香港史研究的先驱。由于地山先生会英文、国语及粤语，他充分利用自己的语言优势及港大教授的地位，为中国国学及文化在香港发扬光大到处播种，为正沦陷在日本铁蹄之下的中华民族的存亡振臂疾呼。1935 年 10 月 10 日为中华民国国庆日，地山先生用英文向港大学生演讲，呼吁学子要团结一致，要学好真正的知识和培养坚强的性格。1939 年他用英文演讲《中国古玉研究》，1941 年 4 月在欢迎港督访问港大时用英文致辞。在港大期间，地山先生也用英文撰写著作。如他曾用英文撰写 118 页打字稿的一篇佛教论文，题目为《佛教泛神论思想在印度与中国的演进》（*The Development of Buddhist Pantheistic Thought in India and China*）。1938 年他用英文撰写《武训》一文并发表。在弘扬中国学术方面，地山先生更是不遗余力。他在香港发表的下述公开演讲即是明显例证：《中国文艺之精神》（1935 年 9 月 19 日），《佛学与现代文化》（1935 年 11 月 10 日），《鲁迅对中国新文学之贡献》（1936 年 11 月），《汉代的社会生活》（1938 年 3 月），《中国文字底命运》（1940 年 1 月），《拼音字和象形字的比较》（1940 年 6 月）等。

在指导一般香港人学习中文及文化方面，地山先生也身体力行，不辞辛劳。1935 年 12 月他用国语演讲《如何读书》，1936 年撰写剧本《西施》并由陈君葆执导在港大大礼堂公演，他还多次出任香港中文演说及写作比赛的评委，甚至数次到中小学讲课。为了中华民族的救亡图存，地山先生更是利用自己的学术地位及社会影响不断摇旗呐喊和献策献力。1936 年 3 月他发表公开演讲《中国之命运与青年》，1936 年 7 月演讲《中华民族之衰落原因及其补救办法》，1937 年 12 月与林语堂、郑振铎、汤用彤、简又文等发起并组织“中国非常时期高等教育维持会”并发表《保卫文化，完成救亡使命》的宣言。1939 年 1 月他发表《中国思想中对战争的态度》，1939 年 7 月相继发表《忆卢沟桥》及《七七感言》，1941 年 5 月发表《青年节对青年讲话》等。

当然，除大量的社会活动及学术演讲外，地山先生的主要精力还是在港大中文系的管理及教学方面。在港大最后几年，地山先生每周授课 20 小时以上，讲授的科目达十几门之多。地山先生甚至亲自教授梵文。应该指出的是，尽管地山先生志存高远，学术渊博，对学问精益求精，但他并不是一个不食人间烟火的书呆子，他实际上很会享受人生。例如，他喜爱摄影，1935 年 12 月曾以其得意的摄影作品《风入松》参加香港《工商日报》的摄影比赛。地山先生也酷爱旅游，尤其难得的是他还弹得一手琵琶。须知摄影和弹琵琶在今天都是十分时尚的爱好。地山先生还交游广泛，并待人以诚，深得同事朋友及学生爱戴。陈君葆先生在其日记里记道，他在地山去世 33 年后的 1974 年 11 月 14 日仍梦见与地山先生聊天，可见友谊之深厚。可惜天妒英才，1941 年 8 月 4 日，地山先生在其香港寓所因心脏病突发而溘然去世，享年仅 48 岁。天不假年，奈何!

鉴于许地山先生在香港的巨大影响，他去世后全港学校下半旗并各钟楼鸣钟致哀，甚至香港一位小学五年级学生都撰文悼念。这位名叫谭苏的小学生在悼文中写道，“南中国陨了一颗文星，但世人永存着不朽的‘萤灯’（此为地山先生为儿童所写作品——引者注），我痛哭这位文化的伟人，纪念爱护我们的导师，落华生！……呵，呵，我们民族解放战争的文化勇士哟！我们中国热心不倦的教育大家哟！你竟死了！但你的道德文章永远光明!”地山先生的灵柩安葬在香港岛薄扶林道中华基督教坟场甲段11段A三穴之2615号。许地山的追悼会在1941年9月21日举行，有四百多人参加。著名作家端木蕻良的挽联写道：“未许落花生大地，徒教灵雨洒空山”。陈寅恪在许地山的追悼会上也致送了下述挽联：“人事极烦劳，高斋延客，萧寺属文，心力暗殚浑未觉；乱离相倚托，娇女寄庑，病妻求药，年时回忆倍伤神。”陈君葆评价说：“挽联中以陈寅恪的乙对为最亲切有味，可谓情文兼至。”的确，陈氏此联融入了深厚的公谊私情。上联主要写许地山作为学者及学科领导的辛劳。“萧寺属文”，缘于许地山喜欢于寺院僻静，看书为文。常去的地方包括香港的青山和大屿山的寺院。下联则侧重陈寅恪与许地山的私谊。1939年，陈寅恪和妻女到了香港，得到许地山招待。因为陈妻当时正患心脏病，陈只好把“娇女”和“病妻”托许地山照料，寄寓许家，自己只身到昆明西南联大任教。而今地山驾鹤西归，令陈氏有“年时回忆倍伤神”之悲。

1950年邓尔雅先生在为许地山墓碑重写碑文后，题诗如下：“无双许叔重，汉学此儒先。祭酒如南阁，说文兼梵天。道山归忽久，化雨润常宣。下马陵依旧，书碑近十年。”地山先生逝世后，其上万卷藏书中的西文藏书大都收藏在香港大学图书馆，但遗憾的是其有关中国宗教方面特别是道教方面的珍贵藏书，在20世纪50年代由刚成立的澳大利亚国立大学图书馆以重金购走。

2011年为港大建校百年纪念年。地山先生当年精心呵护的中文系现今也已发展成为港大的中文学院，有中国历史、古典文学、现代文学及翻译等专业。2013年为许地山教授120周年诞辰及香港大学中文学院（中文系）成立85周年志庆。为纪念地山先生对该校及中文学院的贡献，港大档案馆与中文学院于2013年4月及5月特联合主办《空山灵雨落华生：许地山教授手稿珍藏特展》。该展览内容大多为第一次公开，其中包括许地山的珍贵手稿，更是难得一见。本人盘桓展览，睹物思人，抚今追昔，深感有必要根据此展览的珍迹及陈君葆日记相关内容向内地同人介绍我心目中的许地山先生。许地山先生在多年前把其随笔编为一书，题名为《空山灵雨》。地山先生在此书的弁言中写道，其随笔“杂沓纷纭，毫无线索，故名《空山灵雨》”。窃以为空山灵雨或空谷灵雨或许更能够反映地山先生的伟大人格及学术人生，同时与其研究佛教及道教之学相近。

地山先生去世已经多年，他曾经任教过的香港大学也已进入第二个一百年。唯愿地山先生的丰功伟绩不会泯灭，并祝地山先生全力扶持的香港大学在成立后的第二个一百年里绽放出更大的光彩。

第六记 边缘记

女儿所画的父亲

我是谁？

香港影星成龙有一部电影叫《我是谁》，因为主角失忆了，不知自己是谁。我则是因为刻骨铭心的记忆导致自己经常有“我是谁”的疑惑。小时候因出身农家，不知自己的公历生日，甚至不知自己的姓名如何写，我猜想我父亲给我取名字的时候，也许想的是“国旗”，但我刚识字就不喜欢是“国旗”。我怎么是国旗呢？所以我自己改成“国奇”，国之奇才。但很快发现“奇”字跟刘少奇的“奇”字是一个字，在当时的气氛下，好像也不好，后来索性改成“徐国琦”。孔子说，“名不正，则言不顺”，可见名字也不是小事。在中国古代，名字错了，可能会被杀头的。当然，现代社会不一样了。但我的名字到国外后又成了问题。

我到国外后，“行不更名，坐不改姓”。一直坚持用原来的名字，当然是拼音的名字。我从来没有用过英文名。我的不少中国朋友来美国后变成什么 Edward，Eugen，George 之类。前面提到，我在法国读档案时，档案馆的两位法国女士对我的名字中的“x”和“q”怎么念总是一头雾水。坦白说，我在哈佛做学生时，受惠过名字中的“x”和“q”。美国老师讲究课堂提问，但很少有老师问我，因为他们被“x”和“q”给挡住了。几年前，我有幸在澳大利亚的墨尔本大学做一场他们看来极为重要的年度学术演讲。那位介绍我的老师可受罪了，她在之前即向懂中文的人请教如何念我的名字，在我演讲之前，又跟我演练一遍。但正式开始时，她还是一紧张，把q发成k了。

姓名在我成为学者并著书立说时，也成为头疼的事。我在国外出书时，在署名问题上，我从出版第一本书时就坚持本人“行不更名，坐不改姓”原则。姓在前，名在后，即Xu Guoqi，而不是Guoqi Xu。我的出发点没有什么大道理，只是倒着叫自我感觉别扭。我的朋友陈兼在出版他的第一本书时，一开始用的是Jian Chen，听上去似乎更麻烦，洋人叫起来好像“奸臣”，好在陈兼后来也变成Chen Jian了。尽管西方的出版社最终听从了我的意见，我的所有英文著作署名都是Xu Guoqi，但有不少人自认为对我亲切时，却叫我Xu，或称我为国琦教授，以显示尊敬和正式。我最近在牛津大学出版的英文新书《亚洲与第一次世界大战》，在我任教的香港大学图书馆的目录上，作者姓名下甚至被列为“Guoqi, Xu”，真让我哭笑不得，不得不赶紧请图书馆更正。

最让我纠结的是我到香港工作之后，这种名字上的“我是谁”的问题更严重。我在申请香港大学证件时，姓名用了拼音和中文。但我发现用了中文名字后，我的麻烦就来了。有一次到港大医院体检，一直没人叫我，我觉得纳闷，就问护士。护士说，叫了你好多次了，无人回应。我才发现原来在广东话里，我不是Xu，而是Tsui，类似于“崔”了。我怎么知道护士喊“崔”生是在叫我呢！更好笑的是，我的同事John Carroll虽为洋人，但他在香港长大，广东话极好。每次我们站在一起，不熟悉的香港人都跟我说广东话，跟他说英文，经常弄得我十分尴尬。当然，您可以说这是我自己的问题，谁叫你不学广东话呢？我真希望自己是语言奇才赵元任，可惜我不是。我也想学来着，但实在是心有余而力不足，也没有时间。写到这里时，2017 年农历春节时发生在美国哥伦比亚大学一系列撕毁中国学生中文名牌的事正闹得沸沸扬扬。中国人的姓名成为美国种族矛盾和身份政治的焦点。国内的媒体更是推波助澜，将其上升到民族主义和爱国主义的高度。由此可见，直到今天，姓名问题依然十分复杂。

如果说名字给我带来“我是谁”的困惑的话，我的人生轨迹也是如此。我上大学时，我爸说我要吃皇粮了。我去美国读书时，我妈妈问我这是什么级别，是县太爷还是村长，我就告诉她都不是，她有点失望。在我们乡下，县长和村长都算大权在握的人物了。甚至在与父母和兄弟姐妹相处时，也会产生“我是谁”的迷惘。我和父母无法深入谈心，第一因小时候太穷以及聚少离多，没聊过什么天，加上他们没有文化，对外面的世界隔膜得很，对许多事物的认识比较过时，造成我们没有多少共同话题。自从我考上大学以后，在他们眼里我是所谓做大事的人，但究竟做什么大事，他们也不懂。同样，我和弟弟妹妹们的深入交流也不多，我前面说过，他们没受过什么教育，我们对彼此的世界都缺乏真正的认知。但毕竟血浓于水，亲情不能忘，我只要有机会一定回国，一定去看他们。每次回国我对中国的情况都有进一步的了解，对自己的人生更有奋发激励的想法。想到我的父母，想到中国农民这样吃苦，思考自己的人生价值，我便会觉得要有一番振作。他们对我的影响就是要做一个好人，万事不要求人。但他们给我的直接影响并不大。因为对我的追求、我的人生道路他们是不明白的。

俗话说，知子莫若父。但我父亲对我的事业、我的追求一无所知。在这里说说我父亲吧。父亲徐金祥生于农历1929年（蛇年）腊月二十一，卒于2013年2月17日，农历正月初八。按安徽乡下的算法，其时已是85岁。在他生长的村庄，老人去世时已是最年长的人之一了。虽说我是专业历史学者，但对父辈的历史却不甚了知。一是父亲不识字，甚至按父亲的说法，我们徐家至少往前推8代人都未进过校门，家里没有留下任何文字资料。二是我少小离家，与父亲聚少离多，屈指可数的相聚也很少涉及家族历史。我从未见过祖父母。据父亲说，祖父在父亲少年时即去世，祖母在我出生前也去世了。父亲虽为文盲，但向往外面的世界，在新四军驻扎安徽枞阳时，父亲曾想参军，驻军领导也热心劝说父亲弃农从戎。但父亲因念及祖母孤苦且眼瞎，最终放弃了这一念头。不过父亲追求进步及推动公益之心并未泯灭，父亲是我们村庄唯一从村上加入中共的农民，并长期担任小队队长及大队分管圩田的领导。尽管如此，父亲的农民身份从未改变，终生种田。

由于父亲的公正无私，不但家庭从未享受任何好处，反而成为村中最困难的家庭之一。我12岁时到离家20余里的一个学校读书，那时父亲已在离家几十里地以外的圩里分管圩田。我第一次到学校去是由我的小爷（小叔）送我去的。几天后父亲才从圩里来到学校，给我买了一双球鞋。印象中这是父亲唯一一次给我买东西。这也是我初、高中六年中唯一一双购买的鞋，其余的鞋都是母亲自己亲手做的。父亲一生除正直无私外，还有一个特点是脾气暴躁，与母亲及子女经常发生冲突。2002年夏我在枞阳县城买了一套房子，将父母接到县城居住，与子女相隔较远，父亲才享受了几年相对安静的日子。

在老家过年

我对父亲另一个极其深刻的印象是他顽强的毅力。父亲2012年10月经诊断发现已是癌症晚期后，很快即无法进食。在其后近100天的时间里，父亲完全依靠静脉输液维持生存。他忍受了常人无法忍受的饥饿及病痛的折磨，有时甚至可以说是生不如死。但他直到去世，头脑仍然十分清醒，很少抱怨所受的痛苦。在他去世的前几天，我建议他打止痛针，他还是拒绝了。尽管去世前他的身体已极度虚弱，无法站立，但他还是不愿用成人纸尿裤，坚持让人扶着或抱着起来自己大小便。老人以极强的尊严感坚持到生命的最后一刻。

父亲、母亲

但父亲还是在2013年春节后走了，我知道父亲是极其留恋生命的，否则他不会在极度痛苦中顽强地与病魔搏斗了如此长的时间。每天到家里来给他输液的医师也叹为观止，连称奇迹。父亲一生可谓问心无愧，没有说过任何假话，没有做过任何对不起外人的事。其正直无私，刚正不阿，光明磊落，在今日的中国，可能很少有人能做到了。父亲晚年对中国社会比比皆是的各种腐败无良现象深恶痛绝，但愿父亲在天国世界能享受心灵的平静及幸福。父亲去世后，我终于只是自己孩子的父亲了，而我自己在这个世界上已没有父亲了。

再说故乡。大家都说故乡情，但我的故乡情结很是纠结。小时候的家乡代表着贫困，代表无助。现在每次回去，则感觉家乡已面目全非，好像人心不古，人情世故什么的全变了，变坏了，让我总是有近乡情怯之感。好在我这人随遇而安，我身安处即为家，也就四海为家了。我的这一经历与祖籍安徽的余英时先生晚年不愿踏足也拒绝踏足故土有点相似。余先生无疑不是不想，而是不忍心看到他一片赤诚之心所系的中国文化堕落的惨景，正如他在一篇文章中所写，“尝侨居是山，不忍见耳”。在其老师钱穆去世时，他为缅怀恩师而写的《犹记风吹水上鳞——钱穆与现代中国学术》一书中，以拳拳之心，叮嘱中文学术界要通过西学来还魂儒学。而对于他本人，美国已成为其安身立命的地方，成为他发现心目中的文化中国的地方，无怪乎他要“西寻故乡”了。在美国的著名华人作家哈金先生也一再强调“路上的故乡”，国内歌手李健先生所写的歌词“不知不觉把他乡当作故乡，故乡却已成他乡”，表达的可能也是这个意思。

当年还在国内时，就经常被人有意无意地提醒关于“我是谁”的问题。小时候作为乡下人，深深感到农民和非农民之间难以逾越的鸿沟。我小时候的记忆就是饥饿和贫穷，根本没有童年。我到现在对于弱势群体这个阶层最为同情，因为我从小就生活在这个阶层，与他们为伍，对他们的人生观和生存状态极其熟悉。这也是为什么我在 2007 年出版关于第一次世界大战期间在欧洲的华工故事的《文明的交融》一书时，将此书献给我的父母以及像他们一样的所有农民的原因。在安徽时，是物质极其贫乏的时代，当然就算是有钱也买不到东西。因为大家都知道，一直到 20 世纪 90 年代初期，中国所有的物品都受到控制，买布要有布票，买米要有粮票，买鸡蛋要有蛋票，买肉要有肉票。比如到饭店吃饭，除钱外，顾客还要提供粮票。在 20 世纪 80 年代仅有钱是没用的，你要有票。就算有钱有粮票，服务人员也是经常不理你的，和今天的情况完全不一样。印象中在 1985 至 1986 年期间，我在上海外国语学院进修国际关系研究时，上海人很歧视外地人，作为外地人我们总是吃亏。当时我最怕的就是去商店买东西，因为服务人员经常不理你，好像你在求他们一样，要想买只牙膏都是很难的，和今天完全相反。

在安徽乡下和中国其他地方的经历，对我的人生影响深远。第一，我对弱势群体、平民阶层有一种发自内心的同情。其次，我对社会的不公正、不公平深恶痛绝。第三，因为贫困，我从小对钱就抱着轻视态度，从来不做金钱的奴隶。此外，我永远知道自己的根。不管在什么地方，做到什么地步，我感觉做人要厚道，要脚踏实地。要做有意义的事，不能做坑蒙拐骗的事。尤其要做对社会对民族对国家有贡献的事情。这可能是安徽这块贫瘠的土地给我最大的人生教育吧！

中国人最大的悲哀不是被别人欺负和瞧不起，而是中国人瞧不起中国人。鲁迅先生就曾抱怨有一天到上海的一家豪华酒店去见一个洋人，但开电梯的中国伙计就是不送他上楼并把他赶出电梯，害得鲁迅爬七层楼去见那位洋人。等洋人送鲁迅到电梯时，那同一位开电梯的伙计不仅不再赶他，反而一脸惊异的表情，大概没想到其貌不扬的鲁迅还有洋人朋友。20 世纪 80 年代《纽约时报》驻北京记者 Nicholas Kristof 是个洋人，其太太 Sheryl WuDunn（伍洁芳）是美籍华裔并能说流利的中文。尽管伍洁芳在各方面都不比丈夫差，但出入北京的高档场所时，洋人丈夫可以昂首挺胸地进去，无人阻挡，伍洁芳却经常被盘问。在国内陪同外教时，我自己也有类似的亲身经历。在南开大学时，我时常有机会接待美国教授，但每次教授要我陪他们去友谊商店时，那些店员不是挡着我不让进，就是用特别蔑视的眼神盯着我，好像我不应该出现在这个属于洋人的地方。2008 年夏天我在北京参加一个关于奥林匹克运动的国际学术会议，我好像是代表中唯一的中国人面孔，每次和洋人一起进出时，洋人没事，我总是被警卫拦住，被仔细审查一番。

1990 年办理出国手续时，必须注销户口，我失去了国内的身份证。虽然我一直拿中国护照，每次回国时却时时处处感到没有身份证的难处。按理说护照是中国政府发的官方证件，在中国应该得到承认才对，但我无法用护照在网上购买火车票，甚至连拿护照住旅馆都有问题。有一次在深圳的一家银行因什么事跟主管大吵一架，我出示护照，他要求我拿身份证，我说我没有身份证，此公竟说“是人都有身份证”。让我特别气愤，难道我不是人?

在美国也是一样，尽管我是堂堂正正的大学教授，在美国有合法身份，个人没有遇到过什么歧视，但在普通美国人眼里，也许我仍不属于美国，因为我是中国人。2016 年秋天《纽约时报》上发表了不少华人在美国受歧视的事，缘起《纽约时报》的一个编辑 Michael Luo 在纽约被一个时髦女人大骂：“滚回你的国家去!”这位编辑十分生气，他父母来自台湾，他和他的弟弟出生在美国，两人双双毕业于哈佛，可谓成功人士。这位先生于是把这段经历发在网上，引起极大关注，《纽约时报》因此邀请大家现身说法，结果引起广泛吐槽，几乎人人都有被歧视的时候。

我的学术轨迹和志向也让我经常有“我是谁”的疑问。多年来，我所做的题目很难归类，可谓不中不西、不今不古，但亦中亦西、亦今亦古。在国际学术界，我好像有好几顶光彩照人的帽子，即所谓“一战史专家”、“体育史权威”、“中美关系史著名学者”、“国际史名家”，等等。在我个人看来，我的研究打破了学术藩篱，属高雅的国际史和共有历史的范畴，但在不明就里的人眼里，我就经常碰到这样的问题，问我做的究竟是中国史还是外国史？我的书是写给中国人看的，还是给外国人读的？为什么我的书里民族—国家的界限不清楚？中国学者有这样的疑问，洋人同样也有这样的想法。例如，我的《一战中的华工》书稿送到哈佛出版社后，其中一位匿名审稿人竟问该书是为中国史读者写的，还是为欧洲史读者写的，要我做出抉择。此君显然不熟悉国际史的追求及意境。殊不知本书的出发点就是要写一本跨学科、跨国别的书，颠覆所有现存学术分野及藩篱。每当面临这样的问题时，我都想大叫一声：我是谁？老杜诗云，“会当凌绝顶，一览众山小”。但真的登高之后，有时不免要问，高山流水，知音何在？

当然我可以对别人的这些疑问漫应之曰：你不懂！但在这个无知可以打败有知的时代，掌握真理的人也许会落败。实际上，中国圣贤们就有王道与霸道的争论。孟子曰：“以力假人者霸，霸必有大国。以德行仁者王，王不待大。汤以七十里，文王以百里。以力服人者，非心服也，力不赡也。以德服人者，中心悦而诚服也。”“天下不心服而王者，未之有也。”不过我还是相信真正的有说服力的学问就像王道，也许一时曲高和寡，但那种无知的霸道最终会烟消云散。

按古人的说法，志士仁人要“无求生以害仁，有杀身以成仁”。但“仁”有不同的标准。这与孰是孰非一样。在个人认同和归属问题上，我当然可以像张艺谋的电影《秋菊打官司》里的秋菊一样，不搞个水清石出不罢休。但我不是秋菊，更不是杀身成仁的勇士。我孜孜以求的就是心平气和地做学问，唯一的宗旨是揭示真理，恢复历史真相。孟子曰：“可以死，可以不死，死伤勇。”古人还说：“天下有道，以道殉身。天下无道，以身殉道。未闻以道殉乎人者也。”但雪夜读古人忠告，静思世态炎凉和人生起伏时，说实话，有时真不知道自己是谁，应该怎样安身立命。陈寅恪先生在晚年时悲叹“一生负气成今日，四海无人对夕阳”。我当然没有前一句的牢骚，因为我平平淡淡的人生旅程在读大学后基本上一直由自己主导，一直按照自己的追求去奋斗，没有什么“负气”之壮举。但陈先生后一句的感慨，近期以来不时浮现我的脑中，因为自己的“不中不西、不今不古，但亦中亦西、亦今亦古”的学问和在陌生的环境求生存，不免时时体会到陈先生的“四海无人对夕阳”之孤寂。

世界公民?

我自1990年底离开中国后，变成了某种意义上的世界或国际公民。我经常在回答关于“我是谁”的问题时开玩笑说我是世界公民。玩笑归玩笑，可能也有一定道理。我长期在美国居住，在那学习和工作了20年，我的三个孩子都住在美国，都是美国人。我经常开玩笑说我是美国人的爹。我也在加拿大生活过一年，在法国生活过半年，在德国前后加起来住过8个月，在英国有9个月，爱尔兰8个月，瑞士近两个月，澳大利亚3个月，短期访问的国家就更多了。1993年我在德国学德语期间，做背包客几乎踏遍了欧洲，直到在罗马被偷得精光（包括护照）后，才在哈佛大学国际处的帮助下打道回美。我一度对罗马印象极好，奥黛丽·赫本和格里高利·派克主演的《罗马假日》是我最喜欢的电影之一（另外一部是《教父》）。但个人在罗马被偷的遭遇让我对其印象大打折扣。目前旅居的香港无疑是国际文明大都市，亦中亦西。

中国人喜欢说胃最爱国，美国人说“You are what you eat”。可能因从小挨饿的缘故，我的胃能接受任何食物。故我一到美国，就对Pizza甘之如饴。大家知道法国有两样东西很有名，但不是所有人都能享受：一是葡萄酒，二是“臭烘烘的”奶酪。据说“二战”期间美国总统罗斯福瞧不起法国的一个原因，就是瞧不起这么一个不大的国家竟然出产如此之多的各种奶酪。但我在法国居住的6个月期间基本上是靠这两样东西为生的，白天在档案馆看资料，晚上回到我在先贤祠旁边的斗室，通常是一瓶葡萄酒，一大块奶酪就打发了晚餐。我在德国时，没少喝啤酒和吃火腿，这两样东西也是德国有名的。记得1993年德国一年一度的啤酒节时，我来到了慕尼黑。我还不知道慕尼黑的啤酒杯比法兰克福大一倍。在啤酒节那种人头攒动，摩肩接踵的拥挤中，我在招手了好半天后，漂亮的服务小姐才翩然而至。我想机不可失，告诉她要两杯啤酒。啤酒送到后，我的第一反应就像相声演员岳云鹏著名的一喊：“我的天哪!”这等于法兰克福的四杯哇。那天秋高气爽，我坐在慕尼黑大学的草坪上，两大杯啤酒下肚后，很快就梦游周公了。享受固然是享受，但我误了当天到瑞士的火车。

我对韩国和日本的饮食也是如此态度。2014年10月，我到东京小住了一周。10月正是清酒出缸的时候，我有时和东京大学的川岛真教授及他的学生们一起喝，有时是自己独自一家家小酒馆地喝下去，经常进入武松打虎飘飘然的境界，真是惬意。我当然也喜欢日本的寿司和米饭。人到中年后，我一般不吃米饭，但在日本时，我总是要第二碗。除日本的清酒外，我也喜欢韩国的烧酒。记得2009年我到韩国釜山演讲时，我的邀请人金胜一教授请我到一家非常大的鱼市吃饭。楼下是各种各样的活鱼和海鲜，客人挑好后，店家帮忙做好，送到二楼。吃着海鲜和鱼，喝着韩国烧酒，真是其乐无穷呀。在喝酒和饮食方面，我可以算得上是一个国际公民。

我的一些中国朋友，喝中国酒时酒量很大，但一沾洋酒，就不行了。我则是典型的拿来主义者，东洋酒、西洋酒、中国酒，兼收并蓄，照喝不误。“天生刘伶，以酒为名。一饮一斛，五斗解酲。妇人之言，慎莫可听!”在刘伶看来，醉酒后，“无息无虑，其乐陶陶”。但一个人无法永远醉生梦死，酒醒后，“忧心如醒”。我几乎没有醉过，“唯酒无量，不及乱”。但我觉得我能懂刘伶的心境。唐朝有一个叫傅奕的人，告诉别人说，他死后的墓志铭要这样写：“傅奕，青山白云人也。奕醉死。呜呼!”曹操曾经感叹，“何以解忧，惟有杜康”。历史上不少借酒浇愁或借酒麻痹的人士中，可能不少属于借他人之酒杯，浇自己胸中块垒的。哈佛大学杰出的清教文化研究者 Perry Miller 可能是其中最好的例子。实际上我并不是酒鬼，我平时一个人也不喝酒，2016 年在哈佛闭关读书时，大半年除极少数社交场所外，我基本滴酒不沾。读书和写作必须要时刻处于清净和清醒的状态。我只有和三五个知己或老朋友相聚时，才放开身形，说些类似“青梅煮酒论英雄”，“天下英雄唯使君与操尔”的酒话。但常年在外，这种机会不多。就如李叔同《送别》歌词里所写的：“天之涯，地之角，知交半零落。一觚浊酒尽余欢，今宵别梦寒。”

不过我的最爱还是湘菜和川菜，我虽是安徽人，但个人是“越辣越革命”的信徒。刚到香港时，我大街小巷地跑，找川菜馆，有一天终于看到一家画有五个辣椒的饭店，进去后，立即点了他们最辣的菜。老板不知道我的水平，警告说我也许受不了，建议点三个辣椒和最多四个辣椒的。我潇洒地一挥手，没事，上最辣的。当时就我一个顾客，菜上后，老板怕我受不了，还不时来看一眼，似乎怕我为辣捐躯了。至今想想还觉得好笑。

当然我的国际公民的重要体现还在我所做的学问上，30 多年来，浪迹天涯，读天下书，走天下路，有书之处即心安。我的课题是国际化的，我的档案来自世界不少地方，我的视野和方法是站在国际潮流之端的。多年来，我一直以“两脚踩东西文化，一心写宇宙文章”为座右铭。并对自己在南开及哈佛所受的训练充满信心，认为不比任何人差。其次是我对美国史、中国史及世界史的掌握，自我感觉良好。我可以用自己的国际史强项，取长补短，独辟蹊径。我所有研究课题能够得到承认及赞誉，或与我胸怀一家之言的雄心有关，“独上高楼，望尽天涯路”。令人高兴的是，自己的努力还是得到了不少承认和荣誉。2015 年春位于美国波士顿的 The Global Culture Center of the Japan Society of Boston 突然通知我说，因为我在当代亚洲国际关系研究和著作方面的突出贡献，我获得了本年度的重光葵奖，并特邀我参加由日本驻波士顿总领事馆总领事主持的颁奖典礼，这对我来说无疑是天上掉馅饼的大好事，不仅是崇高学术荣誉，还有较大的一笔现金奖励，可以帮我稍微减轻支付孩子巨额学费之负担。后来得知，我之所以获得此大奖，是因为我的哈佛大学的老师入江昭教授大力推荐的缘故。

好多年前，我同南开著名史家刘泽华先生在南开门口的书店相遇。刘先生站在钱锺书的书前感叹地对我说，钱著之了不起在于做中国学问的读不懂他的洋文部分，恐怕能懂他西洋部分的人又对其中国古典部分不知所云，所以他厉害。刘先生鼓励我出国后就走钱锺书路线。30 年过去了，虽然有幸忝列西方国际史泰斗入江昭门墙，但我肯定未达到刘先生当年对我的期许境界。不过，有时在把洋人教训得目瞪口呆时，我得承认我偶尔会有点不亚于“卖油郎独占花魁”般的自喜。当然更多的时候还是油然生出一种“曲高和寡”及“千秋功罪，谁人评说”的沧桑感。南宋诗人晁冲之的诗句“老去功名意转疏，独骑瘦马取长途”描述的可能就是这种心境。

作为一个真正的知识人，我们必须要挣扎出自身或外加的各种束缚，如出身、宗教、语言等。用《知识分子之背叛》一书的作者班达的话说，就是知识分子应该生存在一个普世的空间，既不受制于一个国家的地理疆域，也不应受民族认同的制约。对于我这种做跨国史和共有历史的学者来说，世界公民的特质尤其重要。在相当大的程度上，我的职业和研究方向决定了我是一个世界公民。

我想在这里借机解释一下什么是“共有的历史”。“共有的历史”（shared history）是我的发明。该研究方法主要有下述几个特点：其一，该范式的核心是“共有”，即着眼于共同的历程及追求。共有的经历自然也包括共有的挫折和失望。其二，侧重文化范畴。其三，强调个人及非政府机构的作用。换句话说，“共有的历史”方法同近年来在美国得到广泛注意和好评的“国际史方法”（transnational/international history）可谓相得益彰，甚至可以说是由国际史方法的进一步发展。国际史研究视野是一种全新的史学方法，其追求及旨趣就是要跨学科、踏国别、兼容并包、融会贯通。国际史研究方法既可以运用于国别史如中国史、美国史或世界史，也可以运用于微观研究。国际史虽然仍处在起步、不断完善及发展中，但它主要有以下几个特点：第一，彻底打破现今历史研究中的“民族一国家”的约束。国际史以整个国际体系甚至文化背景为参照系。第二，强调非政治，非“民族一国家”因素之作用及影响。如非政府机构（NGO）、竞技体育、瘟疫等在人类进步及历史进程中的作用。第三，强调多国档案研究。全球视野的一个基本要素是多国档案及多种资料的应用。所以多国档案、多国多种不同资料的运用是国际史的一个重要特质。第四，国际史强调“自下而上”的方法，而非如传统的外交史、政治史，着重大人物、政府层面的决策。“文化”因素，“弱势群体”，人类共同的追求等常成为国际史研究的突破口。

“共有的历史”方法可以说是国际史方法的进一步提升，并可具体用于各种历史题目的研究。共有历史当然包括共同经历的种种挫折、失望和命运的嘲弄，我们仍然不应贬低这些共有经历的价值——毕竟，这其中的悲剧和令人意想不到的成功，全部都是人类历史中持续而密不可分的有机组成部分。作为方法的“共有的历史”是在国际史方法基础上的进一步发展和提高，两者可谓互补和相得益彰。古语云，工欲善其事，必先利其器。对史学工作者而言，一个高瞻远瞩的方法及视野就是一个利器。历史是客观存在，任何人无法也无权改变历史。但是我们可以调整透视历史的角度，修正我们对过去的看法。历史学者的任务是解释历史，揭示被遮蔽的真相。如果说 19 世纪为西方帝国主义扩张的历史，20 世纪为民族一国家的历史，21 世纪无疑为跨越民族一国家、跨越文明的世纪，是一个国际化的世纪。这是对我们每一个地球人的挑战，更是历史学者的“危机”。如果我们把握好挑战，就是一个极好机会，否则就是真正的危机了。对中华民族来说，“危机”尤甚。目前中国正处于历史的转折关头，国际化程度越来越深。对中国人而言，正确了解过去，可谓至关重要。窃以为“跨国史”和“共有的历史”方法及视野对我们全面认识历史可能大有裨益。

永远的边缘人!

我生下来，即属于边缘人。乡下孩子在当时的中国社会当然处于边缘的位置。现在还是边缘人。我出国时，中国人比较贫穷，但大家都差不多。现在中国好像富起来了，我回国时没有许多国人身上所有的那种大富大贵的气派，照旧边缘。老朋友赵梅曾告诉我说，国人称我这类人为“四气人”：出手小气，穿着土气，办事傻气，说话洋气。出国多年，中文还是安徽乡音未改，还是不会中文打字。虽长期用英文写作和教书，但毕竟是中途出家，说起英文永远不会字正腔圆。

在国外讨生活，对人文学科出身的中国学者的第一个挑战就是从一开始就必须重起炉灶，从头再来。不像理工科同胞可以利用自己在国内的训练和基础。第二，在英文世界谋生，对人文学者的语言要求比较高，对理工科的人来说挑战可能相对会小一些，语言对他们也不是特别重要。但对人文学科，特别是历史学者，我们是费力不讨好的。但既然走了这条路就得义无反顾，没有别的办法，唯有多写多练。我很幸运地长期跟在一流学者身边，逐渐熟悉他们科学的思维方法和做历史研究的训练。

我写英文文章的标准是词要达意，不追求语言辞藻的华丽，但一定要说清楚。久而久之，养成一种习惯，不敢说已过关了，但能清楚表达自己的意思。说起语言，我一直有种极强的边缘感和自卑感。20 世纪 80 年代在上海时，经常受上海人欺负，就是因为我不会说上海话。到美国后，因为三个孩子都在美国长大，为美国人，让我成为美国人的爸。黄西先生是美国有名的脱口秀华人艺人。他在白宫一个脍炙人口的段子说，他的儿子抱怨为什么自己的美国同学可以不学中文，而他却被逼学双语。黄西一抖包袱："儿子，你作为美国人可以成为美国总统，我要你学好中文的目的就是你将来成为美国总统时，白天用英文同国会议员打交道，晚上用中文同美国的债主谈判。"由于我的中文不标准，在美国如果失业，连教中文的资格都没有，绝不敢误人子弟。我甚至很少跟自己的孩子说中文，不为别的，就是怕把自己孩子的中文带到沟里。我用英文写作时，最怕的是汉语拼音。专著出版后，如果别人说哪句英文有问题，我不见得买账，但如果有人说某处汉语拼音有误，我可能根本不反抗，立即缴械投降。直到今天，我还是不大会用中文打字。唉！莫提起，提起涕泪满衣襟！

如前文所述，不是我选择做历史学者，而是历史选择了我。有时想，如果我当初成为数学家，在美国谋生可能要容易得多，至少在语言上、文化上要轻松些。在国外教历史、写历史，常常为用英文为洋人写及讲解他们能欣赏能懂得的东西叫苦不迭，费力不少。黄仁宇先生在美国的怀才不遇，相当大程度上是他的历史方法和观点不能为西方学者理解和欣赏。"念天地之悠悠，独怆然而泪下。"我在用英文写书的过程中最吃力的不是观点、资料，而是语言。我自 1990 年底来美以后，一路走来，看上去似乎一帆风顺，但自知常怀不安之心。古人云："知我者谓我心忧，不知者谓我何求。"我辈在边缘从事人文事业，教书育人，实在是以己之短，击人之长。指点江山、激扬文字的豪情偶然也会有，但是概率是很少的。在美国时，总是感觉江山毕竟是别人的，文字也非母语。虽自认不比金发碧眼们差，但付出比他们要多得多。有时悄悄想，与其寄人篱下，不如归去，不时冒出陶渊明"不为五斗米折腰"和"田园将芜胡不归"的想法。但回国又害怕面临类似刘姥姥二进大观园那样的折磨，所谓近乡情怯是也。故一直进退两难，一直为五斗米不断折腰。

在跌跌撞撞中一路走来，自己都觉得不可思议，太太及孩子的支持可谓关键。（20 世纪 90 年代在写哈佛博士论文时，因进展不快，我曾跟入江昭教授开玩笑说，能否把三个孩子当作博士论文中的三章交给哈佛。）如果还有任何其他所谓成功的心得的话，那就是一直坚持自我，坚持自我价值，抱着"此处不留爷，自有留爷处"的心态，尤其是对中国，特别是对文化中国抱有无限的敬意和关怀。自思虽然英文不是我辈强项，但我们有我们的长处，那就是深层的文化意识及对不同文化的独特理解。

边缘人的感觉有时来源于某种莫名其妙地被排斥感。堂堂胡适 20 世纪 50 年代在美国旅居时，也是寄人篱下的。凭胡适的学问，在美国找一份教职应该是没有任何问题的吧，但胡适充其量只当了普林斯顿大学一个小小的中文图书馆馆长。胡适跟朋友说他不想抢美国学者的饭碗，实际上是美国人不愿让他抢饭碗。胡适尚且如此，平庸如我者当然只好认命了。无论我们学问多好，知识多渊博，今天的美国一流大学极少雇用像我们这种中国内地背景的边缘人，难怪很少有来自中国内地的历史学者在这些常春藤学校任教了。他们不愿雇聘的原因大概是嫉妒者有之，不信任者有之。不过我们也不能完全怪洋人们，连中国人本身对自己的同胞也不是完全信任，也是觉得外来和尚好念经。梁启超多年前就抱怨过，他的观点比古德诺更高明，但因为自己眼睛不蓝，鼻子不高，不被国人当回事。呼风唤雨的梁启超都有这种感受，何况我辈了。多年来我亲眼看见和亲身经历的类似情形可谓不胜枚举。或许这样的吐槽可能会让部分读者感到不舒服。古人告诉我们："言人之不善，当如后患何!"但我说的这些应该是事实吧。

我辈生于乱世，谋生海外。当国人追求物质文明及享受中国的崛起时（1990年后），我们却平静地在波澜不惊的美国讨生活、求新知。与国内同行相比，我们虽不免偶有只求苟全性命，"不求闻达于诸侯"的消沉，但在不少国人享受歌舞升平，追求荣华富贵，名利双收时，我们这些在国门之外的人因为离喧嚣较远，似乎更容易有"手挥琵琶，目送归鸿"的潇洒及"青梅煮酒论英雄"的气概及平和心态。唯有如此心态，加上西方成熟的学术评价机制，可能才会更懂得"文章千古事，得失寸心知"的重要。并常以下面的话自勉："故君子和而不流，强哉矫！中立而不倚，强哉矫！国有道，不变塞焉，强哉矫！国无道，至死不变，强哉矫!"

作为知识分子，祖籍安徽的余英时先生所谓之"知识人"，顾名思义，必须是边缘人，甚至是流亡者。边缘人必须独立于体制之外，不囿于自己的文化和自己的"一亩三分地"，才可能有多重视角，多重立场。我对我的乡贤余英时先生的学术人生极其佩服。他极力避免使用"知识分子"一词，而大声疾呼"知识人"，就是要尽量恢复与之对称的英文中"intellectual"中的"人"的尊严。他的这一想法实在是深得我心，但我对他悲叹中国知识分子的边缘化却不敢苟同。我个人认为，知识分子也好，知识人也罢，首先必须要尽量成为边缘人。毕竟在英语世界里，真正的“intellectual”是要“think otherwise”，即要主动处于边缘，也即陈寅恪先生所标榜的要有“自由之思想，独立之精神”。

这方面有很多例子。前面提过的哈佛大学知名国际问题专家霍夫曼（Stanley Hoffmann）的个人定位就是边缘人。他出生在维也纳，母亲是奥地利人，父亲为美国人，成长于法国，工作在美国，但却是法国人的思维和举止，也就是说，他既是美国人，又是法国人，自称不折不扣的边缘人。与他的哈佛同事基辛格、布热津斯基等不同，霍夫曼不愿从政，因为不愿牺牲自己的独立人格和思想。所以他给自己的定位就是，一个法国人和哈佛公民（“I am French，and a citizen of Harvard”）。著名学者萨义德在其《知识分子论》一书中对作为边缘人的知识人也有十分精辟的论述。从他本人作为一个流亡者，作为知识精英的边缘人的心路历程角度出发，萨义德大声疾呼，知识分子要属于边缘人、流亡者、局外人、对权势敢说真话的人，要自甘寂寞。唯如此，才能有不同视角，才能透过现象看本质。他认为真正的流亡者，一旦离开自己所熟悉的家园，都会成为另一个社会的公民，愿意自我流亡。敢于流亡的知识人意味着无畏，代表进步和进取，表示与故步自封决裂。

除西方外，在中国我们也有对知识人寄予高度希望和寄托的标杆。知识人应属于范仲淹所倡导的“以天下为己任”和“先天下之忧而忧，后天下之乐而乐”的人，应属于顾炎武所号召的“天下兴亡，匹夫有责”队伍之列。当然，知识人固然要入世，但更重要的是出世。陈寅恪先生为王国维去世而写的悼词中指出：“士之读书治学，盖将以脱心志于俗谛之桎梏，真理固得以发扬。思想而不自由，毋宁死耳；斯古今仁圣同殉之精义，夫岂庸鄙之敢望。先生一以死见其独立自由之意志，非所论于一人之恩怨，一姓之兴亡。表哲人之奇节，诉真宰之茫茫。来世不可知者也，先生之著述，或有时而不章。先生之学说，或有时而可商。惟此独立之精神，自由之思想，历千万世，与天壤而同久，共三光而永光。”难道这种“独立之精神，自由之思想”不应该是所有学者的追寻目标吗？难道真正的知识人不是理应属于边缘者之列吗？

小时候对被斥为边缘人感到无奈，年轻时对被贬为边缘人感到愤怒，现在我对自己主动当边缘人感到十分平静，甚至有些庆幸和骄傲。回首前尘，检点从边缘到边缘的点点滴滴，虽百感交集，但还是有些欣慰的。

第七记 — 雪泥鸿爪记

三个孩子给父母的手绘圣诞贺卡

小子何幸，生在一个变幻莫测、多姿多彩的非凡时代，并长期在世界上两个最伟大的国度——中国和美国——生活及工作，同时研究它们的历史尤其是共有的历史，时间跨度和地理位置对个人来说可谓恰到好处，生逢其时，适得其所，享受天时地利。游走中美学术江湖多年，期间接受过无数东西方媒体采访，也写过不少以普罗大众为受众的学术小文章。其中部分中文文字与本书的主题似乎贴切，在一定程度上印证了我学术人生的历程，故以“雪泥鸿爪”为名，交代背景后，发表与此。这些小文有几篇与我的学术旨趣有关，如美国外交、中美关系、一战华工、学术研究方法等。有几篇系为我的哈佛老师入江昭先生的著作中文版所写的序言。为保持原汁原味，收入本书时，我尽量不加改动，但这样做的一个后遗症就是部分文字有些重复。世间之事经常无法两全，只好先向读者诸君检讨。之所以拿出来献丑，窃以为，这些文字对本书感兴趣的读者也许有点启迪和借鉴作用。知我罪我，还请读者批评指正。

王道与霸道：美国外交政策的尴尬处境

美国人对自己的国家历来自视甚高，从立国起就认为美国的意识形态及外交政策与众不同，出淤泥而不染。这与历史上中国人的夜郎自大心态如出一辙。那位吹响美国独立号角的潘恩在其《常识》一书中即高呼，新美国要打碎旧秩序，重造一个新世界，奉行王道。美国立国之父之一的杰斐逊立志要把美国建成一个特立独行的自由之国，与欧洲“旧世界”分道扬镳。甚至在美国南北内战之际，林肯总统仍声称美国是“地球上”民主制度的“终极最佳理想”。19 世纪中后期，美国人开始高唱“天赋使命”曲，向外强力推销美国的梦想、价值观及政治理念。美墨战争及美西战争即是两个很好的例证。20 世纪的威尔逊及小罗斯福总统更是试图向世人展示美国的王道外交风貌，扮演救世主角色。威尔逊的“十四点”及小罗斯福的“四大自由”可谓两人呈现于世人的美国王道外交理念之经典作品。就连不善言辞的总统小布什，在 21 世纪之交，也大谈美国是“史无前例最伟大的乐善好施”的国家，美国的价值观“对世界上每一个社会及个人都是公正无私的”。

然而，自视甚高的美国一开始即在其外交政策取向上面临与芸芸诸国同样的困境：王道与霸道之间的矛盾，也就是理想主义与现实主义之间的冲突。何谓王道？何谓霸道？孟子曰：“以力假仁者霸，霸必有大国。以德行仁者王，王不待大。”换言之，王道外交崇尚以理服人，以自己的高风亮节、高尚动机来赢得世人的信赖、尊敬。行王道者，国无大小，皆可为之。霸道则以武力逼人，把自己的意志、理念及价值观强加于人，用强词夺理强迫别国唯自己马首是瞻，用大棒政策逼他国就范。霸道只有强国才能做到。但古今中外，行霸道者易，行王道者难。对大国、强国来说，尤其如此。

美国的意识形态及立国理念，催生了美国人奉行王道外交的意愿；美国人的过分自信、自以为是，又自然导致他们有把自己的意志、价值观强加于人的冲动。美国人的超强实力及历史上多次机遇，则助其将上述意愿、冲动演变成了霸道外交。换句话说，美国的外交政策，常常是以王道始，霸道终，这导致美国一个世纪以来已成为名副其实的帝国。

那么我们又如何理解美国人长期以来以其霸道外交及帝国现实所持的“犹抱琵琶半遮面”的矛盾心理？大多数美国人对二者或否认，或排斥，或辩解。当新近来美国闯天下的英国学人傅高盛（Niall Ferguson）奉劝美国要直面自己为帝国的事实时，不少美国人还羞羞答答，王顾左右而言他。这些人的气魄尚不如亚历山大·汉密尔顿之当年。此公以开国元勋之身，在美国立国之始，就在《联邦党人文件》之首篇直言：美国应该成为“世界上最有意义的帝国”。甚至当今一些自由派美国学者也不如老一辈新左派史学家如威廉斯、拉费伯等人敢言，他们中有些人虽承认美国为帝国，但辩称此帝国非彼帝国。美利坚新帝国是建立在进步的理念而非传统帝国的领土扩张之上的，它除了拥有强制威胁作用的硬力量之外，还有充满王道外交理念并对世人很有吸引力的软力量。换言之，美国还是例外，还是王道外交。

罗马帝国、中华帝国相继称雄于世几个世纪，大英帝国也独步天下逾百年。但无论几个世纪或一个世纪，凡帝国没有万世一系、长盛不衰之理。美国人不敢承认自己奉行的是霸道，不愿正视本身是帝国的现实，除相信美国例外、美国人系上帝选民之心理作祟外，无法接受美国会衰落恐怕也是其中一个重要的原因。但霸道最终必然重蹈其他帝国曲终人散之衰落覆辙。孟子曰："以力服人者，非心服也，力不瞻也，以德服人者，中心悦而诚服也。"唯有善始善终，美国才可能摆脱其外交政策面临的尴尬处境。

◇ ———— ◇

（20 世纪末现在北京大学高就的王逸舟兄在美国访学时，我有幸与逸舟交往。承其不弃，邀我为其在上海人民出版社主编的系列国际问题研究丛书撰写一本美国外交史方面的著作。我答应了。但后来因为编者和作者无法控制的原因，这一写作计划并未落实。但兴致已被唤醒。2004 年夏天在北京图书馆读书时，有机会与老朋友张敏谦喝酒聊天。敏谦兄当时为《现代国际关系》杂志主编。酒酣耳热之后，我答应敏谦兄的邀请，为该刊撰写有关美国外交和政治的专栏。上文即为该专栏的第一篇，首发在《现代国际关系》2005 年第 2 期，由我的大学同班同学黄昭宇（大学时叫黄新男）做责任编辑。在此谨向敏谦兄和昭宇兄表示感谢。）

美国外交政策中的柔力与刚力

实力是决定一个国家处理国际关系的非常重要的考量因素。对超级大国美国来说，实力乃是奠定其霸主地位的保证及依据，其重要性当然更是无与伦比。实力包含两种因素：柔力（或称软权力）与刚力（或称硬权力）。所谓柔力是指通过吸引而不是强迫或收买得到自己想要东西的能力。它源于一个国家富于魅力的文化、政治理念及政策（约瑟夫·奈语）。刚力则是通过武力及各种其他强迫手段实现自身目的之能力。军事、经济实力是刚力的主要组成部分。在国际关系及政治中，柔力与刚力的重大差别在于前者强调同他国合作及外交的合法性，而后者侧重将自己的意志强加于别国之上。

中国人似乎很早就意识到力量可分柔力和刚力两种，强调刚柔相济。在中国人的古籍中，如《道德经》中就写道："天下之至柔，驰骋天下之至坚。"《孙子兵法》也强调："上兵伐谋，其次伐交，其次伐兵，其下攻城。不战而屈人之兵，上上者也。"《易经》中亦提及："文明以止，人文也。上观天文，以察时变。观乎人文，以化成天下。"诸如此类，都在一定程度上意识到柔力的重要性。但美国人对刚柔二力的区别似乎不太用心，对如何发挥柔力在美国外交政策中的作用也并不十分在意。显然，如果像美国这样的强国能够在对外交往中充分发挥柔力作用而不诉诸刚力的话，实在是对美国乃至他国都有好处。一则可提高美国的国际形象及地位，二则可帮助美国少树敌人，三则可增强美国外交政策的合法性。有此三利，为何美国人在面临柔力与刚力两者之间选择时，仍倾向于诉诸刚力呢？答案可能还得从美国的历史及其目前所处的国际背景中去寻找。第一，喜欢使用刚力是美国立国以来其外交政策的重要特点。美国人本质上缺乏耐心，喜好急功近利。好战及扩张更是美国外交政策中的一条重要主线。第二，自 20 世纪 90 年代以来，美国朝野对美国在国际关系及政治中的地位充满自信，认为美国可以随心所欲地凭借其刚力实现自己的意志。第三，冷战结束后，美国的民主制度、大众文化、高科技等风靡全球，从而给许多美国人一种错觉，似乎美国的柔力无处不在，不必费心经营。第四，迷信刚力，鄙视外交的思维及做法是定位小布什政府的试金石，美国国防部长拉姆斯菲尔德就曾公开宣称其不懂柔力为何物。第五，布什政府奉为圭臬的所谓“先发制人”策略、“邪恶轴心”说及“非友即敌”观等大多是与柔力外交相克且助长刚力政策的。仅此五条我们就可明白为什么美国的外交政策在柔力与刚力之间经常倾向于刚力了。

虽然权力的多维性及柔力在后冷战、信息化和国际化时代日渐重要似乎已成为不争的事实，世界上绝大多数国家也都希望美国应侧重国际合作与对话，多用柔力，慎用或不用刚力，但在相当长的一段时间内，只要美国能维持其超强地位，不论谁坐镇白宫，美国人在面临柔力与刚力之间的选择时，其决策者在很大程度上均会继续偏爱刚力。诚如哈佛大学政治学教授约瑟夫·奈所言，在美国目前一味迷信用武力和经济强势将自己的意志强加于人时，美国的柔力反而因其霸道外交受到削弱，从而可能导致美国的真正衰落。历史也多次证明，刚力或许可以赢得战争，但唯有柔力可以实现和平。

（本文原为应张敏谦兄之约拟在《现代国际关系》所开美国外交专栏继《王道与霸道：美国外交政策的尴尬处境》后的第二篇。可惜的是，由于我与该刊编委会因文章观点发生分歧，我不愿妥协，只好撤稿，专栏之议也因此胎死腹中，实在是遗憾之至。承蒙《世界经济和政治》杂志主编王逸舟兄的厚爱，立即安排此文发表在该刊 2005 年第 9 期的卷首语。十分感谢敏谦和逸舟兄的大德。）

“危”“机”与“苦”“力”：一战华工的故事

2014至2018年为第一次世界大战一百周年纪念的日子。第一次世界大战在西方一度被称为“文明之战”或“大战争”。在今天世界上仍有不少人包括中国人自己似乎都觉得该战争与中国无关，然而此战争与中国命运息息相关。实际上，早在1914年秋一战伊始，英国和日本即在青岛与德国军队激战，青岛在1914年11月落入日本之手。1915年日本利用列强集中一战，无法分心，向中国提出“二十一条”要求，意欲浑水摸鱼，置中国于日本控制之下。

在相当大程度上来说，一战对中国来说是“危机”，“危”险加“机”会。在一战之前，中国之所以没有重蹈印度的覆辙，没有成为殖民地，是因为各国在华均势力量相互制衡。一战爆发，西方国家注意力转移，列强在华均势被打破，中国的命运就控制在日本手里，这当然是危险。但一战也是大机会。就中国而言，广义的第一次世界大战可以说起始于1895年，终结于1919年。这期间正是中国人新旧更替、变法图强和寻求加入国际社会成为平等一员的重要时机。“周虽旧邦，其命维新”。当时的中国同春秋战国时代一样，百花齐放、百家争鸣。各种思潮，东方的、西方的，都拿到中国试验；共和政体、民主政体，杜威、罗素的哲学，各种学派和学者都在中国粉墨登场。这个时代就像狄更斯《双城记》里所描述的那样，“这是最好的时代，也是最坏的时代”。一代新人和新中国也开始崭露头角。就是在这个转折关头，对中国不利的旧的国际体系正在崩溃，新的国际秩序尚未形成。这对中国人来说何尝不是机会？

就是在这种“危”“机”交加之际，一些先进的中国人决心利用一战奋力一搏。其中一个重要的手段就是诉诸“苦”“力”。苦力者，一战华工是也。民国一代政治家梁士诒于 1915 年提出一个极其精明的外交策略：“以工代兵。”1915 年的夏天，西方列强已经开始为一战付出严重代价，尤其是法国，伤亡率极高。所以战争还没有进入第二个年头，法国人和英国人已经意识到这是一个持久战和整体战。战争的结局取决于经济、军事实力和人力资源。中国正是可以为英、法两国提供源源不断的人力资源的国度。正是在这场决定西方文明生死存亡的大战之紧要关头，十四万中国农民在中、法、英等国政府的安排下，背井离乡，远涉重洋，作为苦力来到战火纷飞的欧洲，来到法国，为英、法的生存，为拯救西方文明赴汤蹈火，抛头颅，洒热血，谱写了东西方文明交融的一曲壮歌。这是人类文明史上东西方交流的重要一章。虽然这些大多目不识丁的中国农民在一战期间赴法的主要动机是谋生，但他们用自己的血与汗甚至宝贵的生命，参与拯救西方文明，并通过同西方文明的直接接触，改变了自己的人生观、世界观，从而进一步为中华民族逐步走向国际社会，为中国寻求新的国家认同，做出了极其重要的贡献。他们无疑是一群非常普通的人，但他们的经历、他们的人生，创造了人类文明史上不朽的传奇。他们的命运，甚至他们的生命，无疑同中国及世界前途息息相关。

一战华工被西方人称为“苦力”，的确，他们很“苦”，不少人甚至失去生命。大约有三千华工死在欧洲或途中。今天在法国南部有一个保存完好的华工墓地，墓碑上一般都写有“勇往直前”“鞠躬尽瘁”“虽死犹生”“流芳百世”等字样。1919 年一战结束后大批华工回国前举行了纪念去世华工的大会。会上有一个他们手扎的牌坊，上面有一副对联，是一名中国驻法外交官写的，非常生动地表述了华工对东西方文明的贡献：“血洒欧西壮世运，魂归祖国挽神州。”横批是“流芳百世”。

但除流血牺牲和苦之外，一战华工还有他们在血染的西线战场戴瑞士表、太阳镜、绅士帽，身着各国军衣的浪漫，交法国女朋友的风流，以及他们为保卫自己的权益把欺负他们的美国大兵打得头破血流的中国男儿的威风。更主要的是，一战华工还有“力”。力拔山兮气盖世！这里的“力”包括他们在一战期间的主要工作挖战壕、运军火。一战期间的坦克是尖端武器，一开始英国国防部不允许外国人接近英国军队的坦克。后来发现，华工修理坦克比英国工人还要快，所以有三个华工团专门为英军修理坦克。虽然这些华工既不懂法文也不懂中文，但是他们非常心灵手巧。一战是战壕的战争，而华工是挖战壕的绝对好手。英国外交部有一份报告指出，如果把一个印度人、一个中国人和一个英国人放在一起比较，中国工人挖战壕的效率是印度人的两倍，比英国人还要高。

他们的力还体现在他们是中国走向国际化非常重要的部分。中国的“以工代兵”是中国人第一次有组织有预谋地参与西方文明内部事务的创举。一战华工实际上是用他们的“苦”和“力”参与东西方文明的重建。尽管当初他们并非怀着创造历史的抱负走出国门，但他们是中国放眼走向世界，参与国际社会的先行者，并直接参与创造了西方的历史。因为他们的存在，因为他们可歌可泣的旅欧经历，中国的外交官才能够在巴黎和会上义正词严地要求国际社会还中国公道。一战华工甚至为中国最终直接参战提供了法理根据，为中国的战后外交创造了有利条件，并最终帮助中国政府以平等一员的身份走向世界。1917 年 8 月，中国历经三年的参战努力，终以华工死于德国潜艇攻击为借口，正式向德奥宣战。中国的对德宣战，不仅展示了中国利用外交进入国际社会成为平等一员及国际化的成功之举，并首开中国从鸦片战争以来系统收复国家主权的先河。中国甫一宣战，不仅立即宣布中国同德奥两国所签订的一切不平等条约随之废除，并收复德奥在中国的租界，终止支付德奥庚子赔款，更重要的是，德奥在中国的治外法权也被中国一举取消。因为华工源源不断地到来，英法诸国在大战危急关头，才可以免去人力资源匮乏的后顾之忧。一战华工甚至是邓小平等共产党领袖在 1920 年代走出国门到欧洲勤工俭学的先驱。五四运动时有一个口号“劳工神圣”，从很大程度上来说，是与一战华工有关联的。

中国做出“以工代兵”的决定既是应对时势的权宜之计，也是深思熟虑的战略布局。这一前所未有的举措是年轻的“中华民国”富有远见的外交政策的产物。许多政治精英和公共知识分子都将“以工代兵”计划和他们关于中国未来发展的憧憬以及中国在国际大家庭中获得平等地位的目标紧密联系在一起。在一战爆发一百年后的今天，我们通过回顾和研究一战华工的“苦”与“力”之悲壮人生，可以透视他们与中国及西方文明密切相关的命运。一战华工的故事是中西交流史上一段意义深远但鲜为人所知的故事。我们可以通过一战华工的经历及故事来探讨中国国际史及中国国际化历程中的平民参与及其贡献，并通过一战华工同西方文明及世界其他地区人民、中国的精英的交往及密切接触的经历，分析中国人在国际社会中的地位，并试图回答“何为中国、谁是中国人”这一百年来中国人及世界其他各国人民所共同探讨的世纪之问。

一战华工的故事，可以说是文明交流的故事，同时也是 1895 至 1919 年期间包括华工在内的一代中国人为中国的国际化、为中国成为国际社会平等一员、为中华民族真正复兴以及同西方人民一起共创人类和平而奋斗的故事。华工虽然来自中国，但他们的历史属于世界。在世界各国人民一起纪念一战一百周年之际，让我们缅怀由他们为主角所创造的一段人类共享的历史，尤其是中国在一战中的历史和一战在中国近代发展中的影响及地位的历史。对 20 世纪的中国来说，国际化和民族主义犹如一枚硬币之正反两面。通过研究一战旅欧华工和他们的故事，我们不仅可以重新恢复“一战与中国”及“华工与一战”这些被中国和世界历史遗忘的记忆，并且可以进一步帮助中国人及世界人民通过历史上这一精彩篇章，认识和理解中国人一个世纪以来重建中国文明及参与国际社会的心路历程。

（2017 年初，拙著《为文明出征：一战华工的故事》中文版在五洲传播出版社出版。其英文和法文版计划在 2018 年由同一家出版社出版。此书编辑高磊先生对该书的写作和出版贡献卓著。在高磊先生的引荐之下，《世界知识》杂志的徐波先生邀请我写一篇短文，介绍一下一战华工的故事。本文就是在这一背景下写成的。原文发表在《世界知识》2017 年第 6 期。借此机会对高磊和徐波两位先生表示感谢。）

作为方法的“跨国史”及“共有的历史”

近现代中外关系史就其地缘政治和国际关系角度来说，顾名思义，当然属“跨国史”（transnational history）及“共有的历史”（shared history）范畴。因为这部历史本身就是一部中国人和外国人共同参与（无论是正面抑或负面）的历史，深受国际和国内各种综合因素的影响和制约。尽管这是一个不争的事实，但遍观国内外近现代中外关系史著作，似乎很少有人从科学角度通过“跨国史”及“共有的历史”的视野来研究。早在几年前我曾先后就此方法论问题发表过文章，呼吁史学界重视两个方法的重要性①。这几年通过进一步研究和思考，我又有些新想法和见解，在此就“跨国史”及“共有的历史”作为史学研究的最新方法及视野方面，做进一步综合梳理，并以个人最新学术研究作为参照，来检视作为新方法和新叙事的“跨国史”及“共有的历史”的功用和可能

---

① 徐国琦，《会当凌绝顶，一览众山小：国际史研究方法及其应用》《文史哲》，2012年第5期。徐国琦，《试论“共享的历史”与中美关系史研究的新范式》《文史哲》，2014年第6期。

带来的挑战。得失如否，还请方家指正。如能引起国内外学者的注意及反思，则这篇拙文的目的就达到了。

1. 作为方法的跨国史

“跨国史”不是传统意义上的地区或世界史的研究，或外交史甚至国别史的“全球史”研究（global history），这里所谓的“世界史”、“外交史”、“全球史”，偏指研究的范围而并非方法。跨国史虽然仍在起步阶段，但它已呈现出如下几个特点：第一，彻底打破现今历史研究中的“民族一国家”（nation-state）约束，国际史以整个国际体系甚至文化背景为参照系；第二，强调非政治、非“民族一国家”因素之作用及影响，如非政府机构（NGO）、竞技体育、瘟疫等在人类进步及历史进程中的作用；第三，强调多国档案研究，全球视野的一个基本要素是多国档案及多种资料的应用；第四，国际史强调“自下而上”（bottom-up）的方法，而非如传统的外交史、政治史侧重重大人物、政府层面的决策，“文化”因素、“弱势群体”、人类共同的追求等常成为跨国史研究的突破口。跨国史的追求及旨趣就是要跨学科、踏国别，兼容并包，融会贯通。跨国史研究方法既可以运用于国别史如中国史、美国史或世界史的研究，也可以用于微观研究。个人认为，如果中国近现代外交史的研究要有所突破，国际史研究方法应该成为不二法宝。为解释方便，特以个人近十来年的研究作为案例。本人自 2005 年至 2011 年分别以国际史方法研究广义上的中外关系史。用英文发表了我的关于中国近现代史的国际史研究三部曲①。这三部著作分别用国际史方法重新解读中国与第一次世界大战、“一战”华工、竞技体育这三个在中国历史进程中扮演极其重要角色但又长期被忽视或误解的题目，并得出与传统视野完全不同的结论。

2014－2018年系一战一百周年。研究一战的著作卷帙浩繁，但长期以来，很少有人意识到中国人对这场所谓“大战争”或“文明之战”的贡献，以及这场战争对中国历史进程的巨大影响。拙著《中国与大战：寻求新的国家认同与国际化》通过对多种国内外档案解读和国际史方法，得出以下与现行观点截然相反的结论：本书认为，中国与“一战”的互动，标志着中国人真正意义上寻求国际化及新的国家认同的开始；通过国际史视野，我们可以很清楚地看到“一战”的双重意义：一是因为中国的积极参战介入，古老的中国让所谓的“大战”成为真正意义上的世界大战；二是因为“大战”的爆发，大战的影响，大战成为中国历史一个极其重要的部分。因为中国的参战，中国得以参加巴黎和会，第一次向世界提出中国的平等诉求，表达中国作为平等一员加入国际社会的愿望，国际联盟的宪章里有许多中国人的观念。人所共知，五四运动是中国近代历史进程的一个重要转折点，是中国人寻求新的国家认同及国际化的一个里程碑。奇怪的是，多年来很少有人把五四运动同“一战”联系起来。但从国际史角度，我们甚至可以大胆质问：“没有一战，何来五

---

① 它们分别是1. Xu Guoqi, *China and the Great War: China's Pursuit of New National Identity and Internationalization*, Cambridge University Press, 2005, 2011,（徐国琦：《中国与大战：寻求新的国家认同与国际化》，马建标译，上海三联书店，2008年）；2. Xu Guoqi, *Olympic Dreams: China and Sports*, 1895－2008, Harvard University Press, 2008,（除国琦：《奥林匹克之梦：中国与体育1895－2008》，预计2019年出版）；3. Xu Guoqi, *Strangers on the Western Front: Chinese Workers in the Great War*, Harvard University Press, 2011,（除国琦：《一战中的华工》，潘星，强舸译，尤卫群校，上海人民出版社，2014。）

四?”直言之，我们可以得出中外史学界迄今无人提出的革命性结论：中国与“一战”关系意义非凡！中国与“一战”的互动标志着中国人真正意义上寻求国际化及新的国家认同的开始。“一战”让中国人大踏步走向世界，同时也把世界带到中国。

如果上述论点是从全球视野、多国档案来透视中国与“一战”关系得出的结论的话，那么，通过“一战”华工角度自下而上透视中国与“一战”的关系，则可以描述更为明晰的中国与世界接轨及参与重建西方文明的精彩历史，并可进一步解释中国精英和西方列强如何利用华工来实现各自的宏伟大业。拙著《华工与大战》就是通过国际视野来解读一战华工的精彩历史。第一次世界大战期间，14 万华工在英法两国政府的征召和中国政府的安排下，远涉重洋，作为苦力来到战火纷飞的欧洲，为协约国集团的所谓“文明之战”贡献“苦”与“力”。这是人类文明史上东西方交流的重要章节，但长期以来，中外学术界对他们的“旅程”不甚了了。我们不知道他们在中国历史进程中的地位，也不明白他们对那场大战所做的贡献，他们在中国历史及世界历史上的地位又是如何。无人解释这些华工虽然来自中国，但他们的历史却属于整个世界。在许多人眼里，“一战”中抵达欧洲的 14 万华工也许是苦力，的确，在欧洲，在旅途，他们确实吃尽了苦，出尽了力，甚至牺牲了生命。也许他们去欧洲的主要动机是为了谋生，但是，从国际史的角度，他们的旅程明显与中国及世界的命运密切相连。我们甚至可以说，他们是中国放眼走向世界，主动加入国际社会的先行者。正因为他们的存在，正因为他们可歌可泣的旅欧经历，中国的精英们才可以在巴黎和会上义正词严地要求国际社会还中国以公道。正因为华工源源不断地到来，英法诸国在大战之生死关头，才可以免去人力资源破产的后顾之忧。重要的是，这批华工是高瞻远瞩的中国志士仁人在世界格局重新洗牌的转折关头实施的“以工代兵”策略及国家复兴的重要组成部分。在民族精英们殚精竭虑地思考中华民族如何走向世界的时候，这一批任劳任怨的中国农民，赴汤蹈火，担起了挽救国运的重责大任。正是精英阶层与下层大众的有机结合，通过“一战”华工的光荣旅程，才让中国得以在“一战”期间谱写了一曲中西交流的辉煌篇章。华工们得以参与拯救中国与西方文明于水火的重要使命，使饱受战火煎熬的欧洲得以一睹华工风采，让世界得以第一次面对面地了解和感受中华民族不屈不挠的坚强及智慧。“一战”期间中国的“以工代兵”策略是中国有史以来第一次有胆识、有目的、有远见地加入国际社会的开端，是东方大国参与拯救西方文明的中外合作大事件。更为重要的是，14 万华工不仅仅是 14 万士兵，无疑也是中国的 14 万使者。

同样，从国际史角度，从人类竞技体育角度特别是奥林匹克运动的视野，我们可以分析中国寻求国际化及新的国家认同的另一个全新的历史轨迹。体育属于大众文化范围，国际竞技体育也是人类文明相互交流及展示彼此“和而不同”的重要平台。现代体育特别是现代奥林匹克运动因此成为近代中国走向世界、积极参与国际社会的一个重要途径。通过近代体育，我们可以研究几代中国人如何利用西方体育来改善中国的命运，重塑国家认同，提高中国在国际上的地位。中国近代体育的“奥林匹克之梦”，同几代中国人利用西方体育来改善中国的命运、重塑国家认同、提高中国国际地位的努力密不可分。现代奥林匹克运动的兴起与近代中国寻找新的国家认同及国际化的开端几乎同时。中国的奥运情结从一开始就与其国际化进程相关。换句话说，中国参与现代奥林匹克运动归根到底是其寻求国际化的产物。中国最早的关于奥林匹克运动会的介绍书籍，即用“我能比呀!”翻译 Olympiad，可谓既传神又得体，充分反映中国人希望被外人承认及走向世界的迫切心态。1932 年中国第一次参加奥林匹克运动会更是与国际政治有关。中国最初本无计划派运动员参赛，但有关日本可能借满洲国的名义参赛来变相使满洲国在国际社会合法化的消息让许多中国人义愤填膺，并最终促成刘长春 1932 年单刀赴会洛杉矶奥运会的壮举。1979 年北京重返奥林匹克运动及其他主要体育家庭后，利用体育向世界展示一个开放的新中国，力图用奥林匹克金牌数来证明中国是强国，不是东亚病夫，值得世界的尊重，并向国际社会展示中国新形象。2008 年可谓中国人百年奥运梦的圆梦年，也是百年中国人追求国际化的巅峰时刻。利用国际史的视野和竞技体育这一角度，我们可以透视中国近百年来尝试回答“什么是中国，何谓中国人”这一命题的独特历程。

2. 从“跨国史”到“共有的历史”

要真正理解中国近现代外交史，仅仅靠国际史方法是不够的。我们还需要“共有的历史”。作为方法的“共有的历史”（shared history）是在国际史方法基础上的进一步发展和提高，两者可谓互补和相得益彰。作为研究方法的“共有的历史”主要有下述几个特点：其一，该范式的核心是“分享”，及着眼于中外人民共同的历程及追求。其二，侧重文化范畴。其三，强调个人及非政府机构的作用。为解释方便，还是以个人研究来做说明。2014 年我在哈佛大学出版社出版《中国人与美国人：一个共有的历史》，2016年底我又在牛津大学出版社出版《亚洲与大战：一个共有的历史》英文专著。目前正全力撰写为哈佛大学出版社约稿的共有历史三部曲的第三部，暂定书名为《The Idea of China》。限于篇幅，本文仅以中美关系史为例，揭示共有历史视野下的不同解读。

中外学术界在研究中美关系史时，一直强调中美两国文化的差异，历史背景的不同。侧重中美之间的冲突、对抗以及分歧。诚然，这些差别和分歧是历史事实，我并不否认其存在。拙著《中国人与美国人：一个共有的历史》则通过“共有的历史”方法，揭示中国人与美国人之间共同的历史经历和旅程。试图从中美两国人民“共享的历史”角度，解读出一种全新的中美关系史，并找到一种具有重要的学术价值的新范式及视野。在本书中，我试图通过分析蒲安臣（Anson Burlingame）、留美幼童、戈鲲化、古德诺（Frank Goodnow）、杜威（John Dewey）等案例来展示不同的中美关系史及“共有的历史”方法的应用。中国近代外交的第一次重大活动是1868年出使的所谓蒲安臣使团。蒲氏是美国人。先是出任1861—1867年美国驻华公使，在任期间不仅为美国国家利益尽力，也同时也为中国外交走向世界提供了许多力所能及的帮助。美国人惠顿（Henry Wheaton）的《万国公法》（*Elements of International Law*）被引入中国就是蒲安臣一手促成在中国翻译出版的，这是中国官方出版的第一部重要外交著作。1868年初，蒲安臣尽管对中国皇帝任命书的每一个字都不认识，他却成为中国近代第一个真正意义上的外交使团的实际负责人，开启了近代中国走向世界的不凡之旅。为中国出使期间，蒲安臣通过《蒲安臣条约》为中国争取到近代中国第一个平等条约。此一条约在推迟美国通过排华法案十几年问题上起到极大的作用。该条约还在开启中国近代向西方学习的浪潮中起到了重要作用。该条约以法律形式保障中国学子到美国学习的权利。19 世纪的美国并非先进大国，论国力不如英国，论高等教育更远远落后欧洲及英国的大学。但中国的第一个官方留学生团却是派往美国的。这一悖论只能从共有历史才能解释。留美幼童人数不到区区 120 人，但几乎人人成为栋梁之材。中国著名铁路工程师、京张铁路的设计者詹天佑和民国第一位总理唐绍仪，即为当年的留美幼童。留美幼童中后来有两位担任外交部部长，多位成为中国驻外资深外交官。清华学校校长唐国安、北洋大学校长蔡绍基、香港华人领袖周寿臣、成为海军上将后来更在民国政治中呼风唤雨和发挥很大影响的蔡廷干，以及成为驻美公使并于在任期间成功说服美国退还部分庚子赔款的梁诚，都是幼童出身。

此外，1879 年成为美国哈佛大学中文教师的中国人戈鲲化在美国的传奇人生；1913 年经哈佛大学前校长 Charles W. Eliot 的努力，美国卡内基国际和平基金会的推荐，哥伦比亚大学的支持，来到刚刚走向共和的"中华民国"的美国人古德诺（Frank Goodnow）在近代中国立宪史上呼风唤雨的独特经历，以及美国哲学家杜威（John Dewey）在中国五四运动期间（从 1919 年 5 月初到 1921 年 7 月），直接参与及影响近代中国的发展历程和成为五四时代在中国的"科学"和"民主"两大"先生"的具体化身及中美两国之间的文化使者的精彩历史，凡此种种，唯有从共有的历史方法方可得到更好的解读。并能够说明中美两国人民交往中"共同的旅程"的重要意义。当然，除中美关系史外，共有的历史视角可以用在许多中外关系史领域及各种重要题目上。如亚洲和一战关系、何为中国的课题、教会和教会学校的影响、乒乓外交的发生、联合国人权宣言的中国因素，等等，恕不一一枚举了。

3. 简短的结论

这篇小文通过个人的一些研究作为引玉之砖来说明“跨国史”和“共有的历史”对中外关系史不同凡响和不拘一格的新颖解读。双重视角无疑可以帮助我们全方位清楚解读中外关系史。当然，两种方法用起来相当困难，极具挑战性。两个视角都具有下述特质：其一是国际视野；其二是跨越“民族一国家”的分析框架；其三是侧重小人物、文化层次及“自下而上”的研究方法；其四是要求对中外历史都有很深造诣；其五，能够熟练掌握外语。所以，除了要具有深厚的学术根底，利用两种研究方法最重要的成功保证是多国档案、多种资料的应用。在目前中国国力全面提高之际，如何提高中国学术研究水平特别是近代中外关系史研究水平，是中国学者必须面对的一个迫在眉睫的挑战。相信在中外同人的共同努力下，在时代大潮的逼迫下，“跨国史”和“共享的历史”作为一个新的研究方法在中外关系史领域得到应用和推广，应该是迟早的事。

（此文原文发表在《史学月刊》2017年第7期，系应中山大学历史系教授吴义雄先生邀请为其所主持的《中外关系史研究方法笔谈》专栏所撰。在此谨向义雄兄及《史学月刊》的同人表示感谢。）

别样的历史：中美关系史中的“共有历史”

一部中美关系史，真可谓“剪不断，理还乱”。中国人当然有自己的看法，不少人认为美国对华一直包藏祸心，不怀好意。美国人同样有他们的见解。认为美国人历史上对华基本友好，长期致力于中国发展。两国也有不少人相信中美本质上水火不容，有天壤之别。历史是客观存在，任何人无法也无权改变历史。但为什么在中美关系史认知方面会出现这样大的分歧？我想问题出在视野及研究方法上。我们目前的研究似乎过分强调中美两国文化的差异，历史背景的不同。侧重中美之间的冲突、对抗以及分歧。这些差别和分歧无疑是历史事实，但不可能是中美关系的全部。只不过我们通常对其他不属于冲突和对抗范畴的历史视而不见而已。还有可能就是由于中国对档案的限制利用或保存不善，造成中外学术界在中美关系研究中，通常以美国和美国人为着眼点，只把中国人作为陪衬或被动的反应角色。国内中美关系史研究另外一个误区就是通常着眼于一种自上而下的方法，过分强调政府部门、政治家和经济方面的作用，而轻视和忽略个人因素。中国人对中美关系中的“关系”认知似乎一直有种误区。太强调领导人的作用。所以我们对特朗普的当选和他的一系列涉华言论做了过分解读。

熟悉美国历史和政治的人都知道，美国三权分立，无论何人当政，无法一意孤行，无法彻底重起炉灶。差不多一百年前，在第一次世界大战后，美国总统威尔逊信誓旦旦要为万世开太平，让不少中国人把他当救星，结果是他大话说过头了，不仅中国人对其失望，美国人也完全抛弃了他孜孜以求的国际新秩序。第二次世界大战期间，小罗斯福并未对中国人过分表示什么热情，但他不声不响地让中国在 1945 年成为世界四强，并因此成为联合国安理会常任理事国。里根上台时，信誓旦旦要不忘台湾老朋友，结果很快在 1982 年大幅度后退，并和中国签订中美第三个联合公报。作为总统候选人的克林顿经常大骂中国政府，但上台后不仅年年给中国最惠国待遇，并支持中国加入世贸组织。小布什年 2001 刚入白宫时在电视上公开声称他要不惜一切代价支持台湾，但在他的 8 年任期内，中美关系非常友好，他甚至亲自参加 2008 年北京奥运会开幕典礼，这是美国在任总统第一次出席美国之外的奥运会典礼。在美国，无论谁做总统，天塌不下来，太阳照旧升起。

传统中美关系研究还有一个巨大缺陷，就是缺乏对双方共同经历的历史的文化关怀。我这里所说的文化主要指中美两国人民在从 19 世纪直到现今的漫长旅程中，两国人民和社会所共有或共同经历的梦想、希望、失望、激动以及挫折。在中国人和美国人的共有历史经历中，事实上，文化国际主义早已作为一个重要的主题长期存在于中美关系之中，只是没有受到学者的重视而已。

要走出中美关系中存在的巨大误区，关键是要有一个行之有效的新视野或方法。使我们能够对中国和美国这两个伟大而又极不相同的社会和国家在新叙事下做一全新解读。我在这里冒昧提出一个新的视野或方法：“共有的历史。”那么作为方法论的“共有的历史”究竟是什么货色呢？以我浅见，“共有的历史”（shared history）研究方法主要有下述几个特点：其一，该范式的核心是“共有”，及着眼于两国人民共同的历程及追求。共有的经历自然也包括共有的挫折和失望。其二，侧重文化范畴。其三，强调个人及非政府机构的作用。换句话说，“共有的历史”方法同近年来在美国得到广泛注意和使用的国际史方法（transnational/international history）可谓相得益彰，甚至可以说是由国际史方法进一步发展而来。国际史研究视野也是一种全新的史学方法。其追求及旨趣就是要跨学科、踏国别、兼容并包、融会贯通。国际史研究方法既可以运用于国别史如中国史、美国史或世界史，也可以用于微观研究。国际史虽然在起步及不断完善与发展中，但它包含了以下因素：第一，彻底打破现今历史研究中的“民族一国家”约束。国际史以整个国际体系甚至文化背景为参照系。第二，强调非政治，非“民族一国家”因素之作用及影响。如非政府机构（NGO）、竞技体育、瘟疫等在人类进步及历史进程中的作用。第三，强调多国档案研究。全球视野的一个基本要素是多国档案及多种资料的应用。所以多国档案、多国多种不同资料的运用是国际史的一个重要特质。第四，国际史强调“自下而上”（bottom－up）的方法，而非如传统的外交史，政治史着重大人物、政府层面的决策。“文化”因素，“弱势群体”，人类共同的追求等常成为国际史研究的突破口。显然，我这里所说的“共有的历史”方法可以说是国际史方法的进一步提升和在中美关系史研究领域的具体实践。共有历史当然包括共同经历的种种挫折、失望和命运的嘲弄，我们却不应贬低这些共有经历的价值——毕竟，这其中的悲剧和令人意想不到的成功，都是人类历史的有机组成部分。如果我们能由国际史视野并有效利用“共有历史”视角，一些我们通常忽视的人和事件，可能会变得清晰起来，并显现其重要历史贡献和意义。宋朝一位大诗人曾写道，“横看成岭侧成峰，远近高低各不同。不识庐山真面目，只缘身在此山中”。也许，从中美两国人民“共享的历史”角度，我们不仅可以解读出一种全新的中美关系史，还可找到一种具有重要学术价值的新范式及视野。

现在让我们追随共有历史的镜头，来回顾一下那些长期被我们视而不见但实际上不仅有趣而且重要的历史花絮。美国和中国固然是两个有着不同历史和文明背景的国家。但这两个国家在不同时期曾互为榜样。美国立国之父之一本杰明·富兰克林便被中国所吸引。他认为中国是“有着悠久历史的国家中最富于智慧的国度”。富兰克林认为中国而不是欧洲更适合成为美国效法的榜样。美国第一任总统华盛顿在获悉中国人不是白种人时很惊讶。在他的眼里，以中国人的伟大和聪明才智，理应是白种人才是。中国甚至在美国的独立过程中发挥了作用：1773 年波士顿倾茶事件（Boston Tea Party）中被倒入大海的茶叶主要来自中国。不仅如此，力图打破英国东印度公司对华贸易垄断也是美国追求独立的一个重要原因。美国人寻求独立的一个重要原因就是同中国贸易。难怪美国一旦独立，美国人便梦想着中国的市场和财富。1784 年美国的第一艘商船中国皇后号（Empress of China）驶进广州，仅仅这单独的一次航运便创造了 25%到 30%的利润。无疑，对 18 世纪和 19 世纪初的美国人来说，中国就是发达与财富的代名词。当然，风水轮流转，到 20 世纪初，美国开始成为中国人追随的目标。1912 年中国一举成为共和国，无疑是在步美国后尘。只不过这一华丽转身，让世界上最古老的文明之邦中国瞬间成为美国的小弟。毕竟，美利坚同中国相比固然历史短暂，但其为世界上资格很老的共和国，且拥有世界上最久和历久弥新的成文宪法。

我们的共有历史镜头还会向我们展示中美两国历史奇怪重叠的画面。19 世纪的中国人和美国人有其许多相似之处，例如都不是强国，都认为自己的文明特别，都游离于国际秩序之外。还有一个重要的相似点，那就是在 19 世纪中叶中国和美国都挣扎于关乎生死存亡的政治危机之中，都面临十分严重的内忧外患。自 1840 年代的鸦片战争开始，外国势力的入侵和加诸于中国的重重经济及外交压力，随着 1860 年英法联军开进紫禁城，将圆明园抢劫一空并付之一炬而达到了顶点。这当然是严重的外患。然而，对清王朝的致命威胁则来自于内部。中国长期以来受到内部起义和造反的煎熬，在中亚地区平定回民暴动几乎掏空了大清国库，而太平天国运动则是革命性的起义，是关乎清王朝天命的严重内忧。太平天国的领袖们从传教士所宣传的教义和《旧约圣经》中得到启示，要用基于基督教的所谓太平盛世取代儒家文明。曾经傲气凌人并势强力盛的满族统治者看上去却已疲惫不堪，腐败透顶，集数年之力才勉强将太平天国打败并暂时保住了儒家文明体系。而在地球另一边的美国，自 1850 年代起，南北各州之间的矛盾日趋尖锐，势同水火，直到 1861 年双方内战爆发，一决死战。美国内战是美国历史上最为血腥、也许是美国人所打的最具破坏力的战争。1864 年，当同治中兴中满汉联合最终打败太平天国，并在洋人的压力之下开始对外交政策做出改革的时候，林肯的北方军队也开始走向内战胜利。中国人把来自内部的麻烦和来自外部的威胁并称为“内忧外患”，美国人在同一时间也面临他们自己的“内忧外患”，因为在美国人南北对峙互相厮杀的时候，大英帝国在外交上甚至军事上则支持着反叛政府的南方，美国昔日的宗主国大英帝国一心想借美国内战制造两个美国，让美国分裂。

两国同时经历和感同身受的“内忧外患”无疑更进一步把中美两国人民之间的距离拉近。1861 年对于中美两国的对外关系来说可谓关键性的一年。这一年不仅是同治中兴的起点，也是清政府第一次同意洋人在北京设立领馆。中国在被英法联军发动的第二次鸦片战争中打败，并且于 1860 年遭到火烧圆明园之后，终于建立起一个处理外交的临时机构——总理各国事务衙门（简称总理衙门），美国人蒲安臣因此成为第一位常驻北京的美国公使。蒲安臣因缘际会成为这一时期中美关系中的双重使者。蒲安臣不仅为美国国家利益尽力，他同时也为中国外交走向世界提供了许多力所能及的帮助。由于中美两国相互之间没有重大利益冲突和中美两国自然的亲近感，蒲安臣在任驻华公使期间主要致力于中美友好及文化交流。例如，蒲安臣大力向马克·吐温介绍中国。美国著名诗人朗费罗（Henry Wadsworth Longfellow）的《人生颂》（*A PSALM OF LIFE*）在中美文化交流史上占有重要的一页，其中也有蒲安臣的影响。朗费罗曾任哈佛大学教授，蒲安臣认识朗费罗，朗费罗在马萨诸塞州的坎布里奇居住，而蒲安臣的岳父也住在坎布里奇。朗费罗的《人生颂》曾风行一时，在美国家喻户晓，充分展示美国人乐观好胜的民族性。但该诗被译成中文并让诗人卷入其中，则与蒲安臣密切相关。英国汉学家威妥玛（Thomas Wade）当时任英国驻北京公使馆秘书，他为了练习中文而将《人生颂》用汉语翻译出来。随后他将自己的翻译拿给总理衙门大臣董恂看，请其指正。董恂一时技痒，对威妥玛的汉语翻译加以润色并改成七言律诗。董恂无疑喜欢蒲安臣，给他写了不少诗。当蒲安臣于1865年返回美国作短期停留的时候，董恂特意将《人生颂》的中文译诗写成扇幅，请蒲安臣将其送给朗费罗，以示友好。董恂之所以知道朗费罗的重要性和具体信息，无疑同蒲安臣的大力推介有关，否则不会贸然请蒲安臣带礼物给这位美国诗人。蒲安臣显然成功地履行了这一文化信使的职责，因为朗费罗深为这把写有其诗句的中文译文的扇子所打动，他请蒲安臣代他致谢，并转达对董恂的敬意。朗费罗无疑珍视此扇。其在哈佛大学不远处的故居现为美国政府名下的文物单位，此扇迄今不仅保存完好，并成为其故居珍藏。我每次造访此地时，其档案馆长都很热心地从库房中拿出此扇，让我一饱再饱眼福。蒲安臣好像从来不会放过任何一个感动中国官员的机会，返回北京之后，当他在总理衙门的大臣们面前告诉他们朗费罗收到那把扇子是如何喜悦和感激的时候，他一定在这些大臣们心中留下了深刻的好感。董恂在听到蒲安臣的叙述之后甚感欣慰，当即为此情此景赋诗一首，感谢蒲安臣的功劳。根据钱锺书的研究，《人生颂》是第一首汉译美国诗，也可能是所有美国文学作品中被译成中文的第一篇汉译作品。钱锺书甚至提出《人生颂》的翻译是中国最早的英汉诗歌翻译。如果此言不输的话，蒲安臣的重要性则更非同小可了。遗憾的是，迄今为止，很少有人意识到蒲安臣牵线搭桥之功。更无人把《人生颂》的传入中国同中美之间的“共享的历史”联系在一起。

蒲安臣还在将西方近代国际法引进中国人的视野方面扮演了重要角色。美国人惠顿（Henry Wheaton）的《万国公法》（*Elements of International Law*，也称《万国律例》）就是通过蒲安臣的推介而被翻译成中文。这是中国官方出版的第一部重要外交著作。早在1863年，当中国政府在同列强打交道捉襟见肘、进退失据之时，它意识到需要对西方外交及国际法有所了解。为此，署理总理衙门事务的军机大臣文祥询问蒲安臣是否可以介绍一两部权威的国际法书籍供中国参考。蒲安臣立即推荐了惠顿的书，并安排美国人丁韪良（W. A. P. Martin）着手翻译事宜。该书最终由中国政府官方出资翻译出版。并由署理总理衙门事务的另一位重要官员、曾官至户部尚书的董恂为中文版写序及推荐。1865年此书出版后甚至被正式进献中国皇帝。为表示感谢，译者丁韪良还慎重地将此书题献给蒲安臣。该书成为中国了解西方国际法及外交的第一部入门书。后来这本书还被引入日本，对日本近代外交也产生了巨大影响。蒲安臣也是把中国学者官员徐继畬所撰的《瀛环志略》一书介绍给美国的人。徐在此书中称华盛顿为一代伟人。为表彰徐在中国传播美国之功，通过蒲安臣的安排，美国国务院特赠华盛顿正式肖像给徐继畬。如果中国人访问位于美国首都的华盛顿纪念碑上，应该去读一下刻在此石碑之上的徐继畬所撰《华盛顿颂》。美国人愿意把一个19世纪中国官员的文字刻在其国父纪念碑上，同华盛顿英名一样万古长存，应该说是中美两国人民共享历史的一段佳话。

由于蒲安臣深得清政府的信任，以致他甚至一手促成中国第一次主动卷入美国内政。前面提到英国积极卷入美国内战，一心促成美国分裂，制造“两个美国”。一个明显的证据就是英国为美国南方建造舰艇“阿拉巴马号”。此舰给北方一度造成重创。1864年当蒲安臣获悉“阿拉巴马号”可能对美国北方在中国近海的商船实施攻击时，他要求总理衙门向中国沿海各省指示不准“阿拉巴马号”及其他美国南方的船只到中国近海停泊。出于对蒲安臣极大的好感，总理衙门居然言听计从，指示中国沿海各省全力阻止“阿拉巴马号”及美国南方其他舰只攻击美国北方的商船及财产，严禁美国南方船只驶入中国港口。对总理衙门的及时友好行为及援助，蒲安臣及美国政府表示衷心感谢。后来成为美国著名作家的马克·吐温当时写道：中国是第一个对我们提供公正友好援助的外国政府，它向南部叛乱政府所有到处劫掠的阿拉巴马号及其他舰船表示，中国不支持南方叛乱方，不向它们开放中国港湾。蒲安臣得到满清政府的信任由此可见一斑。而中国政府就美国内战采取的行动可能是中国近代以来第一次卷入与中国无关的国际事务的一个重要行动。尽管迄今为止很少有历史学家注意到这段中美关系中的特殊经历。然而在我们今天一再提醒美国人要维持“一个中国”的承诺时，重温这一段历史佳话却显示出值得回味的价值。

以上是蒲安臣代表美国的内容。前面提到蒲安臣是中美两国的双重使者身份，是因为 1868 年在蒲安臣担任了 7 年的美国驻华公使后打算回美时，大清政府正式任命其为中国首次出访西方各国的使臣。尽管蒲安臣对来自大清皇帝的御旨一字不识，但他就凭这张文书代表中国同美国政府签订了著名的《蒲安臣条约》。这可能是近代中国签订的中美之间第一个平等条约，影响极其深远。近代中国第一次有中央政府筹备的留学活动就是因此条约的内容所致。留美幼童对中国近代发展关系至巨，其开启的留学浪潮至今方兴未艾。与美国人签订条约后，中国使臣蒲安臣来到欧洲，但欧洲各国显然不如美国对华友好。英国人羞辱他，法国人冷落他，只有普鲁士对他较客气。导致蒲安臣心力交瘁，1870 年初以 49 岁英年死于俄国。去世时还是中国的使臣，还在为中国的外交做最后一搏，可谓为中国捐躯，死而后已了。在获悉其去世的消息后，为表彰其贡献，大清政府赐其正一品大臣。甚至连其尸体也由中国出资运回美国，安葬在与哈佛大学一尺之遥的奥本山墓地。我每次路过哈佛校园，看到来自中国的游客络绎不绝，常常忍不住想，他们中有几个记得蒲安臣，会到与哈佛校园步行不到半个小时的蒲安臣墓地去凭吊一番呢？

（该文写作初衷系应《读书》杂志编辑饶淑荣老师邀请所撰，并以不同题目发表在《读书》2017 年 3 月号。收入此书时，我做了大量修改，在此向饶老师表示衷心感谢。这里顺便提一桩学术佳话。在和美国著名学者柯文教授聊天时，我得知饶老师几乎是同时邀请柯文和我各写一篇文字，她命我写一篇有关我的国际史研究，请柯文写点他如何用一生心力研究中国历史的。我在差不多一年后才交了一篇短文，柯文告诉我他误以为饶老师让他写一本回忆录，结果一发不可收，花了两年多时间写了一本几十万字的学术回忆录。柯文回忆录的中英文版将很快问世。看来饶老师可以考虑在《读书》上发表该书的书评了。对柯文和饶老师来说，均可谓种瓜得豆，对读者而言则是莫大的好事和福利。）

重读入江昭《第二次世界大战在亚洲和太平洋地区的起源》之断想

——为纪念第二次世界大战结束70周年而作

今年是第二次世界大战结束70周年纪念日。因缘际会，我近日重读了入江昭先生几乎是30年前出版的一本书：《第二次世界大战在亚洲和太平洋地区的起源》（*Akira Iriye*，*The Origins of the Second World War in Asia and the Pacific*，London：Longman，1987）。在说这本书之前，先介绍一下作者。本书作者入江昭（Akira Iriye）先生是国际上极具声誉及影响的历史学家，也是本人在美国哈佛大学求学时的导师。入江教授1934年10月20日生于日本东京，高中毕业后即获得奖学金赴美攻读学士学位。此后定居美国，并最终成为美国史学界一代宗师及国际史学派的开山鼻祖。入江教授长期在美国的史学重镇芝加哥大学及哈佛大学历史系任教。备受国际学术界推崇和尊敬。1978年当选美国外交史学家学会主席，在1982年他年仅48岁时即当选美国文理研究院院士（American Academy of Arts and Sciences）。1988年，他当选美国历史学会主席。迄今为止，他可能仍是唯一的非美籍的出任此职的学者。他曾担任芝加哥大学及哈佛大学历史系主任及美国史讲座教授，哈佛大学赖世和日本研究所所长等职务，并获日本天皇颁发的日本最高荣誉之一的天皇勋章（Order of the Sacred Treasure）等诸多荣誉。

入江教授之所以在西方得到如此崇高的地位及承认，是与其在国际史学界少有人能媲美和比肩的巨大学术贡献分不开的。入江教授著作等身，部部精品并影响甚大，涉猎甚至开创无数新领域。例如，其用英文出版的第一本著作为《帝国主义之后：寻求东亚新秩序，1921－1931》（*After Imperialism*：*The Search for a New Order in the Far East*，1921－1931，哈佛大学出版社，1965）。该书用多国档案，全新视野来诠释第一次世界大战后的中国、美国、苏联等国如何创建东亚新秩序，一举奠定入江教授在国际史学界的重要地位。他于1981年出版的《权力与文化：日美战争，1941－1945》（*Power and Culture*：*the Japanese－American War*，1941－1945，哈佛大学出版社，1981）一书，又另辟蹊径，提出在太平洋战争中，尽管日本人与美国人在战场上你死我活，不遗余力地欲置对方于死地，但在对战后的和平诉求及诸多国际理念上同美国人实际上经常是并行不悖甚至不谋而合的。入江教授之所以得此惊人之论，实乃其通过“文化”视野使然，通过解读日本及美国外交决策上的文化因素的作用及影响，因而使他能洞见大多学者无法看到的重要一面。其于1993年初版2013年全面修订再版的《美国的全球化：美国外交政策史，1913－1945》一书（*Globalizing of America*：*U. S. Foreign Relations*，1913－1945，剑桥大学出版社，1993，该书修订版于

2013 年出版。新书名为《新剑桥美国外交史，第三卷，美国的全球化：美国外交政策史，1913－1945》）中，入江教授再次从文化和国际史角度入手，得出 1913－1945 年的美国外交史不仅不是孤于一隅的孤立主义下的偏安史，更是一部大规模和大踏步的国际化的历史，从而为这一时代的美国外交史研究带来全新的视野和解读；又如其《全球背景下的中国与日本》一书（*China and Japan in the Global Setting*，哈佛大学出版社，1993），入江教授分别从“文化”“权力”和“经济”三个角度来梳理近代以来的中日关系，高屋建瓴，条分缕析，达到“一览众山小”的境界，读来同样让人耳目一新，拍案叫绝。入江教授的其他著作如《文化国际主义与世界秩序》（*Cultural Internationalism and World Order*，约翰·霍普金斯大学出版社，1997），《珍珠港与太平洋战争的来临》（*Pearl Harbor and the Coming of the Pacific War*，New York：Macmillan，1998），《全球共同体：国际组织与当代世界》（*Global Community：The Role of International Organizations in the Making of the Contemporary World*，加州大学出版社，2002）等专著，以及其参与主编的如《波尔格瑞夫国际史论文汇编》（*Palgrave Dictionary of Transnational History*，London：Palgrave Macmillan，2009），《人权革命》（*The Human Right Revolution*，牛津大学出版社，2011），以及 6 卷本《新世界史》（*New World History*，哈佛大学出版社，各卷将于 2012 年到 2015 年陆续问世）等，单从书名看就可以知道其内容不落俗套，不同凡响。限于篇幅，这里就不赘述。但我想强调的是，不管是个人著作，还是主编书籍，只要出自入江教授之手，均属填补空白或自立体系之作，大师风范，由此可见一斑。

从上述学术背景及经历可以看出，入江教授几十年如一日，精心研究美国、日本及中国与世界历史，因此成为本书《第二次世界大战在亚洲和太平洋地区的起源》最合适的作者。虽然篇幅不长，但这本入江教授在处于学术巅峰时出版的书再次展示了其卓尔不群和高瞻远瞩的学术视野及思路。通过跨国别、跨文化以及国际史的宏大目光，入江教授一开始就从第一次世界大战后的局势出发来探讨二战在亚太地区的起源。在这本书中，他以史家深邃的目光，以及对美国史、日本史、国际关系史的深刻理解和认识，别出心裁地提出，二战在亚太地区的起源实乃由于日本外交决策的一再误判，由于日本政客的节节失误，最终导致其走上同美国背水一战的不归路。尽管这是一本入江教授为一般读者所写的著作，但其精深的学术思想和独到的历史见解，在书中可谓比比皆是。本书各章精彩纷呈，且绝非人云亦云，如同一曲令人振奋的交响乐，高潮迭起，让读者得以享受大师所做的一份精美学术大餐。据说国内一出版社独具慧眼，打算近期翻译出版《第二次世界大战在亚洲和太平洋地区的起源》一书，从而让我们中国读者很快有机会阅读此书，可谓意义重大，用心良苦。本书无疑对今天的我们有着重要的启迪意义。因为我希望在这一特别的年份，中国读者至少历史学者都应该读读此书，在这里我就不敢班门弄斧，对本书做进一步解读了。以免夺走读者品味此书观点时可能获得的惊喜和新鲜感。本人在这里更愿意与读者分享一下我多年后重读此书后关于第一次世界大战及第二次世界大战的一些断想。这些想法也许不对，读者可以见仁见智，这里之所以不揣冒昧，把这些尚不成熟的观点予以发表，实乃出于抛砖引玉之苦心，并刺激国人对两次世界大战做出全新和明智的思考。得失如否，请方家指正。

2015年是第二次世界大战结束70周年，同时也是中国人在第一次世界大战中创造性提出“以工代兵”、并因此把自己的命运同所谓的“大战争”（The Great War）联系在一起的100周年纪念日。在全人类正大张旗鼓地反思第一次世界大战的百年遗产，并纪念第二次世界大战结束70周年之际，也许我们应该把两次世界大战放在一起进行思考，回答下述问题：二战是否是一战的延续？或者，是否因为一战的后遗症，造成了二战的最终爆发？在这两次世界大战之间，哪一场战争造成的影响更加深远？何谓第二次世界大战？还有关于二战开始的时间及定义，是否对不同的国家有不同的回答？中国人对第二次世界大战的贡献如何？第二次世界大战对中国历史进程的巨大影响何在？从相当大的意义上看，一战的重要性远胜于第二次世界大战。因为二战不仅是第一次世界大战的延续，更重要的是直到今天，在一战爆发一百周年之际，我们对这场所谓的“大战争”的全球意义仍缺乏真正了解。人们仍在辩论其影响及后果。

就相当大的程度上而言，我们在检讨第二次世界大战对中日关系及两国历史发展进程的影响时，也许我们应该把第一次世界大战以及第二次世界大战联系在一起来分析。我们甚至应该进而把两次世界大战作为一体，并进而同中日甲午战争放在一起来透视。换句话说，第二次世界大战可能是中日从1895年到1945年五十年战争的一个重要组成部分。唯有从这一角度出发，我们对中日两国的近现代进程可能看得更透彻，得到的认识和理解也可能更为深刻。老杜诗云，“会当凌绝顶，一览众山小”。也许从中日五十年战争的角度来俯视二战，许多似是而非的观点就露出真面目了。从国际史而言，二战的起源时间可谓因不同地区而异。

对欧洲来说，二战起源于1939年应无问题。但从美国人的角度，二战可以说是被日本人炸进来的。1941年12月7日日本偷袭珍珠港，一举把美国人拉进战争，美国人的二战便因此载入史册，并从此把美国人变成中国人的重要盟友。但对中国人或日本人来说，二战如果从1931年所谓九一八事变算起，可能是15年战争。如果从1937年7月7日卢沟桥事变算起，则为8年战争。从中日50年战争说，我们可以认为，中国1895年一代一举奠定日本的东亚大国地位，并让日本成为西方意义上的殖民帝国。因为甲午一战让日本攫取台湾将其变为日本殖民地，并为其将朝鲜在1910年正式变为日本殖民地打下了坚实基础。一战是日本的所谓“天赐良机”。日本通过第一次世界大战一举成为世界强国，在巴黎和会上跻身世界五强之列。日本在一战后的地位大增，实力膨胀，《道德经》云，“祸兮福之所倚，福兮祸之所伏”。在某种程度上可以说，正是由于日本在一战中的巨大成功，从而把日本一步步推向第二次世界大战，并最终经历战败和无条件投降。

第一次世界大战及其建立的战后新秩序，对中国人来说可谓刻骨铭心，五四运动因此爆发，五四时期风靡一时的两大口号“科学”与“民主”响彻入云。但到一战爆发100周年的今天，我们是否在中国实现了“科学”与“民主”呢？两位“德先生”和“赛先生”在今天的中国是否仍旧似有若无呢？一战爆发迄今已经100年，但当年围绕这场大战争原因和结果的全球讨论，这场有关世界秩序、东西方文明的兴衰、科学及机器的论战，到今天仍在继续，也仍无答案。在21世纪的现在人们仍旧继续在讨论，继续疑惑，观点仍旧莫衷一是。事实是，经历过两次世界大战的巨大考验，西方文明照旧处于优势，跟一战时期比，科学和机器在人们的生活中扮演着越来越重要的角色，并为全世界所推崇和追求。中国自一战以来无疑经历了翻天覆地的变化，由积贫积弱发展成为今天的世界强国。今天的中国不仅国力大增，国际地位也与日俱增，与一战后期间任人宰割的局面有着天壤之别。但五四时期我们的先辈所讨论所纠结的问题今天仍旧存在。例如当时广为讨论的“何为中国、何为中国人”，中华文明在国际地位如何，中国究竟需要有什么样的国家认同等问题，到今天仍旧是我们全体中国人共同关心的核心问题。中国国家领导人目前大力推行的实现“中国梦”及“中华民族伟大复兴”的宏伟计划同五四先辈们所追求的理想无疑有异曲同工之处。二战结束到今天也已经 70 周年了，但关于战争责任以及日本道歉问题至今仍困扰着东亚国家。在欧洲，法德两国可谓世仇，从 1871 年普法大战到 1945 年二战结束，70 余年间法德之间经历了一场让法国深感耻辱的战争及两场世界大战。但如今两国已成为欧共体的重要伙伴，不仅化干戈为玉帛，甚至在许多重大经济外交问题上达到休戚与共和肝胆相照的境界。我们不禁要问，在战争问题上，日本为什么不能像德国那样诚心道歉，同邻国共创未来？中国为什么无法像法国那样放下耻辱的历史包袱，轻装上阵，着眼于明天？

也许日本就是日本而不是德国，中国就是中国而不是法国。也许我们在短期内无法对上述众多问题做出明智的回答。在我们中国人同人类一起纪念一战爆发 100 周年和二战结束 70 周年的今日，我们应好好读一下入江昭的《第二次世界大战在亚洲和太平洋地区的起源》。本书涉及日本、美国，以及战争。也许他山之石，可以攻玉。通过阅读此书，我们可以吸取日本人的历史教训。更重要的是，当我们中国人目前在纠结于如何处理中美关系、中日关系以及中国在国际的地位时，我们是否想到20世纪30年代的日本人实际上面临同样的处境，当时的日本人同样纠结，他们在问为什么日本强大了，却仍然得不到美国和西方国家相应的尊重？日本何时或怎样可以摆脱白人主导的国际秩序？但日本最终一错再错，选择了战争这条不归路。在一战爆发100年及二战结束70年的今天，我真心希望我们中国的有识之士认真读一读手头这本小书，也许从入江教授的微言大义和历史解读中，我们可以对上述问题做出理性反思，可以全面检讨人类的战争与和平问题，并思考什么是我们中国人自己的过去和未来。为了自己，为了后代，也为中国和世界。我们无法改变历史，我们也无法选择我们的邻国，但我们可以选择一个和平的未来，共创和谐的睦邻关系。

（本文原为入江昭教授的《第二次世界大战在亚洲和太平洋地区的起源》中文版序言。也曾在《中华读书报》上发表。收在这里的文字稍有改动。感谢该书的译者李响先生邀请我写下这些文字。）

入江昭先生《全球史和跨国史：过去、现在及未来》中文版序

古语云，工欲善其事，必先利其器。对史学工作者而言，一个高瞻远瞩的方法及视野就是一个利器。历史是客观存在，任何人无法也无权改变历史。但是我们可以调整透视历史的角度，修正我们对过去的看法。历史学者的任务是解释历史，揭示被遮蔽的真相。读者手中的这本小书就是一位国际史学大师的指点迷津之作。其半为自身学术历程，半为学术巡礼。以一代国际大师的法眼及亲身经历，现身说法，为我们展示国际历史研究的发展脉络。并解读最新和最富于创意、最有穿透力的英文著作。

本书作者入江昭先生（Akira Iriye）曾长期在芝加哥大学和哈佛大学历史系任教，为国际学术界国际史研究的奠基人之一。曾任美国外交史学家学会主席及美国历史学会主席。并荣获日本天皇勋章（Order of the Sacred Treasure）和日本基金会（Japan Foundation）奖。一生著作等身，桃李满天下。入江昭先生自哈佛大学退休之后，面对全球史学，深

刻意识到授人以鱼不如授人以渔。不惜花费宝贵时间，向读者介绍国际史的来龙去脉。从其书名*Global and Transnational History：the Past，Present and Future*即可看出作者的良苦用心和宏大目标。这本书所讲述的就是国际史的前世今生，以及未来。虽然题目看起来有点大，但这本书的内容对入江昭先生来说，可谓信手拈来，如数家珍，举重若轻。此书丝毫没有大而无当的弊端。相信中国读者阅读之后，一定会有融会贯通、豁然开朗之感。

如果说19世纪为西方帝国主义扩张的历史，20世纪为民族一国家的历史，21世纪无疑为跨越民族一国家、跨越文明的世纪，是国际化的世纪。这是对我们每一个地球人的挑战，更是历史学者的“危”“机”。如果我们把握好挑战，就是一个极好机会，否则就是真正的危机了。对中华民族来说，“危”“机”尤甚。目前中国正处于历史的转折关头，国际化程度越来越深。对中国人而言，正确了解过去可谓至关重要。您手中的这本入江先生的近著，也许可以帮助我们扩大视野，鉴往知来。

入江先生是我多年前在哈佛大学历史系攻读博士学位时的导师，长期以来对我眷顾有加，耳提面命。其道德文章、高风亮节，一直是我学习的榜样。两位译者为史学后起之秀，一为哥伦比亚大学在读博士生邢承吉，一为北京大学的在读博士生滕凯炜。两位不顾学业繁重，不辞辛苦，联手将该书译成中文，嘉惠中文读者。实在难能可贵，可喜可贺。译者瞩我写几句话，于公于私，实在不敢辞。唯愿写在这里的几句话不会倒读者诸君的胃口，反而增加进一步读完此书的兴趣。

人类的前程和中国的未来

公元 1914 年是中国的虎年。也是中华民国三年。就在这一年，人类历史上所谓的“大战争”（the Great War）爆发。在另一场世界大战于二十多年后再次打响后，那场“大战争”成为今天人们所熟知的第一次世界大战。当这场美国人在 1917 年自己参战后称其为“终结所有战争的一场战争”（the war to end all wars）的炮声在 1918 年 11 月 11 号 11 时终于沉寂时，约 200 万美国人先后效力一战疆场。5 万余人捐躯，20 万人受伤。美国只是 36 个卷入战火的国家之一。一战中全世界至少有 6，500 万军人参加作战。年龄在 13 到 30 岁之间的法国男人每三个就有一个死于战火。年龄在 15—49 岁之间的男人，死亡率占 13.3%。英国军人死逾 72 万，伤 160 万，年龄在 15—49 岁之间的男人，死亡率在 6.3%以上。德国死 200 万，伤 420 万。仅一战战俘到 1917 年底就达 350 万。死于第一次世界大战的交战方总人数高达 900 万以上，说明每 8 个士兵中至少有一人阵亡。或者说在 4 年多的战争中每天士兵的平均死亡人数为 6046 人。此外，这场战争还造成德意志帝国、（土耳其）奥图曼帝国、奥一匈帝国，俄罗斯等帝国的烟消云灭；英、法老牌大国随之衰落；美国、日本在世界舞台上开始异军突起。寻求新的国家认同、民族自治和平等及国际化成为中国等不少国家压倒一切的主旋律。无论从何种角度上说，这都是一场人类历史上影响深远的战争，是对东西方文明特别是西方文明一次血与火的残酷考验。而且从相当大的意义上看，一战的重要性远胜于二战。因为二战不仅是第一次世界大战的延续，更重要的是直到今天，在一战爆发100周年之际，我们对这场所谓的“大战争”的全球意义仍缺乏真正了解。人们仍在辩论其影响及后果。

实际上，一场有关一战意义和影响的辩论在一战结束后即在东西方展开。德国人斯本格勒（Oswald Spengler）宣称一战标志着西方的没落，是大家都熟知的。中国人梁启超则在1918年底到欧洲游历及考察后所撰的《欧游心影录》中声称一战的结果显示东方精神文明仍然有一定的优势。梁启超写道，“欧洲人做了一场科学万能的大梦，到如今却叫起科学破产来。这便是最近思潮变迁一个大关键了。”梁启超甚至用其饱含深情的笔调告诫中国人，“我们可爱的青年啊！立正！开步走！大海对岸那边有好几万万人，愁着物质文明破产，哀哀欲绝地喊救命，等着你来超拔他哩。我们在天的祖宗三大圣和许多前辈，眼巴巴盼望你完成他的事业，正在拿他的精神来加佑你哩。”对梁启超而言，第一次世界大战几乎将人类文明消灭殆尽，而西方一直标榜的社会达尔文主义则难辞其咎。除梁启超外，中国人梁漱溟、辜鸿铭等均属强调东方文明优越阵营大将。当然，当时鼓吹东方文明至上的中外人士大有人在，以至美国哲学家杜威（John Dewey）1923年为另一位英国哲学家罗素（Bertrand Russell）所撰《中国的问题》一书所写的书评中提到，在大战后，中国似乎成为光明天使，映照出西方文明的黑暗。中国之道德准绳成为蝎子之鞭，抽打自以为是的西方人之背脊。（“China tends to become an angel of light to show up the darkness of Western civilization. Chinese virtues are made a whip of scorpions with which to lash the backs of complacent Westerners.”）应该指出的是，当时并不是所有人都在东西方文明中站队，比较优劣和短长。有部分十分理智的中国人呼吁大家要清醒认识一战是人类文明的分水岭，乘机找到一条适合中国自身发展的道路，不要汲汲于东西方文明之争。如有一位中国人在1918年《晨报》的一篇文章中写道：“大战即终，十九世纪文明告一段落，而二十世纪文明方从兹发展。换言之，即世界由旧时代而移入新时代。”“故我国民果欲为适应时势之国民，第一须求得有方针之教育，第二须其方针无背于世界之新潮，否则惟有自归淘汰而已。此则吾人所应大觉悟者也。”

战后亚洲对西方文明批评最厉害也最有影响的是印度人泰戈尔(Rabindranath Tagore)。此公在1913年即获诺贝尔文学奖，是亚洲人第一个获此殊荣者。声誉当然远扬，所发言论也较引人注意。泰戈尔在1921年写道，生活在东方之外的人现在必须承认欧洲已经彻底失去过去在亚洲的道义上的优越感。它在世界上已经不再被视为公平的代表和高尚原则的奉行者。它充其量只是个西方种族优越论者和对非西方人的剥削者。（“Those who live… away from the East, have now got to recognize that Europe has completely lost her former moral prestige in Asia. She is no longer regarded as the champion throughout the world of fair dealing and the exponent of high principle, but rather as an upholder of Western race supremacy, and the exploiter of those outside her own borders.”）他

在战后给法国作家同样也是诺贝尔文学奖得主的罗曼·罗兰（Romain Rolland）的一封信中写道，亚洲几乎每一个角落都对欧洲不再喜爱（“hardly a corner in the vast continent of Asia where men have come to feel any love for Europe”）。对泰戈尔而言，披着文明外衣的西方过去在中国这样一个伟大的国度所投下的毒药在战后必将祸及自身。所谓的欧洲文明之火炬也许不再是灯塔，而是用来杀人放火的东西（“the poison that civilized Europe had pushed down the gullet of such a great country like China has severely impaired its own forever,” and whether “the torch of European civilization was not meant for showing light, but to set fire”）。

一战是日本的所谓“天赐良机”。日本通过第一次世界大战一举成为世界强国，在巴黎和会上跻身世界五强之列。但就是大发一战外交和经济横财的日本人中也有不少人在战后有许多疑惑之处和很强的失落感。其一，日本固然通过一战一跃成为世界五强之一，但西方集体对日本在巴黎和会提出的“种族平等”议案嗤之以鼻，在种族问题上日本还是同其他亚洲国家一样，仍无法同白人国家平起平坐。其二，日本毕竟是靠德国军事化模式发迹的，德国在一战被打败及一战后流行全球的所谓反军国主义思想让不少日本人怀疑日本是否根本上就选错了立国模式，怀疑自己自明治维新以来奉行的所谓“脱亚入欧”的政策是否真的英明。也是通过一战跻身世界强国的美国同样对一战的影响和后果充满疑虑。美国人在为“民主而战”的口号下加入一战战团后，发现战后的世界秩序并非自己所愿。确实，美国总统威尔逊（Woodrow Wilson）一度被世人奉为神明和救世主，为全世界带来希望。连法国老虎宰相克里孟梭（Georges Clemenceau）都感慨，上帝只给了人类十诫，但此公却给了我们"十四点"世界新秩序蓝图。后来为中国共产党创始人之一的陈独秀声称威尔逊是世上"头号好人"。甚至连泰戈尔也要写书题赠给他。在战后巴黎和会上，威尔逊雄心万丈，立誓要建立在美国主导下的世界新序，并建立国际联盟，为万世开太平。但美国人抛弃了威尔逊及其国际愿景，美国国会拒绝批准凡尔赛条约，甚至不准美国加入威尔逊一手缔造的国际联盟。

可以说，一战后全球的仁人志士、学者和政客都在疑惑，在思考一战究竟会给人类带来什么影响，并讨论其是否意味着西方之衰落，科学之破产，抑或为人类带来新的契机。本书就是二十年代东西方最有影响的学者对此问题的回答。这本英文原著的英文书名为 *Whither Mankind*，英文版出版于 1928 年。本书的编者是美国著名的进步主义史学家俾耳德（Charles A. Beard），以一部《美国宪法的经济解释》闻名于世。其长期任教于美国哥伦比亚大学。其学问在政治科学与史学之间任意游走，曾分别担任美国历史学会（1933）及美国政治科学学会（1926）会长。由此可见其在两大学科的杰出影响和受人尊敬的地位。俾耳德个人学术经历同一战有直接关联。一战时哥伦比亚大学的铁腕校长巴特勒（Nicholas Murray Butler）因一些教授反对美国参战而毅然将他们开除。俾耳德愤怒抗议并辞职，在 1917 年离开了他执教多年的哥伦比亚大学，并很快成为位于纽约的 the New School for Social Research（1998 年后改名为 New School University）的主要创办人。如同俾耳德一样，本书的不少作者与一战有浓烈的感同身受的关联。如 James Harvey Robinson，同为哥大教授，步俾耳德之后尘从哥大辞职并加入 New School。哲学家杜威也是本书作者之一，他曾对一战后之世界寄予极高的期望。在 1917 年 8 月接受记者采访时，杜威表示：我们在为民主而战，因为这场大战争，“世界死了，世界万岁！一个伟大的文明已经消失。”取而代之的会是一个全然不同的崭新社会和文明。杜威虽然声称他目前并不知道战后新世界究竟怎样，但他显然对战后新世界国际秩序充满憧憬当然也有不安。然而杜威在战后对世界新秩序极其失望。这是否意味着杜威先生也加入了对科学并对西方文明怀疑论者之列呢?

本书的作者均为一时俊杰，各行翘楚，有哲学家、医学专家、心理学者、作家、经济学者、历史学家等，除胡适先生外，清一色的西方人，且大多为美国人。这些人的观点如何呢？本序不想在此预告，以免夺走读者品味此书观点时可能获得的惊喜和新鲜感，但这里仍要说明的是，本书各章精彩纷呈，且绝非人云亦云，如同一曲令人振奋的交响乐，高潮迭起，各种观点如不同乐器相互辉映。本书旗帜鲜明地表示反对科学破产的说法。比尔德在本书的序言中写道，“本书之立场是：科学与机械是两种不可磨灭的事实，凡学者、教育家、宗教家、领袖、工业家等，都得认可此种事实”。比尔德并强调，“各作者对于现代文化之将来，拒绝悲观，代以乐观，而同时并非经营地产者那种乐观”。

有趣的是，本文集部分作者或有很深的中国情结或与中国有密切联系。文集的第一篇为我们很熟悉的胡适先生，当然就不用介绍了。另外两位作者杜威和罗素和中国的近代命运很有关联。杜威在中国的五四运动期间来到中国，一待就是两年多，是除美国之外杜威所逗留和生活时间最长的国家。他被认为是中国五四时期风靡一时的两大口号“科学”与“民主”的个人化身。由于他在中国的巨大影响，被蔡元培等人称为“美国的孔子”。罗素也在战后来到中国，在中国讲学了好几个月，影响也可谓不小。像杜威一样，罗素也写了不少有关中国的文字，如前面提到的《中国的问题》一书。本书的编者比尔德不仅因其学术研究在中国受到尊重，几乎无人所知的是，他同中国近代著名政治家黄兴颇有交往。笔者在哥伦比亚大学档案馆就找到一封比尔德写给在中国近代史上赫赫有名的另一位哥伦比亚大学教授古德诺（Frank Goodnow）的私人信件。古德诺长期担任哥大政治学教授，1913 年在卡内基和平基金会的推荐下担任袁世凯总统的宪法顾问，并在 1915 年袁世凯称帝一事上发挥了举足轻重的作用。后就任著名的约翰·霍普津斯大学（Johns Hopkins University）校长。此信写于 1914 年 11 月 7 日。比尔德写道，黄兴将军系袁世凯政敌，现在美国，很想在纽约同古德诺一晤。比尔德询问古德诺是否能来纽约并同黄兴会面。古德诺很快回信，告诉比尔德，他作为袁世凯的顾问，不能同被中国政府视为“叛徒”并潜逃美国的黄兴先生正式会面。古德诺还在这封要求比尔德保密的私人信件中写道，甚至黄兴在中国的过去革命战友现在对其也不抱多大好感。古德诺请比尔德不要把这些实情告诉黄兴，但婉转说他因太忙而无法同其会面。之所以提起这些似乎风马牛不相及的事，旨在提醒我们的读者，本书的观点不仅对我们有“它山之石，可以攻玉”之效，更重要的是，他们中的有些人不仅对中国有切身体会，甚至对中国有深刻的了解。

一战爆发迄今已经 100 年，但当年围绕这场大战争进行的全球讨论，这场有关世界秩序、东西方文明的兴衰、科学及机器的论战，到今天仍在继续，也仍无答案。21 世纪的人们仍旧继续在讨论，继续疑惑，观点仍旧莫衷一是。事实是，经历过两次世界大战的巨大考验，西方文明照旧处于优势，跟一战时期比，科学和机器在人们的生活中扮演着越来越重要的角色，并为全世界所推崇和追求。中国自一战以来无疑经历了翻天覆地的变化，由积贫积弱发展成为今天的世界强国。今天的中国不仅国力大增，国际地位也与日俱增，与一战后期间任人宰割的局面有天壤之别。但五四时期我们的先辈所讨论所纠结的问题今天仍旧存在。例如当时广为讨论的“何为中国、何为中国人”，中华文明在国际地位如何，中国究竟需要有什么样的国家认同等问题，到今天仍旧是我们全体中国人共同关心的核心问题。中国国家领导人目前大力推行的实现“中国梦”及“中华民族伟大复兴”的宏伟计划同五四先辈们所追求的理想无疑有异曲同工之处。在我们中国人同人类一起纪念一战爆发100周年的今日，外语教学及研究出版社独具慧眼，再版这本书，让我们今天的读者有机会重温这部出版于80多年前的文集，可谓意义重大，用心良苦。因为本书对今天的我们仍有重要启迪意义。诚于本书译者于熙俭在80多年前所言，“至于我们中国究竟要取何态度，走何途径，很可以此书为借镜”。让我们通过这本书仔细读读近一个世纪以前的哲人思想、辩论及心路历程，静心想想人类的前程，并思考什么是我们中国人自己的未来。为了自己，为了后代，也为中国和世界。

（外语教学与研究出版社于2014年出版美国著名历史学家俾耳德主编的《人类的前程》一书。主事者吴浩先生嘱我写一篇序言。我慨然受命，不敢丝毫做扭捏态。此文就是被吴浩先生逼出来的。吴浩先生在我的中文写作中扮演了及其重要的角色。此文就是一例。谨向吴浩先生表示衷心感谢。）

《中国劳工与第一次世界大战》序

第一次世界大战期间，14 万华工响应英法两国政府的征召，远涉重洋，作为苦力来到法兰西，为两国的所谓“文明之战”贡献苦与力。这是人类文明史上东西方交流的重要一章。但长期以来，中外学术界似乎将这一特殊群体集体遗忘了。我们不太明了他们为何而来，又为何而去。在旅途中，在欧洲及回国后，他们究竟有怎样的经历。他们对那场“大战”是否做出过任何贡献，他们对中华民族寻求新的国家认同及国际化是否发挥过重要作用？他们在中西交流史上占何地位？

2007 年春夏之交，我来到当年许多华工跨洋过海的起点山东威海，试图为上述问题寻找答案。在与威海档案局张建国局长的交流中，我们谈到了组织一次一战华工国际学术讨论会的必要性。张局长可谓“心有灵犀一点通”，雷厉风行，立即准备。一年后我们的会议在威海顺利举行，威海档案局全体同人实在是功不可没。2008 年是中国历史上一个重要的年份。这一年中国实现世纪梦想，成功举办了北京奥运会。这一年对我们这些一战华工研究者来说，也是一个重要里程碑。在 2008 年 9

月，来自欧洲、美洲、亚洲各国的学者，华工后代，以及对华工历史有特殊联系及关切的同人，济济一堂，参加世界上首次一战华工国际学术讨论会。这本论文集就是这次讨论会的结晶。

对于各篇论文的观点，这里不予详评。见仁见智，读者自有评价。不言而喻的是，鉴于一战华工的跨国研究刚刚起步，本集有些论文或许稍显稚嫩，不够深入。有些题目，本应涉及，但乏人问津。还应提到的是，本集大多数论文集中在西线华工，对东线华工特别是俄国所招华工，论文较少。许多课题更属空白，但非常重要。例如，东西线华工的历史背景有无差别，贡献是否不同？华工归国后命运如何，留在国外的又发生了什么？这批华工对中国及世界史的意义如何？一战华工与勤工俭学的关系怎样？其与五四运动又有怎样的联系？一战华工在中国移民史中的地位又是怎样？凡此种种，都是有待进一步探索的领域。我们希望通过此论文集的出版，向世界展示在该领域国际合作的初步成果。当然这是万里长征的第一步。路正长，我们期待国际学术界通力合作，把一战华工课题进一步深入。华工来自中国，但他们的历史属于世界。

令人高兴的是，威海一战华工会议已经产生了一定的影响。一战华工开始受到广泛关注。中央电视台2009年制作了六集《华工军团》纪录片。北京的《中国档案》杂志发表了有关一战华工研究的系列采访文章。2010年法国与比利时也将联合举办一战华工学术会议。随着本论文集的出版，我们希望有更多学者投入到一战华工研究行列，以期有丰硕成果不断问世。我们希望有更多团体向威海档案局学习，支持和资助一战华工研究，把一战华工研究进一步发扬光大。

（张建国主编：中国劳工与第一次世界大战，山东大学出版社，2009

年出版）

◇ ——— ◇

（张建国先生任威海档案局局长时，我因学术研究的缘故，认识了张局长。我们一见如故，并因此结下友谊，开始并肩作战，共同推进一战华工研究。此文及下一篇文字即是见证。借此机会向张局长致敬！）

《万里赴戎机》序

差不多一个世纪以前，第一次世界大战爆发，欧洲笼罩在一片腥风血雨之中，西方文明危在旦夕。数万华工从威海出发，跨洋过海，远赴法国，为了拯救英国和法国的命运而出生入死。然而，他们去了，他们努力了，他们回来了，他们被集体遗忘了。西方将它们挤出了历史记忆，国人很少知道这一群人，更不用说了解他们的壮丽历程了。

一战中抵达法国的 14 万华工，在许多人眼里，也许只是苦力，在欧洲，他们吃尽了苦，出尽了力。也许他们到欧洲的主要目的是为了个人的得失，为了谋生。但是，大而言之，他们是为了中国，为了世界。他们是中国放眼走向世界，参与国际社会的先行者，并直接参与创造西方的历史。因为他们的存在，因为他们可歌可泣的旅欧经历，中国的外交官们可以在巴黎和会上义正词严地要求国际社会还中国公道。因为华工源源不断地到来，英法诸国在大战危及关头，可以免去人力资源匮乏的后顾之忧。

一战时的中国还是幸运的，尽管积贫积弱，尽管有许多内忧外患，毕竟还有高瞻远瞩的志士仁人，他们提出“以工代兵”的策略；更有吃苦耐劳的农民，他们赴汤蹈火，任劳任怨。正是精英与劳工的结合，让中国得以在一战期间谱写了一曲中西交流的辉煌篇章。让欧洲得以一睹华工风采。让世界得以了解不屈不挠的中华民族的坚强及智慧。

14万华工还是幸运的。他们在人类的历史转折关头，因缘际会，挺身而出，得以成为中西历史中的弄潮儿。“尔曹身与名俱灭，不废江河万古流。”20世纪末，一战华工的英名终于逐渐得到承认。法国政府正式立碑承认华工对法国的贡献。2008年秋，就在许多华工一百年前跨出国门远赴法兰西的威海，在威海档案局的精心策划组织下，多国学者济济一堂，探讨一战华工的历史。为配合首届一战华工国际学术会议在威海召开，威海档案局举办了一战华工图片展览。呈现在读者面前的这本精美画册就是这次展览的成果结晶。

我们希望借此画册，立此存照，再现被遗忘的一战华工的集体记忆，缅怀由他们为主角和创造的一段人类共享的历史。我们也希望借此画册，表达对一战华工姗姗来迟的感谢。中国应该感谢他们，世界应该感谢他们。同时，我们希望读者阅读此书时，不忘新一代威海人及威海档案局的筚路蓝缕之功，并感谢威海档案局同人志在寻找失去的历史记忆，志在保存历史，志在向世人展示历史诸方面做出的杰出奉献。此一画册即为他们辛苦劳动的一个很好见证。

(此文原为张建国、张军勇主编《万里赴戎机》所作序言。该书2009年由山东画报出版社出版。)

附录一

三个孩子给父母的手绘圣诞贺卡

搜狐读书访谈录

搜狐读书宋晨希：第一次世界大战以同盟国（编者注：同盟国包括德意志帝国、奥匈帝国、奥斯曼土耳其帝国、保加利亚）的失败而告终，当时欧洲签订了《凡尔赛条约》，还形成了著名的“凡尔赛一华盛顿体系”，这个体系对当时的世界格局产生了什么影响?

徐国琦：我在哈佛攻读博士学位时的导师入江昭（Akira Iriye）曾在20世纪60年代写过有关“凡尔赛一华盛顿体系”的专书，由哈佛大学出版社1965年出版，书名翻译成中文叫作《后帝国主义时代》（After Imperialism）。在该书中他提出一个非常有名的观点，认为“凡尔赛一华盛顿体系”维持世界和平大概只有十来年就崩溃了。

一战前，因为欧洲列强势力彼此纠缠，实际维持了一个叫均势（“Balance of power”）的体系。但此体系受到德国挑战，到第一次世界大战爆发后也崩塌了。当然当时西方媒体并不称之为第一次世界大战，而是经常被叫作“大战争”（The Great War），中国人当时也用“欧战”一词。2005年，我在剑桥大学出版社出版了一本专门研究中国与第一次世界大战的著作，书名就叫《中国与大战》（*China and the Great War*）。该书中文版2008年由复旦学者马建标先生翻译并交上海三联书店收入“人文经典文库丛书”同中文读者见面。“一战”这个词的出现主要是因为有第二次世界大战的发生。二战后，那场“大战争”也就变成所谓“一战”了。

个人认为，一战对西方文明体系的摧毁程度要比二战严重得多。今年正值二战结束70周年，国人有理由好好反思其遗产。但我们也必须记得2014—2018年为一战百年纪念。当我们思考二战教训的时候，我们务必要回过头去对一战做一番真正了解。一战对英国和法国这样的国家之影响可能比二战重要。对中国人来说，大家可能普遍认为二战更为重要，但如果我们平心静气地分析一下，我们也许会得出结论说，一战对中国人来说，同二战比，可能意义更为重大。我最近在《中华读书报》上发表过一篇小文，文中提到2015年是第二次世界大战结束70周年，同时也是中国人在第一次世界大战中创造性提出“以工代兵”、并因此把自己的命运同所谓的“大战争”（The Great War）联系在一起的100周年纪念日。在全人类正大张旗鼓地反思第一次世界大战的百年遗产，并纪念第二次世界大战结束70周年之际，也许我们应该把两次世界大战放在一起进行思考，回答下述问题：二战是否是一战的延续？或者，是否因为一战的后遗症，造成了二战的最终爆发？在这两次世界大战之间，哪一场战争造成的影响更加深远？何谓第二次世界大战？或二战开始的时间及定义，是否对不同的国家有不同的回答？中国人对第二次世界大战的贡献如何？第二次世界大战对中国历史进程的巨大影响又是何在？而且从很大意义上讲，一战的重要性远胜于第二次世界大战。因为二战不仅是第一次世界大战的延续，更重要的是直到今天，在一战爆发100周年之际，我们对这场所谓的“大战争”的全球意义仍缺乏真正了解。人们仍在辩论其影响及后果。

就相当大的程度上而言，我们在检讨第二次世界大战对中日关系及两国历史发展进程的影响时，也许我们应该把第一次世界大战以及第二次世界大战联系在一起来分析。我们甚至应该进而把两次世界大战作为一体，并进而同中日甲午战争放在一起来透视。换句话说，第二次世界大战可能是中日从1895年到1945年50年战争的一个重要组成部分。唯有从这一角度出发，我们对中日两国的近现代进程才可能看得更透彻，得到的认识和理解也可能更为深刻。老杜诗云，“会当凌绝顶，一览众山小”。也许从中日五十年战争的角度来俯视二战，许多似是而非的观点可能就露出真面目了。

一战的重要甚至在于其开始和终结的时间没有多大争议。但从国际史而言，二战的起源可谓因不同地区而异。对欧洲来说，二战起源于1939年应无问题。但从美国人的角度，二战可以说是被日本人炸进来的。1941年12月7日日本偷袭珍珠港，一举把美国人拉进战争，美国人的二战便因此载入史册，并从此把美国人变成中国人的重要盟友。但对中国人或日本人来说，二战如果从1931年所谓九一八事变算起，可能是15年战争。如果从1937年7月7日卢沟桥事变算起，则为8年战争。我个人认为，要真正认识两次世界大战对中国的影响，我们甚至必须从甲午战争开始算，即从1895到1945年，正好是50年。从中日50年战争说，我们可以认为，1895年甲午战争一举奠定日本的东亚大国地位，并让日本成为西方意义上的殖民帝国。因为甲午一战让日本攫取台湾将其变为日本殖民地，并为其将朝鲜在1910年正式变为日本殖民地打下了坚实基础。一战是日本的所谓“天赐良机”。日本通过第一次世界大战一举成为世界强国，在巴黎和会上跻身世界五强之列。1895年甲午战争同时也是中国救亡图存的起点。

一战对日本来说是天赐良机，西方列强在欧洲决一死战的时候，给了日本一个绝好机会，所以日本人派兵抢占德国管控的山东。而日本人在一战时，死伤一共不到两千人，都是在中国的山东省，他们把山东打下来之后，日本人就不再派兵参加一战了。日本人的第二步，就是在1915年，向中国提出“二十一条”。日本通过各种手段，想把中国变成日本事实上的殖民地。

一战是日本历史上的转折点，日本有史以来，作为第一个非白种人国家，成为世界五强，这五强为英国、法国、美国、意大利、日本。这对日本外交来说极为重要。

我们知道，日本从明治维新之后，就一心想要脱亚入欧。日本人渴望通过一战进入西方社会，一战后日本在某种意义上得到了承认，被承认为世界五强，日本的势力达到顶点。但是西方列强并未把日本当成一个平起平坐的对手，在巴黎和会上，日本人还提出一个非常重要的议案，叫种族平等，可惜被英美列强一口回绝。

西方列强对此议案一致拒绝，潜台词明显是说尽管我们承认你是世界五强之一，但作为一个黄种人的国家，你们仍然没法跟我们平起平坐，日本人跟中国人一样，在西方国家是受到歧视的。这个对日本人来说，对他们的精神上造成了一大刺激，所以日本人对“凡尔赛一华盛顿体系”的心情极其复杂。一方面自信，一方面自卑。

日本人终于意识到，不能一味追随西方了，西方人随时可以欺负他，日本就开始走武力征伐的道路。1933 年日本正式退出国联，一心一意把亚洲和中国作为他们的后院，他们不再把自己当成西方阵营的二伙伴，日本的这个政策直接影响到中国，也就造成了亚洲的“二战”。

对亚洲和中国来说，二战的起源更早，可以说从九一八事变开始，也可以从 1932 年日本建立伪满洲国开始，但整个伏笔都在“凡尔赛一华盛顿体系”里面，只不过所有人看不明白而已。当然，巴黎和会促成中国人五四运动的发生，这是中国现代历史的转折点。

再说一战之后的俄国，俄国在十月革命之后，被西方国家踢出了国际体系，俄国人没有被邀请参加巴黎和会。俄国人没有亲身参与创建这个体系，所以他们本身成为这个体系的一个孤儿。

此外，一战还促成了两个大国强力崛起，即美国和日本，但导致传统的大国没落，比如英、法、俄、德。

只有从这一宏观角度，我们才可以更好地回答你关于“凡尔赛一华盛顿体系”对世界格局影响有多大的问题。实际上，是一战造成了二战，一战其实是二战的起源。“凡尔赛一华盛顿体系”是不公正的体系。当时，中国和世界许多国家和民族一样，对巴黎国会的世界格局是抱有幻想的，中国人的幻想尤其大。期望越高，失望就越大。在《凡尔赛和约》签字的当天，即 1919 年 6 月 28 日，中国是唯一拒绝签字的国家，当天在签字仪式中为中国保留的两张椅子是空着的。中国人用拒绝签字及两张空着的椅子向世人宣告他们对一战后的国际秩序极度不满。中国人这种破釜沉舟的勇气，以及高超的外交策略，尽管在巴黎和会上失败，但占领了道德高地，把日本押到了国际道德的审判台上，从而为在华盛顿会议上成功收回山东埋下伏笔。

德国人作为战败国，对“凡尔赛一华盛顿体系”虽无法像中国人一样，大义凛然地拒绝签字，但他们的心态可以套用一句中国成语叫“卧薪尝胆”，他们发誓要打破这个体系。因此，这个体系刚建立时就埋下了毁灭的种子，德国人要一雪前耻。

搜狐读书宋晨希：当时，北洋政府是如何面对一战这一危局的？

徐国琦：当时中国的合法政府是北洋政府，北洋政府作为一个贫弱的政府，其合法性并不被后来的国共两党承认。但北洋政府不管怎么说，它还是为中华民族的利益绞尽了脑汁，并且可以说运用了非常高超的外交谋略。

“凡尔赛一华盛顿体系”跟中国是密切相关的。所谓“华盛顿体系”是1921年、1922年的时候，由美国倡议在华盛顿召开的会议，这个会跟中国是密切相关的。“凡尔赛体系”摧毁了日本从1895年以来精心构筑的国际体系，为了在中国建立起霸权地位，这个被梁启超称为“强盗邻居”的日本，可谓绞尽脑汁，步步为营。从1902年开始，就跟英国建立了英日同盟，并通过一战向中国提出“二十一条”，进而成为亚洲强国。在巴黎和会上，日本迫使列强承认其在中国的特殊地位并把山东揽入怀中。但在华盛顿会议中，英国强迫日本废除“日英同盟”，取而代之的是“四强公约”，把日本放到架上烤。美国等国并用《九国公约》等条约迫使日本吐出山东，并不准其在中国继续胡作非为。如果说，日本受惠于凡尔赛体系，但无疑受制于华盛顿体系。加上日本在一战后国力大增，自信心增强，最终导致他们走向二战的不归路，像希特勒的德国一样。

我刚才提到日本在一战时的势力达到顶点，凡事物极必反，这也是它走向灭亡的开始。对美国来说，战后“凡尔赛一华盛顿体系”是美国一手参与创建的，美国总统威尔逊是凡尔赛体系的直接创始人，但可悲的是，美国国会拒绝批准“凡尔赛条约”，所以美国并没有加入国际联盟。尽管美国也参与发起华盛顿体系，但是美国还是选择与这个体系不即不离，当30年代日本人步步紧逼中国时，美国躲在孤立主义的旗帜下，睁一眼，闭一眼。但由于日本偷袭珍珠港，造成日本人把美国人“炸”进二战，所以美国的二战是从1941年开始的。

美国人的所作所为，它的心路历程，通过一战划分得很清楚。今天中国的学者或者中国政府，实际上对美国的判断有好多失误，以为美国好像一直是争霸主的地位，但照着这样的思路，我们无法理解美国国会在一战期间会主动拒绝“凡尔赛体系”。当时历史已经把美国挤进了世界霸主的地位，美国人反而自己爬下来，而且几十年内没有世界霸主野心。

回到中国与一战关系，我在一篇文章提到，一战的爆发对当时的中国而言可谓一次重大“危机”，必须强调的是，这里所谓的“危机”包含双层含义。一是“危”，即危险或挑战；二是“机”，即机会或机遇。把握得好，中国则可能一举摆脱内外枷锁，以平等身份进入国际社会。把握得不好，则会堕入深渊。幸运的是，一战时期的中国有许多有利条件。一是中国急切寻找新的国家认同，加入国际潮流的浪潮在中国波涛汹涌；二是中国有一批学贯中西及对国际体系认识深刻的精英；三是对中国不利的现存的国际秩序因为一战的爆发正在崩溃。一战的爆发对中国政治社会精英而言，堪称史无前例的重大国际事件，是大“危机”。一战使他们兴奋和着迷。中国人急于改变传统孤立主义的世界观，一战被认为是中国加入世界新秩序的绝好机会。中国渴望加入世界，成为现代民族国家和强大的国家，这种国家主义的观念催生了中国的革命、内部革新以及国家转型。中国在第一次世界大战期间的活力就在于它在处理国际事务过程中融合了政治上的民族主义（political nationalism）、文化上的破坏偶像（cultural iconoclasm）和外交上的国际主义路线（diplomatic internationalism）。中国参加一战的短期目标是为了获得协约国的财政支援，收复山东主权等；长期目标则是以平等身份参与国际社会。以上是就大的层面所说。从具体来看，一战爆发对中国人而言，也是典型意义上的“危机”。当时中国处境非常危险，列强在欧洲一决雌雄，无暇顾及日本，给了日本一个染指中国的大好时机，一战摧毁了国际秩序，这对中国是不利的。但反过来，又有好处。在一战刚爆发的时候，袁世凯曾要求参战，但被英国拒绝。1915 年，中国再次要求抗战，被英国、法国、俄国接受，但是遭到日本强烈反对。

在这种情况下中国人怎么办？梁士怡提出“以工代兵”，中国既然不能派部队去打仗，但我送人给你总可以吧。1915 年，中国提出“以工代兵”，这对法国来说无疑是雪中送炭。法国男人在一战爆发后的第二年已经死伤惨重。“以工代兵”的提议最早提交给英国，被英国拒绝了。一直拖到一年后的 1916 年才被英国人接受，那时候，英国人也撑不下去了。

当时的袁世凯政府，在法理上还属中立国，作为中立国家，你不能在政策上公开倾向于战争的任何一方。所以，当时是以私人名义派出劳工的。梁士怡在天津建立一个惠民公司，假装是私人的，法国政府也送了一个退役军官来，但也假装是私人身份。北洋政府非常精明，尽管我们表面上是私人行为，但实际上，中国外交部跟法国外交部和英国政府签订条约，必须要保证这些华工到欧洲之后，在法律上与欧洲人平起平坐，在经济待遇上白纸黑字也要写得非常清楚，你不能欺负华工。

所以一战欧战西线战场的中国人不是苦力也不是“猪仔”了，而是以平等国家的国民身份堂堂正正走出去，受国家保护。其次，当时德国人也无法指责中国，因为中国政府说这是私人行为，是农民自发去的。

多年来，包括蔡元培、李石增、汪精卫在内的精英们，从19世纪末就有一个考量，要改变中国社会就必须要改变中国公民。当时有一个民国元老叫吴稚晖，他有一句名言，说如果每个出国归来后的中国人哪怕改造一个厕所，这对中国的社会都是一大进步。一战期间一共有14万华工到法国，这些劳工尽管绝大部分都是文盲，在出国之前大多没走出过乡下。但他们到了法兰西，欧洲文明的中心，目睹西方文明的优点和缺陷，对他们的世界观、国家观无疑产生了极大的影响。

1919年后，一批后来共产党的精英步华工后尘，勤工俭学。周恩来，陈毅，邓小平等都来到法国。一战西线华工们跟法国人、英国人、美国人等世界各国人民在一起，为战争服务。他们改造了历史，他们亲身经历了西方文明最好的一面跟最坏的一面。所以，一战华工们扮演了非常重要的角色，虽然我的这个观点并不是所有人都接受。但是我个人认为，这代人非常了不起，所以我觉得一战华工的历史，我们需要重新研究。

搜狐读书宋晨希：很多华工留在了法国，是不是对法国的发展也产生了影响？

徐国琦：去年（2013）我在北京有一次演讲，我开玩笑说，中国人现在都说中国梦的话，那么其实一战华工在100年前就已经实现了中国梦。那些在法国的一战华工，娶了法国人或有法国女朋友，还拿着较好的待遇，在法律上跟洋人平等，这些华工在法国把美国大兵打得嗷嗷叫，美国人还得向他们道歉。

如果说法律平等，经济独立，人格有保证，这就是中国梦的话。那么华工某种程度上他实现了中国梦，一战华工的历史意义因此变得更加重大。我们要知道，1882 年，美国颁布了《排华法案》，在 1882—1943 年之间，中国人在美国连二等公民都算不上。华人当时在许多国家包括加拿大都是低人一等，任人宰割的。

搜狐读书宋晨希：有人认为，当时威尔逊总统的“十四点原则”让中国人看到了曙光，觉得可以拿回山东，但最后山东还是被日本夺走，这导致当时学生和知识分子对于美国彻底失望。于是有一个推论，正是因为这个情况，知识分子不再相信美国的理念，反而去苏俄寻找共产主义。如何看待这种观点？

徐国琦：我个人在某种程度上同意这个观点。第一，威尔逊不仅对中国人来说是一个救世主。当年法国总理，外号老虎的克里孟梭，当时酸溜溜说了一句话，上帝给了我们十戒，而威尔逊先生给了我们“十四点”。威尔逊当时对欧洲人，对日本人，对印度人，对全世界所有的人民来说是一个救世主的角色，威尔逊本人也可以说踌躇满志，似乎要为万世开太平，给世界一个全新的国际秩序国际体系，提出了“十四点”，归根到底其实就三条。

第一，废除秘密外交。第二，民族自决。这条对小国和像中国这样的半殖民地国家来说，等于是曙光。第三，建立国际联盟，保证世界和平。当年威尔逊这一套不仅中国人喜欢，欧洲发达国家人民也喜欢，大家都对战争感到厌恶，对和平充满憧憬。所以威尔逊在法国、英国都成了救世主的角色。

至于中国人呢，我最近出了一本书，讲中美关系的，去年由哈佛大学出版社出版，翻译成中文叫《中国人与美国人——一段共有的历史》(*Chinese and Americans*：*A Shared History*)，在这本书里面，就可以发现中国人对美国人的心路历程非常复杂，对美国长期以来有莫名其妙的亲近感。威尔逊总统当时在中国人心目中也如同救世主，像胡适、蒋廷黻、傅斯年这些人对威尔逊演说的“十四点原则”都耳熟能详，有人甚至可以全文背诵。当威尔逊宣布自己要亲自参加巴黎和会的时候，中国人认为这是天赐良机。所以中国人不仅派了出类拔萃的外交官，如顾维钧、陆征祥、王正廷等人，而且像梁启超等好多中国精英都自费或半自费到巴黎去游说。梁启超跟蒋百里 1918 年底就到欧洲，在欧洲住了一年多，梁启超回来写了《欧游心影录》。当时不仅是中国的北大学生或者中国的知识青年，还有一批像陈独秀这样的中国精英，也极力推崇威尔逊。

陈独秀当时是北京大学教授和新文化运动的旗手，但陈独秀先生在一篇文章里面，称威尔逊是“世界头号大好人”。毛泽东当时还是名不见经传的小人物，但当时对于中美，甚至有一个梦想，就是中美结盟。毛泽东对美国人对威尔逊也是一度非常钦佩的，直到巴黎和会期间，他才醒悟过来，说威尔逊充其量像热锅上的蚂蚁，被人家一逼就不行。

所以，当时中国人对威尔逊和巴黎和会是希望越高，失望越大。我在为哈佛大学所写的博士论文里，曾把当时中国人所生活的时代叫“天真烂漫的时代”，中国人的确在当时还不太成熟。中国人一度以为世界上有一种绝对的公理可以战胜强权，其实这是不可能的。威尔逊不管怎么说，他都无力回天，甚至没法左右美国人的思考，他是一个悲剧人物。他后来意识到美国国会可能要否决他想建立的国际新秩序这套体系的时候，就进行全国巡回演说，结果他到科罗拉多州就中风了，他为自己的原则付出了生命代价，从此没有再复原，直到1924年去世。

威尔逊连美国社会都不能左右，他怎么能左右国际社会呢？我为什么说当时的中国人是天真烂漫的一代，就是因为他们把希望寄托在一个人身上，有救世主情结。当时中国人在寻找救亡图存的道路，中国人把宝押到美国人身上，但后来山东被出卖等一系列事件使中国人意识到，世界没有什么救世主，就像日本后来意识到西方不管怎么说还是西方，无论日本多强大，还是会因自己是黄种人而被欺负。

于是，中国人也要开始走自己的路。中国人感到当时被“双重出卖”，一个是被自己的传统出卖了，所以他们不能再回到“天朝大国”和“儒家文明”老路去。在巴黎和会上，中国人又像日本人一样感觉被西方出卖了。那中国人怎么做？毛泽东后来说过一句非常有名的话，“十月革命的一声炮响，给我们送来马克思主义”，这句话值得深思。

第一，大家都知道，十月革命是1917年发生的，为什么这个炮声到了两年之后中国人才听到？第二，中国的年轻人，包括毛泽东、陈独秀这些精英们在巴黎和会之前都是信仰西方的，直到巴黎和会之后，山东没有被收回，中国人才反思，按照心理学说法，中国人最后心里崩溃到了极点。中国接受共产主义，并不是所有人都赞成的，因为中国有非常复杂的历史原因，最后是一小部分激进派左右了历史的洪流，中国变成一个社会主义国家。而巴黎和会是一个起点，美国哥伦比亚大学历史教授俾耳德在一战后曾经编过一本书叫《人类的前程》，这本书是用来回答一战后甚嚣尘上的西方之没落和科学破产等观点的。里面有一篇文章是胡适写的，这是亚洲学者写的唯一一篇，胡适那时候还是亲美和主张西方化和相信科学的，但是胡适这些人已经无力回天。

胡适在美国哥伦比亚大学读书时的老师美国人杜威一度被认为是中国五四时期风靡一时的两大口号“科学”与“民主”的个人化身。一战爆发迄今已经100年，但当年围绕这场大战争进行的全球讨论，这场有关世界秩序、东西方文明的兴衰、科学及机器的论战，到今天仍在继续，也仍无答案。在21世纪的现在人们仍旧继续在讨论，继续疑惑，观点仍旧莫衷一是。事实是，经历过两次世界大战的巨大考验，西方文明照旧处于优势，跟一战时期比，科学和机器在今天人们的生活中扮演着甚至更为重要的角色，并为全世界所推崇和追求。中国自一战以来无疑经历了翻天覆地的变化，由积贫积弱发展成为今天的世界强国。今天的中国不仅国力大增，国际地位与日俱增，与一战后任人宰割的局面有着天壤之别。但五四时期我们的先辈所讨论所纠结的问题，今天仍旧存在。例如当时广为讨论的“何为中国、何为中国人”，中华文明在国际地位如何，中国究竟需要有什么样的国家认同等问题，到今天仍旧是我们全体中国人共同关心的核心问题。中国国家领导人目前大力推行的实现“中国梦”及“中华民族伟大复兴”的宏伟计划同五四先辈们所追求的理想无疑有异曲同工之处。

搜狐读书宋晨希：一战是否也促进了世界上极端民族主义的兴起?

徐国琦：当然。看一战期间的世界地图，我们发现，当时世界上独立的国家极少，真正的共和国也屈指可数，绝大部分都是殖民地国家，还有一大部分是君主立宪国家。而一战之后，因为威尔逊强调民族自觉，绝大部分国家开始了民族觉醒，包括我们的邻居越南人胡志明在巴黎和会期间，亲自到巴黎游说。当然当时他是小人物，没人理他。

印度人当时也希望一战让印度最起码能自治，当然英国人不会让它自治。这就是为什么当时像甘地这些人从 1919 年开始，就发誓要通过和平方式让印度走向独立。印度直到二战之后，即 1947 年才独立。

对我们中国人来说，民族主义作为一个意识形态，在 1895 年之前是不存在的，中国人之所以有民族主义，实际是被日本人给打醒的。这个要到 1895 年之后，在民族主义大潮之下，中国人才一步步走向国际社会。印度也一样，越南也一样，美国实际上也一样，在决定是否否决威尔逊在巴黎和会所建立的新型国际体系的时候，美国人实际上也在想，这个国际新秩序是不是代表美国最大的利益？如果不代表最大的利益，我们美国人为什么要接受，结果否决了之，这个选择其实也是广义上的民族主义。

一战一举摧毁了四个帝国，即德意志帝国，奥匈帝国，俄罗斯帝国，以及土耳其奥图曼帝国。而这四个帝国毁灭之后就出现了各种民族问题。一战的后遗症就是造成了民族主义大潮波涛汹涌。直到今天还在发酵，令国际社会无所适从。例如，在 1915 年亚美尼亚有 100 多万人被土耳其人给屠杀了，但直到今天，土耳其还不承认这个大屠杀是种族灭绝，所以亚美尼亚人一直不原谅土耳其。

中国人有一个历史意识问题，就是把历史包袱自我放大，很多事情认为只是中国人的特有问题，殊不知，世界不少国家有历史包袱问题。

搜狐读书宋晨希：把中国的问题放到整个世界范畴之内考察？

徐国琦：对，只有这样，你才有话语权，说话才会有根据。才会心平气和的讨论历史问题。中国人不是讲究有理有据有节吗？所以我们有时候在讨论历史问题的时候，不能一味以为像泼妇骂街，往地上一坐，就以为有道理。比如，长期以来，西方学术界忽视一战华工和中国对一战的重要性，我把事实和证据摆出来，西方学术界就认同了我的说法，几乎整个被接受了。在我的研究之前，甚至大家不知道在一战西线究竟有多少华工。我还通过多年查阅各国档案，得出结论，大约一战期间到法国的华工是 14 万人左右，14 万华工一说目前可以说被广泛接受，变成了“公理”。所以充足的历史证据加国际视野就是话语权和说服力。

有时候，好像中国学者太情绪化，不愿去做坚实的档案研究。好的历史研究，应当是不停地去搜集资料，并且心平气和去研究它，不能限定框框，预设结论。

搜狐读书宋晨希：奥图曼帝国的解体，是不是和现在的伊斯兰恐怖分子的思想也有联系？

徐国琦：有没有必然联系很难说，但是它埋下了导火索。所有的中东问题都有一战的后遗症，像伊拉克，还有我刚才说的土耳其和亚美尼亚关系，都是一战留下的后遗症。

所以，如果我们对一战问题没研究好，你就无法充分了解二战。像当时的印度，是英国的殖民地，当时英国的殖民政府最大的理想就是把中东划给印度，当然，最后因法国政府强烈反对而没有实现。所以一战问题，尽管已经过了 100 年，但它到今天还是有巨大现实意义，对西方如此，对我们中国人同样如此。

搜狐读书宋晨希：今年正好是新文化运动 100 周年。一战促使中国爆发了五四运动。“五四”现在似乎已经成了一种政治符号，但是对于真实的“五四”，大家可能知道的并不多。比如当时的曹汝霖和陆征祥，他们也在为中国力争权益，只是后来被误解了？

徐国琦：有几个原因。第一个，“五四”很快成为“胜者为王”和“暴民政治”的政治符号，这个对中国的发展是很不利的。

中国人在一战时期的所作所为，像外交官顾维钧、学者陈独秀、年轻人毛泽东、舆论骄子梁启超等，他们在一战时力图拯斯民于水火的心路历程，我们现在很多人实际上是视而不见的。2009 年，我接受了复旦中文系刘涛先生的采访，后来这段采访在《西湖》杂志发表，标题叫《没有一战，何来“五四”?》，我在其中说，我们对五四运动本身的认识有误解。五四在中国一直被政治化。我提“没有一战，何来五四?”是一个历史学的探索。毫无疑问，五四与一战直接相关，没有巴黎和会的刺激就未必有五四运动的发生。但是我们学界对一战的了解和研究少之又少，一战若不进入中国现代史的视野，我们不能完全理解五四。要认识五四的起源，必须追溯到 1895 年。甲午中日战争的失败，对中国人的中国观和世界观造成巨大冲击。自此以后，民族主义因此成为中国的主旋律，改革开放成为仁人志士的新思维，加入国际社会变为平等一员，成为许多中国人的共同追求。所有这一切都同五四思潮“救亡图存，外争国权，内惩国贼”等一脉相承。当然五四的直接导火索是巴黎和谈的失败。此前一战期间以及中国在巴黎和会上被“出卖”之前，中国对中华民族的复兴和加入世界新秩序的前景充满厚望。但是巴黎和会的失败，使得这种希望完全破灭，于是直接导致了五四运动的爆发。在我看来，中国的 20 世纪开始于广义上的第一次世界大战，中国参与一战以及一战对中国的影响标志着中国开始踏入实现国际化的漫长征途，一战使中国走向世界。我们不能斤斤计较于巴黎和会的“出卖”和中国外交的失败，如此我们就不能理解20世纪中国历史的全景，亦不能理解五四。我们唯有超越“背叛”情结，甚至超越巴黎和会本身的局限性，我们才能理解一战在中国现代史上的重要性，才能认识五四的真正精神及基础。

况且，研究“五四”还有一个更好的角度，那就是美国哲学家杜威的在华经历及心路历程。杜威于1919年4月30日到中国，一直待到1921年的7月才离开，他亲身经历并影响了中国的五四运动，他虽然是一个外国人，但他是五四运动的标志性人物。因为五四运动时风靡一时的口号“德先生”和“赛先生”，其实是和杜威密不可分的。

杜威对五四运动的影响也反映在其徒子徒孙在五四运动的重要作用上。比如胡适就是杜威的学生，傅斯年、罗家伦等又是胡适的学生。如果我们从一个局外人杜威的角度看五四，可能就比较客观。总之，我觉得不论是东方学者还是西方学者都有缺陷，他们研究“五四”，都没有把它带到一战这个大的国际框架里，只是从文学、意识形态、民族主义角度去看。这可能会造成隔雾观花，不识庐山真面目的结果。

搜狐读书宋晨希：我看了一些材料，说当时“五四”爆发的原因，不仅仅是因为山东被日本占领，还有1918年北洋政府跟日本签订过一个密约，这个密约也在一定程度上造成五四运动。

徐国琦：北洋政府其实和日本签了好几个密约，“二十一条”本身不是条约。实际上，由“二十一条”变成条约的，是所谓的“民国四年条约”。

1915年，日本政府向袁世凯提出“二十一条”，袁世凯当时在交涉“二十一条”时绞尽脑汁。中国政府在面临杀气腾腾一心要把中国变为后院的邻国日本，只有三条路，一个是投降，这一选择当然无法被中国人接受。另一个是打，但是中国又没实力与日本开战。袁世凯当时问身边的人，我们能不能和日本人开战？得到的所有答复，包括陆军部长段祺瑞都告诉他，可以开战，但是我们维持不了几天。

作为一个决策人，袁世凯不能意气用事。第三个选择，就是靠外交，在外交上面，中国人当时是发挥到了极致。日本人提交给中国“二十一条”的时候，要求中国方面保密。但是中国人很快就把这个消息透露出去了，犯了日本人的大忌讳。最后美国的报纸还有欧洲的报纸都刊载了此事，各国外交官和政府马上知道日本的所作所为及图谋，这给日本带来很大的压力。

在日本提交的“二十一条”里面，最具毁灭性的是第 5 号（编者注：第 5 号为中国政府聘用日本人为政治、军事、财政等顾问。中日合办警政和兵工厂。武昌至南昌、南昌至杭州、南昌至潮州之间各铁路建筑权让与日本。日本在福建省有开矿、建筑海港和船厂及筑路的优先权，等等），最后日本人不得不放弃了第 5 号，这就是中国人出色的外交在起作用。当时的中国外交体制，跟现在中国的外交决策完全不一样，我曾经创造过一个词叫“外交政策团体”。当时对中国外交有影响的，不仅有精英们，像政府官员，舆论领袖梁启超等人，平民百姓其实也都卷进外交体制中。

平民百姓怎么卷进去了？比如他们会罢工罢市声援政府外交。这会对列强包括日本形成很大的压力。比如，天津在 1916 年发生过“老西开事件”，当时法国人想在一战期间把天津的租界扩大，天津市民们就罢市罢工，最后法国人只好不了了之。所以，平民百姓扮演了很重要的角色。

在“二十一条”上面，我们也是通过舆论外交，通过平民外交，最后让日本人无所适从。虽然我们最后还是签了条约，但是不幸中的大幸，是我们没有同意对中国民族存亡最有威胁性的条款。

外交选项的关键是西方列强的态度，但在“二十一条”谈判时，没有一个国家愿意帮助中国。唯一一个能够帮助中国的是美国，因为当时美国还没有加入一战，美国和日本也没有密约。1915 年，美国人从良心上和道义上都同情中国人，但是诚如后来成为美国国务卿的罗伯特一蓝辛公开所说，我们绝不为中国人火中取栗，就是说美国没必要为中国人跟日本人闹翻。前面提到，中日确有密约，但是中国北洋政府在巴黎和会期间一点点都公开了，不论 1915 年的“民四条约”，还是 1918 年中国签的“中日密约”，都公诸于世，让世人品判。至于这些条约实际上跟五四时期中国年轻学生所说的卖国贼有多大关系？个人认为没有多大直接关联。当时中国在面临日本时，实在没有多大的选择余地，也就是说对“民四条约”，中国除接受外别无良策。因为你没有实力与日本开战，开战之后也没人帮你。所以在这种情况下，中国只能迫不得已接受。关于外交，会有各种不同的“玩法”，如果外交都只是一个声音，或者以宁为玉碎不为瓦全为宗旨，那么实际上，这在外交层面来说是一个失败，你国都亡了，还有何“成功”一说？外交必须要有多种声音，各种舆论，从而去试哪种方案是最合适的。如果因为某个当事人提出某种我们后来认为不利的条案，就判断他为卖国贼，实在有失公正，不切实际了。

所以，我们对历史问题要学会心平气和，此外，还要设身处地。历史就是历史，我们没法改变，我们今人唯一能做的，就是不带任何框架把历史事实澄清。

搜狐读书宋晨希：其实像陆征祥，他还是第一个在中国创立职业外交体系的人，他们对于中国还是有很多重要的贡献。

徐国琦：北洋时期的这一代外交官和不少官员，我认为是中国有史以来最好的。陆征祥尽管是职业外交官，但陆征祥这个人非常了不起，他在做民国外交总长的时候就建立了职业外交制度。他最后娶了一个洋人为妻，他从政府辞职之后，甚至干脆就住在比利时一个修道院出家，献身给上帝。这在某种程度上可以说有象征意义，就是那时的部分中国人还是有理念有追求的，胸中有国家，心中有上帝。像顾维钧、王正廷、魏宸组这些人，都是出类拔萃之辈，都受过很好的西方教育。

同时，他们对中国的历史、背景、处境都是感同身受，像顾维钧的英文，不少美国人认为比他们都好。他在巴黎国会上的英文发言，可谓有理、有据、有节。他用西方的话语、理论，把中国人的诉求公诸于世，这对日本人在巴黎和会上来说是极其有杀伤力的，顾维钧这个人后来做到了国际法官。

看这些人的一生，相当大程度上可以说是在为家、为国、为民在奋斗。我们过去对他们缺乏研究，就一棍子打死，认为是坏人。其实包括一战期间提出“以工代兵”的梁士怡，西方人当时把他称之为东方的“马基雅维利”，他运筹帷幄、决胜千里，这种人在现在的中国都是很难找到的。江山代有才人出，在那种特定的环境中，历史会把这些人推出来。对章宗祥、曹汝霖这些人，我们也不能简单的一棍子打死，说他们一定是卖国贼。我们还要研究一下，他们为什么会那么做，出发点在哪儿，有没有别的选择。

搜狐读书宋晨希：现在，我们把“五四”作为觉醒的标志，也成为近现代史的分水岭。但在当时，包括蔡元培等人，他们对于学生运动都是持否定意见。有人说，五四冲击了中国的法制观念，造成20世纪的中国人不遵守法律。您如何看待这个问题？

徐国琦："五四"是中国近代激进政治的开端。不过话说回来，这也是时代的产物。那一段时期的中国人正处于"天真烂漫的时代"，民智、民情都不成熟，何况当时中国人的迫切心特别强。想一下进入国际社会，变成民族国家。

所以"五四"之后，我们看到中国的政治集中化，意识形态集中化，学术思想集中化，政治行为暴力化，这都是从"五四"开始的。

搜狐读书宋晨希：五四运动爆发，北京大学的学生是不是扮演了重要的角色？

徐国琦：京师大学堂（1898年成立，是北京大学的前身）的学生，在五四运动之前就闹得很厉害，因为那都是"老爷"学生，自认为能把老师赶走的。我给你举几个例子，1913年美国有一个政治学家古德诺(Frank Goodnow)，他被袁世凯政府聘为宪法顾问。他在清华学堂、北大都教过书，他当时对中国学生拥有巨大的权力把教授赶走非常反感。蔡元培在五四运动爆发之后说："我倦矣！杀君马者道旁儿。"其实这在以前也有。

关于学生闹事，这个在北大有一个传统，这当然跟京师大学堂的传统一样，学生们还有一种精英情节。但我们不能用北大去代表中国的整个高校。当时清华就有不一样的传统，清华是1911年建立的。还有天津南开大学，它是1919年建立的，南开的传统又不一样。南开大学的校长张伯苓曾为基督教青年会干事，他的办学理念可以说就是要学生好好念书，锻炼好身体，以便报效国家。

所以，我感觉现在大家看“五四”都有一种所谓北大情结。其实当时的学生、学校各有千秋，京津这么近，南开和北大学生们的氛围就不一样。

搜狐读书宋晨希：后面想问您一些关于劳工的问题，这也是您一战研究的一个重点。一战时期，中国派劳工跟列强宣战，在中国国内其实有很多人反对。但是当时段祺瑞坚决要求派劳工，他有着怎样的打算？

徐国琦：这个跟段祺瑞其实没多少关系。前面说过，当时的中国政府，对一战是有着非常深的研究和考量的。首先，一战在当时的中国媒体上叫欧战，欧战在名义上就好像跟我们没有多少关系。但如果是决策者，他必须要考虑，欧战一爆发，会不会涉及中国？

当时西方国家在中国有势力范围，也有租界，日本人老早就盯住了德国占领的山东青岛。当时中国政府对欧战有几个选择，一个是被动的不管它，眼睛一闭顺其自然，但即使被动，中国最后也会被拉进去，因为德国在山东有利益。其他列强特别是日本一定会夺之而后快。

第二，是主动争取，这其实是当时北洋政府所做的。在欧战爆发的时候，袁世凯就跟英国公使说，我要跟英国人一起出兵，把德国占领的山东拿回来。但当时英国人不愿意让中国人这么做。另外，中国当时驻德国的公使叫颜惠庆，他当时跟德国政府商量，我们是否可以把德国买回来。因为当时德国租界青岛从 1898 年算，一共是 99 年，这有点像香港，等于说要到 20 世纪末才能收回。中国人说，我们交涉一下，提前买回来。德国当时还真考虑了，但结果还是晚了一步。所以说，欧战一爆发，中国人就积极采取主动态势。这与 1912 年建立民国都有关系，当时中国人是要“救亡图存”，即如何以最好的方法摆脱半殖民国家的状态，平等进入国际社会。一战期间的以工代兵策略，也属积极进取之列。为了把中国的命运和协约国的战争目标联系在一起，中国变得富于创意和想象力。派遣劳工来代替士兵是其中绝妙的一步。早在1915年，当中国是否能正式参战仍属未定之数时，中国为了同协约国的战争事业联系在一起制订出了一个以工代兵的策略。这一策略的首创者是中国人而非协约国。派遣劳工支持协约国作战的构想出自于当时一位很有影响又有权势的政治家梁士诒（1869—1933），他将其称之为“以工代兵”策略。中国决定派遣“劳工以代替士兵”既是基于权宜之计，也是出于深远的战略考虑。这项前所未有的举措是年轻的中华民国前瞻政策的结果。许多政治精英和公共知识分子把“以工代兵”策略同他们对中国未来发展的愿景，以及以平等身份跻身国际社会目标直接联系在一起。

在加拿大、澳大利亚和美国，中国人都属于劣等民族。而华工到法国去，那是堂堂正正的，况且中国与西方国家白纸黑字签订了条约，保证了从法律上平等对待中国人。后来周恩来、邓小平他们搞勤工俭学，实际是步华工后尘。邓小平、周恩来、朱德、陈毅，他们1919年之后到法国，还跟华工有过接触。

值得注意的是毛泽东，他当时也想去法国，但他莫名其妙地把出行路费弄没了，没去成。我当年研究档案的时候，发现毛泽东给在法国勤工俭学的朋友写过一封信，信里称华工是中国将来革命的基石。一战华工本来就是一个弱势群体，和今天的中国农民很像，但他们在历史的特殊关头扮演了一个非常重要的角色。华工出国是当时的精英寻求救国之道的一个重要部分。打从一开始，中国精英，不论是政府官员、独立思想家或教育家，都从深远的角度来看待派遣华工赴欧的构想。首先，劳工是使中国以平等身份加入国际社会的大计划之决定性而又顺理成章的组成部分。人们认为，华工在法国与西方人并肩工作，可以在中国和西方之间建立起关键性的联系，并且随时提醒全世界中国的“以工代兵”方案与大战的战略性关联。了解中国对欧战的兴趣之所以如此强烈的关键在于，其被作为一个行之有效的手段，中国人可以借此在国内推动国际化，并在国外重新打造国家新的形象。虽然绝大部分华工是目不识丁的农民，在被挑选送往欧洲时对中国或世界都没有清晰的概念，但是他们在中国新的国家认同的发展中、在中国的国际化进程中都扮演了重要角色。他们在欧洲的个人经历，以及与美国人、英国人、法国人及其他国家工人每日并肩工作，使得华工对于中国作为一个民族国家、作为国际大家庭之一员形成了自己独特的看法。透过他们自身的体验，以及从与他们相处的基督教青年会干事们和其他中国精英那里学习到的知识，华工们最终成为中国和世界的新公民，对于中国及其在世界的地位形成新的理解和认知。在相当大程度上，这些劳工为帮助中国改变其在国内及国际间的形象做出了直接的贡献。华工们在法国度过的大战岁月代表着第一次有如此众多的中国老百姓与西方直接接触。毫无疑问，这一经历不仅为他们观察和体验在另一种文明中的人生提供了机会，而且也为体现中国人的生活方式和社会文化提供了机会。当他们回国时，他们带回了新观念、新思想。换句话说，前往欧洲拯救协约国的劳工不仅仅是被雇佣的劳力；他们是参与世界事务的新华人，他们对建立新的国家认同做出了贡献。

在通常情况下，中国精英与这些劳工的生活轨迹不可能交汇，但在一战期间的法国华工和精英们确有一段共同经历。未来的中国领袖们——如晏阳初、蒋廷黻、林语堂、蔡元培和汪精卫等人怀抱坚定救国救民的信念而不是为了个人前途或发财致富来到法国。他们帮劳工写信、教他们识字和了解世界及中国形势；但最重要的是，他们决心让工人成为中国及世界的合格公民。华工们同时也在教育这些精英们。所谓教学相长，在华工和精英们的共同经历中得到很好的体现。有一个叫晏阳初的从耶鲁大学毕业之后就直奔法国，为一战华工服务。晏阳初在法国一年的工作经历，改变了他的一生。晏阳初后来公开跟美国作家赛珍珠（Pearl S. Buck）说起他在一战时与华工接触的经历。他虽然教华工，但是华工也教育了他，他说过去的小我死了，大我生了，他认为中国还有救。

晏阳初这样回忆："大战前我从来没有把自己同劳工联系在一起……自认为我们知识分子阶层与他们毫无干系。但是在法国我有幸与他们朝夕相处，像朋友那样了解他们。我发现这些人和我一样出色，他们也发现我们和他们是一样的人。我们之间唯一的差别是我出身优越而他们不是。"晏阳初在法国与劳工相处的经验告诉他，华工也许是"苦力"，但这里的苦力包括苦和力。晏阳初立志用他的毕生精力去帮助他们免除其"苦"和发挥其"力"。是劳工教他认识了真实的中国。他后来这样解释自己的觉醒："战争期间在法国，表面上我是华工的老师，实际上是他们教育了我。"通过为在法华工服务，晏阳初找到解决中国问题和国家认同危机的方法和自己的终身事业：平民教育。他意识到唯有实行乡村教育，并从社会基层开始改革，中国才有机会复兴，才有资格成为国际社会平等的一员。1943 年，晏阳初被哥伦比亚大学评为全世界最有影响力的十大人物之一，同时入选的还有亨利·福特（ Henry Ford）和爱因斯坦(Albert Einstein)。华工极其聪明，但唯一缺乏的是教育，所以最后他决定搞平民教育。晏阳初在20世纪20年代回国的时候，有一个口号，叫“除文盲，做新民”，这是非常了不起的。晏阳初后来活了将近100岁，20世纪80年代，他每年过生日的时候，美国总统都会给他寄生日贺卡。

但是在今天，中国的学者、读者有几个知道晏阳初？除了晏阳初，林语堂也教过华工识字，中国在西方最好的学生也都主动给华工服务。当时第一个为华工服务的是哈佛大学商学院毕业的学生，他第一个到法国去为他们服务。这一段历史过去实际上被淹没了，这段历史代表中国正在和世界交汇。

有意思的是，五四运动时期流行的两个口号——“公理战胜强权”、“劳工神圣”——与旅法华工有直接关联。大战之后，中国的劳工阶级和精英阶层都体认到劳工的重要性，以及他们在打造新中国中的地位。更重要的是，华工奔赴欧洲以及他们为大战所做出的牺牲，帮助了中国在战后和平会议取得一席之地，他们在把中国和世界联系在一起的过程中担当了中间人和使者的责任。

搜狐读书宋晨希：当时中国派华工，是否与段祺瑞有关系？

徐国琦：华工“以工代兵”最大的推手是梁士怡。段祺瑞当时就广义上来说是有功的，一大批人都是段祺瑞的智囊，包括梁士怡、梁启超都主张积极参加一战。段祺瑞是留德的，段祺瑞这个人他不大腐败，他还有一个好处，就是用人不疑，疑人不用，敢作敢为。中国1917年参战，就是他一手造成的。他1918年跟日本签密约的确对中国造成影响，但这并不能贬低段祺瑞对中国参战的贡献。非常遗憾的是，因为中国社会当时不是一个民主社会，对参战操之过急，反而物极必反。

搜狐读书宋晨希：一战之前，中国人主要是靠公理去与列强争。一战之后，中国人更多的是把公理与科技、军事力量相结合？

徐国琦：一战之后，不能简单地说中国人变得激进。很多人说，一战之后西方开始没落，但事实上，那个时候，科技与技术还是主流，到今天为止，我们中国人还是在亦步亦趋地跟着学这些科学和科技。

五四运动为中国提供了两个口号，就是“德先生”“赛先生”，我们直到今天还尊奉这两位“先生”，这是历史的主流。当时，有人想开历史的倒车，但袁世凯称帝失败，辫子军张勋欲让宣统复辟，最后也失败了。

搜狐读书宋晨希：您曾认为，一战造成中国出现了国家主义与国际主义的有机结合。

徐国琦：我是有这个观点。因为长期以来，学术界认为民族主义跟国际主义是水火不相容的，是冰火两重天的。马克思也讲“全世界无产阶级联合起来”，我们没有国界。实际上，一战期间，中国人之所以在外交上奋发图强，是因为有民族主义，它的目标是要加入国际社会，成为平等一员，这又是国际主义。

民族主义可以是封闭起来的，可以叫孤立主义。但当时中国人不是这样，你过去对我不公正，我现在觉醒了，我要寻求平等待遇，我要参与到你们的国际社会中，遵循西方定的国际游戏，这是中国的民族主义。民族主义概念，马克思主义都是外来的，意识形态追求的想法是外来的，民主与科学的概念是外来的，而中国人把这些都拿来当成宝贝，这个就是国际主义。

搜狐读书宋晨希：能否整体说说一战与中国的关系？

徐国琦：过去西方学者认为一战跟中国没关系，但在我的眼里不但有关系，而且有非常大的关系。一战对中国历史影响很大，而中国对一战历史影响也很大。从国际史角度，我们可以得出中外史学界迄今无人提出的革命性结论：中国与“一战”关系意义非凡！中国与“一战”的互动标志着中国人真正意义上寻求国际化及新的国家认同的开始。“一战”让中国人大踏步走向世界，同时也把世界带到中国。

◇ ———— ◇

（2014 年系第一次世界大战爆发一百周年。2015 年春，当时尚在搜狐读书网工作的宋晨希先生命我就一战与中国问题作一对话。我欣然同意。今年恰为一战结束一百周年。几年前的对话也许对读者尚有裨益，现征得晨希先生同意，特将此对话作为附录收入此书，并借此机会对宋晨希先生表示感谢。）

“没有一战，何来五四？”

——徐国琦教授访谈录

刘涛：徐老师您好。有机会和您做一次谈话，非常高兴。

徐国琦：一起谈谈也挺好的，我也想了解一下国内的学界动态。您在哈佛跟哪位老师合作？

刘涛：王德威老师。

徐国琦：现在王德威教授有一句非常有名的话——“没有晚清，何来五四？”

刘涛：对的。王老师有一本书《被压抑的现代性》，译成中文之后在国内引起较大的争论。毛泽东《新民主主义论》中说，五四是新民主主义革命和旧民主主义革命的分界点，五四之后中国革命进入新民主主义革命阶段。五四在国内文学史叙述中占有主导地位，五四几乎是一个灯塔。王德威老师认为五四压抑了晚清开始的现代性的诸多可能，经过五四运动，现代性的面向非但没有拓宽，反而缩小了，故他将目光放于晚清“世纪末”。

徐国琦：借用王德威教授的表达方式，也许我们可以说："没有一战，何来五四？"

刘涛：您的这个提法非常有意思。昨天是五四，今年是五四运动九十周年。国内非常热闹，官方和学界都有所纪念和追忆，但是哈佛大学基本上没有动静。我们今天可否围绕着五四的话题展开？

徐国琦：好的。五四在美国是个老话题了，美国谈了很多年。你知道周策纵先生有一本书《五四运动史》，出版了很多年，但现在还是没有人能够超过，可见这个领域在美国发展亦不是很大。

刘涛：对。五四太复杂，我想我们首先应该区分两种五四，一是五四运动这个事件，二是被隐喻化的五四。事件本身亦比较复杂，因为千头万绪。对五四的隐喻就更为复杂，因有各种各样意识形态的介入。今年五四运动九十周年，我们可以在纪念五四背后听到各种各样的意识形态声音：自由主义的，左派的，保守主义的，等等。

徐国琦：对。五四一直被政治化。我提"没有一战，何来五四？"是一个历史学的探索。毫无疑问，五四与一战直接相关，没有巴黎和会的刺激就未必有五四运动的发生。但是我们学界对一战的了解和研究少之又少，一战若不进入中国现代史的视野，我们则不能完全理解五四。

刘涛：国外的研究情况我不甚了解，但是国内关于一战的讨论非常少。您可否具体谈一下一战被遗忘的表现？

徐国琦：中国与一战的关系，遭到了双重遗忘。一是在世界上遗忘。在国外关于一战的研究著作汗牛充栋，但是中国与一战的问题几乎无人涉猎。比如著名军事历史学家约翰·基根（John Keegan）在其著作《第一次世界大战新论》中就完全忽略了中国在一战中所起的作用；Niall

Ferguson 在其著作《第一次世界大战之悲怆》也未提及中国。二是被中国人自己遗忘。多年来中国学术界一直没有有关中国与一战关系的重头著作。因此世界对中国缺乏实质性了解。2005 年，我在剑桥大学出版社出版了一本英文著作，书名叫 *China and the Great War*，出版后在西方引起震动。2008 年上海三联书店出版了中译本，书名为《中国与大战——寻求新的国际认同和国际化》，纳入陈恒教授主编的“人文经典文库”系列。该书主要目的有二：一是强调中国对一战的贡献；二是阐释一战对中国的意义。

刘涛：将遭到双重遗忘的历史呈现出来，这非常有意义。您可否谈一下中国与一战的关系遭到双重遗忘的原因是什么？

徐国琦：主要是学术界对一战时期的中国缺乏实质性了解。很多人认为北洋政府积贫积弱，在国际体系中被边缘化，且国内政治结构不稳定，没有改变现状的动机和条件。很多人认为弱国无外交。但是这种说法忽略了一个基本事实，强国普遍不依靠外交方式，而弱国则会特别注重外交，因这是改善其生存环境和保护其国家利益的唯一手段。最近柯伟林有较为公允的论述，他说：“清朝虽已覆灭，但清帝国的疆域依然保留。更准确地说，清帝国版图就是中华民国疆域的基础。这也许是中华民国外交的最大功绩。”还有人认为，中国与一战事实上没有关系。但这个观念也不对。因为当时中国是半殖民地国家，已被德国、英国等许多国家分割成许多不同的利益范围，无论如何中国注定会被动拖入战争。故中国主动参战更为有利。其实中国政府几度要求参战，但直至 1917 年 8 月才参战成功。

刘涛：那国内对此问题忽略的原因是什么呢？

徐国琦：一是政治原因，其时的政府是北洋政府。国共两党把自己的合法性建立在否定北洋政府身上。二是学术研究的挑战。要研究中国与一战的关系，中外学者需具有多种学养：一须对中外历史以及当时国际关系掌握很透彻，二须对中外档案材料运用自如，三须有高屋建瓴的宏观历史视野。三者缺一不可。由于上述提到的双重遗忘，故一战在国内外学术界都很少被论述，相应讨论五四时，一战这个背景以及一战和五四的关系亦没有被注意或被详细讨论。

刘涛：历史的书写总会因为种种原因有所强调或有所遮掩。您认为一战对当时中国的意义何在？或者其时中国主动要求加入一战，其主要的动机何在？

徐国琦：一战的爆发，对当时的中国而言可谓一次重大“危机”，必须强调的是，这里所谓的“危机”包含双层含义。一是“危”，即危险或挑战。二是“机”，即机会或机遇。把握得好，中国则可能一举摆脱内外枷锁，以平等身份进入国际社会。把握得不好，则会堕入深渊。幸运的是，一战时期的中国有许多有利条件。一是中国急切寻找新的国家认同，加入国际潮流的浪潮在中国波涛汹涌；二是中国有一批学贯中西及对国际体系深刻认识的精英；三是对中国不利的现存的国际秩序因为一战的爆发正在崩溃。一战的爆发对中国政治社会精英而言，堪称史无前例的重大国际事件，是大“危机”。一战使他们兴奋和着迷。中国人急于改变传统孤立主义的世界观，一战被认为是中国加入世界新秩序的绝好机会。中国渴望加入世界，成为现代民族国家和强大的国家，这种国家主义的观念催生了中国的革命、内部革新以及国家转型。中国在第一次世界大战期间的活力就在于它在处理国际事务过程中融合了政治上的民族主义

(political nationalism)、文化上的破坏偶像（cultural iconoclasm）和外交上的国际主义路线（diplomatic internationalism）。

中国参加一战的短期目标是为了获得协约国的财政支援，收复山东主权等；长期目标则是以平等身份参与国际社会。

刘涛：晚清以降，中国就有建立民族国家的愿望。康有为给光绪上书时，屡称“现在非复一通，乃万国竞长之时”，故他建议须有一国号，而非继续称“大清”。一战自然是建立民族国家的机会。晚清、一战、五四皆有联系，背后都有建立民族国家的希望在。我们刚才区分了两种五四，五四事件和被隐喻的五四，我们先不谈被隐喻的五四，只谈五四事件。五四运动事件亦有狭义和广义之分：狭义则是1919年5月4日那天的学生运动，这个没有争议；广义则可前推并后延，比如周策纵先生在《五四运动史》中，将“五四”的时间定位为“1917年到1921年”。

徐国琦：对。也有人后推到1927年。我定义五四的时间框架更为广泛，我觉得广义的五四须从1895年谈起，把五四放在1895年到1919年中国及世界发生的巨大变化这一时间和空间来综合考察。五四精神也好，五四思潮也好，并非空穴来风，它有很长及深刻的历史底蕴，有复杂的中外历史背景。即须在这一段思想史背景之下理解五四，五四并非从天而降。所以我上追到1895年，中间一战是五四的中介，五四是结果。这一时间范畴同王德威教授所提的“没有晚清，何来五四？”也正好交接。

刘涛：您可否具体谈谈？

徐国琦：要认识五四的起源，必须追溯到1895年。甲午中日战争的失败，对中国人的中国观和世界观造成巨大冲击。自此以后，民族主义因此成为中国的主旋律，改革开放成为仁人志士的新思维，加入国际社会变为平等一员，成为许多中国人的共同追求。所有这一切都同五四思潮“救亡图存，外争国权，内惩国贼”等一脉相承。当然五四的直接导火索是巴黎和谈的失败。此前一战期间以及中国在巴黎和会上被“出卖”之前，中国对中华民族的复兴和加入世界新秩序的前景充满厚望。但是巴黎和谈的失败，使得这种希望完全破灭，于是直接导致了五四运动的爆发。

其时协约国取得胜利之后，全国人民欢呼雀跃。北京政府亦宣布放假三天，庆祝一战的结束。其时威尔逊在中国大受推崇，俨然成为中国的救星，有些学生甚至对威尔逊十四点宣言耳熟能详。威尔逊十四点宣言中文版非常流行，蒋梦麟翻译的《威尔逊参战演说》亦非常流行。李大钊曾称赞威尔逊“固夙以酷爱和平著闻也”；陈独秀称威尔逊“世界第一个好人”。由于时人对威尔逊总统以及战后和平会议的热切期望，中国许多杰出人士前往巴黎。陆徵祥、顾维钧、王正廷等中国代表团全权代表；此外还有私人或半官方的参与，比如梁启超等。国人对巴黎和会抱有极大希望，但是此后却不断受挫。先是中国只获得两个席位，而美英法意日却有五个席位。山东主权问题是中国人特别注重的议题。但5月1日，中国代表获悉在中国没有参与的情况下，国联决定将山东转交给日本。消息传到中国，直接导致5月4日北京学生上街游行。

刘涛：当然，这是五四运动爆发的直接原因，和谈失败之后，国人对于威尔逊以及西方的态度如何，是否有所转变?

徐国琦：有极大的变化。比如陈独秀认为现在威尔逊只是一个“空头大炮”，其十四条“都成了一文不值的空话”。学生亦对威尔逊极度失望，北京大学有学生讽刺威尔逊说，威尔逊为其理想主义的世界秩序发明了一个数学公式“14＝0”。对西方亦极度失望。比如严复曾说：西方国家在1919年的行为表明“西方三百年的文明发展最后只归结四句话：自私、杀戮、无耻和堕落”。梁启超也认识到西方文明和中国文明均有问题。同时俄革命的模式在一批先进的中国人中间开始形成巨大的吸引力。

刘涛：五四之后国人和知识分子对西方普遍失望。此前对西方有所幻想，比如康有为曾觉得美国可以称为“大同社会”。

徐国琦：我觉得，五四运动存在双重背叛，首先是背叛了自己的传统文化，其次是西方背叛了中国人对正义的期待。中国过早地否定了自身的传统，但遗憾的是，许多中国人发现他们的理想一直遭到西方列强的遏制。这种双重背叛的挫折感逼迫中国人面对许多挑战性问题：现在如何做中国人？中国前途何在？中国政府须采取什么样的价值观？总而言之，中国寻求什么样的国家认同？从中国国际化追求的宏观历程来看，一战对中国的意义尤其明显。由此导致的五四运动也对中国的国家化进程形成巨大影响。例如，一战期间，中国曾派出“14万华工”，“以工代兵”，这是中西方交流史上中国第一次有计划的大规模的中西交流的直接接轨。这些华工直接参与了拯救西方文明。因为一战华工，中国许多精英知识分子改变了对劳工的看法。“劳工神圣”成为五四前后的流行口号。蔡元培、康有为、鲁迅等都有发表有关称赞华工的重要文字。

刘涛：对的。您还是将主题归结为“国家认同”方面。您对巴黎和会本身有什么评价？

徐国琦：对巴黎和会的评论现在争议亦较大，我的观点是：巴黎和会是中国参与创建世界新秩序的尝试。中国的外交官不仅竭力维护国家主权，要求修改不平等的对外关系，他们还积极参与创建国际共同体，并力图使中国成为共同体中的平等成员国。比如中国代表鼎力支持国际联盟的建立。另外，梁启超撰写长文《中国与国际联盟》。在这篇文章中，梁启超写道，“古圣贤尝曰：‘为了确保天下大治，我们必须治理好国家’……我们的政治理想一直立足于这种普世主义。”康有为亦为国联的前景所吸引，这自然与其大同思想有关联。他曾告诉自己的女婿说：“我从未想到有生之年可以看见国联的成立。原本不可能的事情正在成为现实，你无法想象我有多高兴。”同时康有为亦抓紧时间修改《大同书》。

刘涛：对。我觉得这是参与创建世界秩序的尝试。中国文化本就有“天下”一维。

徐国琦：在我看来，中国的 20 世纪开始于广义上的第一次世界大战，中国参与一战以及一战对中国的影响标志着中国开始踏入实现国际化的漫长征途，一战使中国走向世界。我们不能斤斤计较于巴黎和会的“出卖”和中国外交的失败，如此我们就不能理解 20 世纪中国历史的全景，亦不能理解五四。我们唯有超越“背叛”情结，甚至超越巴黎和会本身的局限性，我们才能理解一战在中国现代史上的重要性。才能认识五四的真正精神及基础。

除此之外，另外有一点对五四亦非常重要，即是科学技术所起到的作用。晚清政治报刊兴起也与传媒技术的革新有关，这使得读者数量的增加和新闻消息的迅速传播成为可能。一般民众因普遍使用煤油灯和电灯而突然脱离黑暗时代。你知道此前都是用菜油灯，中国有个成语叫“一灯如豆”，煤油灯和电灯则使得黑夜如同白昼。同时，现代印刷机器的使用使得报纸的印制和发行成本大幅度下降，使得报纸发行的网络几乎遍布全国。另外邮政、铁路、轮船等亦起了非常大的作用。假如其时邮政不发达，梁启超将电报发往中国，若尚须几个月，那可能就会滞后很久。

刘涛：对的。这也是晚清以降，几代知识分子的希望。康有为戊戌变法时，即强调设立邮政等。后来，康有为对共和体制心存顾虑，原因即是觉得中国大地不通人民联系亦不紧密，何以能行共和？孙中山也是这个思路，你看他《建国方略》中的“物质建设”，即大谈建设铁路系统等，其意就在使国内联系紧密，以成就民族国家。

徐国琦：梁启超亦说“中国有家无国”，也是此意。

刘涛：对的。刚听您一直强调“国家认同”这一思路。您在大作《中国与大战——寻求新的国家认同与国际化》一书中译本前言中说，您有三部曲，均是讨论中国与国际化，国家认同问题的。第一部即是《中国与大战》，第二部是《奥林匹克之梦：中国与体育，1895—2008》，第三部是《文明的交融：一战华工与中国的国际化》。您为什么如此关注国家认同和国际化问题？

徐国琦：自1895年至1919年期间，中国的政治和思想文化发生了两种巨大变化，即国际化和中国化。我的三本书都是从不同角度和领域来讨论这个问题。《中国与大战》一书意图利用“一战”这一世界时刻来检讨中国如何回答“何为中国人，何为中国”这一重大历史命题。《奥林匹克之梦》一书则以国际奥林匹克运动为切入点，来研究1895年到2008

年一百多年来的中国国际化进程。目前刚刚杀青的《华工与中国的国际化》一书则从“14 万华工”入手，由下而上，由平民角度来回答中国如何同世界接轨，平民如何与精英互动，以此来共同推进中国寻求新的国家认同及国际化进程。

甲午中日战争之后，国人发现中国已经处于世界的边缘地带和半殖民地状态，西方已经成为世界的中心。甲午中日战争使许多中国人开始相信只有成为一个民族国家，中国才能赶上世界发展潮流；中国只有加入世界秩序，才有生存的希望，才有可能实现中华民族的伟大复兴。在我看来，国际化是指中国人采取的积极应对方式以及积极参与国际体系，国际化的过程亦是促进中国与外部世界和国际体系进行接触的过程。这一时期的国际化表现为两种形态：消极国际化和积极国际化。消极国际化是指列强侵犯中国领土，对中国口岸城市以及中国的经济、金融、市场和整体发展带来巨大的影响，从而引起中国的被动反应；积极国际化则是中国人主动采取各种变革措施，比如接收西式教育、西方政治学说、西方的政治模式以及努力提高中国的国际地位等。中国化的推动力来自中国与世界之间在社会、思想、经济、意识形态和文化资源等方面的接触与互动。

自 1895 年以来，一百多年来中国在中国化与国际化方面的追求尚未找到圆满答案。目前的中国仍旧缺乏独立的国家民族认同。在国际上缺乏一种特立独行，以我为尊的主心骨。自 19 世纪以来，一直跟在洋大人后面爬行。中华民族目前正处于历史的转折关头。在国家认同、价值取向、外交战略诸方面，正面临着迫在眉睫的挑战。何去何从，关系到中国能否自立自强于世，并进而长盛不衰、长治久安的大问题。中国的当务之急应该是打破以西方为参照系的百年求索轨迹，重建国家认同新架构，树立中国文明体系，塑造中国独立国格，以不卑不亢、挺拔自信的姿态同世界文明平等对话，共创 21 世纪人类新秩序。

自 19 世纪以来，无论是在国际关系体系中还是文化意义上的价值认同方面，中国都失去了独立基调，并处于边缘地位。重归自我，恢复中华民族的自身特色，将是中国走向世界，发展壮大的刻不容缓的任务。在此提出中国独立这一概念，旨在引起国人对此问题的关注，唤起所有炎黄子孙对中国独立发展战略的关切。“周虽旧邦，其命维新”，中国应该利用目前这一千载难逢的机会，全面审视“何为中国人？何为中国?”这一百年命题。一百多年前，我们因为盲目及无知，妄自尊大，失去了一次参与国际平等对话及建立中国在国际社会平等地位的历史契机，在步入 21 世纪的今天，我们再也无法付出重蹈覆辙和盲从别人的高昂代价。中国，曾是世界文明的中心。“普天之下，莫非王土。率土之滨，莫非王臣”，这是几千年前中国人的豪情。然而，让中国人捶胸顿足的事实是，自 19 世纪初以来，中心大国失去了活力，并逐渐沦为配角，成为挨打的对象，处于国际关系中的边际地位。中国人直到今天仍未改变这一边缘化局面。因为直到今天，外国人及西方似乎一直掌握“何为中国人?何为中国?”问题的话语权，并主导对此问题的讨论。

这种由上国沦为边缘是一种不自觉的过程。1840 年英国人以船坚炮利把古老的中国强制抛入国际社会。从此，中国失去了自己的重心，在完全由别人操纵的一个不同的文明体系里，失去自我，无所适从。在牺牲了行政、领土与主权下苟且偷生，挣扎于国际舞台上任人宰割的环境之中，中国在国际体系中堕落边缘在所难免。洋务运动是中国人试图扭转这一尴尬处境的最初反应。可惜事与愿违，到 19 世纪末，中国的处境每况愈下，并因此引起严重的国家认同危机。向西方学习，力争加入西方的认同机制，成为大多数先进中国人追寻的救国方向。1912 年，统治中国几千年的君主政体正式退出历史舞台，作为中国传统文明核心价值体现的儒家思想被抛弃，亚洲第一个共和政体在中国建立。这是一个刻意效法美法政治的时代。辛亥革命和中华民国的建立标志着中国边缘化的新阶段，即由鸦片战争以来的回避西方制度，转为加入西方模式，进而力争加入国际社会，以便最终实现中国在国际体系中的非边缘化。

1912 年到 1919 年间，可谓先进中国人全心全意继续甘做西方学徒的时代。借用西方特别是美法的制度来摆脱其在国际社会中的边缘地位。这是中国几千年文明史中，中华民族第一次以西方为参照系来核定自身的地位，以加入一个建立在完全不同的文明基础之上的国际体系。在这一期间，一大批受到良好西方学术训练的留学生回国任职，位居要津。这些人包括顾维均、王宠惠、颜慧庆等，他们均在各自岗位发挥了重要作用。当时的国际环境也对中国有利。第一次世界大战的爆发，使欧洲列强无暇他顾，给身居边缘及不独立的中国在外交上提供了转圜的余地。美国的威尔逊总统，为了同欧洲强国争夺国际关系的执牛耳地位，提出许多对中国等边缘地位的国家有诱惑力的主张。例如其鼓吹民族自决公平外交的 14 点，公理战胜强权等。这些很能在中国引起强烈共鸣的言论，也给中国争取打破枷锁、走向国际社会提供了根据。在这种背景下，中国外交充满了理想色彩，把全部希望寄托在美国及西方身上。连后来成为中国共产党创始人之一的陈独秀都曾大喊威尔逊是世界上头号大好人！遑论其他人了。遗憾的是，在巴黎和会上，公理未像中国人期望的那样战胜强权，而是一切照旧，公理即强权。山东问题未得到解决，列强仍在中国享受治外法权，对中国片面不平等条约继续有效。总之，中国还在边缘煎熬，何时能取得独立地位，仍是未定之天。巴黎和会带给国人的教训是，西方靠不住。一些先进的中国人如陈独秀、孙中山、梁启超等人对西方感到失望，开始寻找新的救国良方。源于西方但反对西方正统价值理念的一套意识形态及理论体系——马克思列宁主义——开始引起许多激进中国人的浓厚兴趣，基于这一理论之上的产物，俄国十月革命，也因此成为仿效对象。“十月革命一声炮响，给我们送来了马克思列宁主义。”“走俄国的路，这就是结论。”毛泽东如是说。从此，建立社会主义的国家认同，成为部分中国人建立中国独立地位的法宝。经过三十年的不懈努力及艰苦卓绝的追求，多灾多难的中国终于同马克思列宁主义结为连理。中国成为一个社会主义国家。1949 年，毛泽东庄严宣布，中华人民共和国成立了，“中国人民从此站起来了。”

但是 1949 年后，中国得到的只是行政及主权独立，中国在国际上的边缘化地位依然存在。如果说在 19 世纪，中国人为苟求国运于乱世，不惜委曲求全，成为西方的附属物，那么在 1949 年后的相当长的一段时间，形势并未得到多大改变。例如，新中国成立之初，年轻的中华人民共和国为了生存，不惜在外交上一边倒，甚至甘愿充当社会主义阵营中的所谓第二小提琴手。到 60 年代初，与两大超级强国对抗，甘愿游离国际体系之外，导致了中国进一步孤立和在国际社会中的高度边缘化。

直到今天，中国人自惭形秽，病急乱投医的现象并未彻底消失。政治心理情结上的边缘化继续存在。无论是主张西化派，抑或坚持马克思列宁主义的人，尽管名义上分列两大不同阵营，貌似水火不容，不共戴天，实际上在导致中国边缘化方面，实乃殊途同归。袁世凯要称帝，还得搬出一个美国教授古德诺（Frank Goodnow）来摇旗呐喊，借其之口为自己登基造势。这位教授的一篇所谓共和政体不适于中国的文章俨然成为袁氏可以南面称孤的护身符。

无独有偶，在现代，曾几何时，有些所谓的马克思列宁主义者，也动不动就援引马恩的只言片语来吓人，仿佛他们的话是灵丹妙药或圣旨。根本无视中国的国情。甚至在今天，现代的唯洋独尊派们在分析中国问题时，也是如法炮制。好像洋人的话就是金科玉律，尽管这些洋人也许对中国问题一窍不通。历史的怪圈，似乎跳不出如来佛的手心。为什么？根本原因在于中国人近百年来在精神上一直弯腰匍行，不能彻底站起来，眼前只有西方这个参照系，无法“会当凌绝顶，一览众山小”。如果19世纪中国的落后挨打是由于坐井观天，夜郎自大，未能顺时应变，那么20世纪以来的国人，则是因为过于妄自菲薄而为西方所左右。在19世纪，中国因为拒绝接受西方的文明体系，导致中国的边缘化。在20世纪，左右两派过分以西方的一切为依归，同样导致中国的边缘化。

从历史的角度看，也许这两个边缘化是某种必然历史过程，是我们应交的学费。但在21世纪的今天，该是我们中华民族毕业的时候了。“两岸猿声啼不住，轻舟已过万重山”，让我们在纪念五四运动90周年之际，彻底扬眉吐气，走出一条以中国为中心，以中国为参照系的康庄大道来。“雄关漫道真如铁，而今迈步从头越”，一个多世纪以来的边缘化历史应该给国人当头棒喝。让我们重建中国独立国格，奉天承运。学习西方的文明应仅仅是我们的手段，而不应是目的。中国人应首先结束长达一个多世纪的精神学徒期，与时俱进，以科学发展观找出一条适合中国人自己的崭新道路。梁启超很早以前就奉劝国人要“学为中国人，学为世界人”。康有为提醒我们应该“泯中西之界线，化新旧之门户”。严复提出中国要“统新故而视其通，苞中外而计其全”。孙中山则大声疾呼：中国人要“发扬吾固有之文化且吸收世界之文化而光大之，以期与诸民族并驱”。鲁迅的药方则是“外之既不后于世界文化之思潮，内之仍弗失固有之血脉”。在中华民族全面复兴的今天，中国人应该有能力，有魄力找出一条独立之路来实现中华民族真正意义上的伟大复兴！我们不再需要向世界证明自己，不再一切唯西方马首是瞻。该是重新审视检讨100年的国际化轨迹，重新思考适合中国国情的新的国家认同的时候了。国际化的真谛首先是中国化。中国化是国际化的终极目标。2009年是中华人民共和国建国60周年。60年该是早已过了“不惑”之年，也过了知天命之年了，我们该集体思考什么是中华人民共和国的天命，什么是中华民族的天命，什么是我们所有中国人的天命。只有对天命有了清晰的定义后，中国的国际化才不会继续走弯路，中国人才会真正站起来，才会真正成为强国。

刘涛：好一番大论。国内有一些自由主义知识分子，比如徐友渔，在评价五四时，会突出一点，即觉得其中有民族主义情绪。我这一年在美国，亦感觉到美国人特别喜欢说中国的民族主义。3月份，耶鲁历史系的 Peter Pudue 教授来费正清中心演讲，他用了一个词形容中国的民族主义“野蛮的现代性”（barbarian modernity）。我当时对此说法非常抵触。您对这种观点怎么看？

徐国琦：Peter Pudue 有关中国的民族主义学术观点有很多偏见，有

“不识庐山真面目”和“一叶障目”之嫌。辛亥革命以后，民族主义成为主宰中国命运的最强大的政治力量。关于民族主义的论述多矣，我觉得汉斯·科恩（Hans Kohn）对民族主义的定义比较切合中国20世纪的局势。他说：民族主义是“一种思想感情，民族主义渗透到一个民族的绝大多数成员的思想里，并且有权要求该民族的所有成员都要接受这种思想感情……民族主义认为民族国家是理想的政治组织模式，而民族性则是创造性的文化活力和经济繁荣的源泉”。中国的民族主义一直都是世界的维度，是“世界的民族主义”。梁启超的“新民”则同时包含两个维度“学为中国人，学为世界人”。中国早期的民族主义超越了国家的界限，并具有世界主义的关怀。

刘涛：对。您说“没有一战，何来五四?”与王德威老师说“没有晚清，何来五四?”这两种提法异曲同工，亦都暗含着一个前提，即五四是明显的，这是一个坐标，是一座灯塔。但晚清是潜隐的，王老师意在突出这一段文学史，故言“没有晚清，何来五四?”一战亦是潜隐的，您意在使一战由隐变显，故言“没有一战，何来五四?”您的这个观点极富创新之意，我尚不知道国内学术界对此的意见。王德威老师《被压抑的现代性》译成中文后曾引起较大争论，因觉得他有解构五四之意。

无论如何，我们在2009年5月5日畅谈五四，这是一件快事，非常感谢徐老师，我们的谈话就到此结束吧。

（2008—2009 年我在哈佛大学担任瑞德克丽芙高等研究院研究员，在2009 年春天的一次聚会上遇到在哈佛访学的刘涛先生。他随即邀请我就五四运动问题作一长篇访谈。访谈文字经刘涛先生安排，很快发表在 2009 年 7 月号的《西湖》文学杂志。现征得刘涛先生同意，特将这篇访谈文字，收入附录。2019 年系五四运动爆发 100 周年，希望对读者诸君反思五四运动的百年遗产有借鉴作用。借此机会，特向刘涛先生及《西湖》杂志表示感谢。）

鸣谢

这本小书之所以能够问世，与我三个孩子美茵、文歆、文虎有关。他们都是在美国长大的，对我生活的时代和环境陌生。这本书主要为他们而写。

王希、姚平两位老朋友数年前在编辑《在美国发现历史：留美历史学人反思录》时，吩咐我参与，从而让我有机会得以反思浮生，为本书埋下伏笔。台湾“国立”师范大学吴翎君教授不仅慨然允许我使用她当年为我所做的口述史资料，还仔细阅读书稿和帮我修改许多笔误。她还在十分忙碌的情况下为本书写序，交代当初为何要为我做口述历史，并从两岸学人的角度检讨学问人生。我的安徽老乡吴浩先生年轻有为，极具领袖才能。本书的问世与他密不可分，他不仅在数年前鼓励我在他主编的《中华读书报》的国际文化版面上检讨浮生，还通过他的广泛人脉和影响为本书出版献策献力。

书稿完成后，曾请诸多老友批评指正。吴浩、余国良、Chris Munn，周轶君等均通读过书稿。这里要特别提到的是，大学同班同学晏绍祥兄在百忙之中，收到拙稿后立即阅读。并给我写了一封十分温馨的信。信中写道："大作粗粗拜读一遍。说实话，一般我中午会睡觉，但今天没有，一直提着气看完，有趣且有见解，佩服中。"本书不少行文上的错误，均被绍祥兄的火眼金睛发现并代我改正。老朋友李剑鸣也指出几处硬伤。

在我出国前的 20 世纪 80 年代，四川人民出版社引领时代风骚，出版了无数优秀作品。其出版的《走向未来》丛书，一时洛阳纸贵，风靡全国。所以当四川人民出版社表示愿意出版此书时，我感到非常荣幸和十分感激。这里我要特别感谢四川人民出版社社长黄立新先生和张春晓女士对本书的厚爱、垂青及关照。正是由于他们的鼓励和鞭策，满腹狐疑的我，才鼓起信心，将此书出版。

最后当然要特别感谢我的家人。太太尤卫群多年来相夫教子，任劳任怨，并对本书书稿仔细加以校对、改正。三个孩子美茵、文歆、文虎也从小就非常优秀，不用我分心和操心，让我得以全力专心学问，奋力前行。大女儿美茵还几次鼓励我写这本书，二女儿文歆在学业极其繁重的情况下，答应为本书画插图，她极富个性的创意的插图无疑为本书增色不少。当然我更要感谢这个时代。2012 年去世的英国著名左派历史学者 Eric Hobsbawm 的回忆录以 *The Interesting Times*：*A Twentieth* - *Century Life* 为题，可谓深得我心。同 Hobsbawm 一样，我个人所生活的中国和世界也是丰富多彩的。没有这个时代，这本书是不可能写就的。

我必须说明的是，本书的部分文字曾在《中华读书报》国际文化栏目中的“浮生杂记”里出现过。费正清一节曾在《美国研究》发表。在这里我要特别对当初鼓励我发表这些文字的朋友吴浩和赵梅表示感谢。当然，这些文字在纳入本书时，我进行了修改和补充。

我长期生活在海外，工作语言为英文，用中文写作的机会有限，加上自己不大会中文打字和才疏学浅，本书肯定有不少误植和错谬的地方，也无疑会存在诸多各种各样的问题，但这些缺陷同上述朋友和单位无关，一切责任概有本人负责。

2016 年 12 月至 2017 年 3 月草于波士顿、纽约、香港